EL GOBIERNO DIVIDIDO DE LOS ESTADOS UNIDOS EN TIEMPOS DE POLARIZACIÓN POLÍTICA

Adrián Ortiz Climent

BIBLIOTECA BENJAMIN FRANKLIN

Agradecimientos

AGRADECIMIENTOS

Esta obra no sería posible sin la confianza, la fuerza y el coraje de mi madre. A ella le quiero agradecer en primer lugar este libro, por ser la luz que ha iluminado mi camino durante toda mi vida y ser el impulso en los momentos en que ni yo mismo encontraba la fuerza necesaria. También debo mencionar a mi abuela Matilde, sin su cariño y su preocupación constante hacia su nieto mayor, no habría podido llevar a cabo ninguna de mis metas conseguidas.

También quiero tener unas palabras de agradecimiento hacia mi director de tesis y autor del prólogo de este libro, el catedrático de Derecho Constitucional de la Universidad de Valencia, el Dr. Carlos Flores Juberías. Este libro deriva de mi investigación que el profesor Carlos Flores supervisó como mi director y tutor. Por tanto, sin su orientación y sus consejos, nunca podría haber llevado a cabo esta obra que presento.

Para finalizar, me gustaría agradecer a todo el equipo del Instituto Franklin-UAH. Empezando por Ángela Suárez como la encargada de la edición de esta obra, para continuar con Carlos Herrero y Ana Lariño. Estoy muy agradecido de poder seguir ampliando mi línea de investigación en Estudios Norteamericanos y no hay mejor lugar para poder realizarlo que con el único instituto de investigación para los Estados Unidos de nuestro país.

Quiero concluir esta pequeña página de agradecimientos con una frase del decimosexto presidente de los Estados Unidos, Abraham Lincoln, que es una máxima en mi vida, que dice:

"Asegúrate de poner tus pies en el lugar correcto, luego mantente firme"

Abraham Lincoln

ÍNDICE

Prólogo

Por Carlos Flores Juberías, catedrático de
Derecho Constitucional en la Universidad de Valencia

Año tras año, la primera cosa que he hecho antes de adentrarme con mis alumnos de Derecho Constitucional Comparado en el estudio del sistema político de los Estados Unidos de América ha sido advertirles de que cualquier aproximación al mismo exigía, como requisito previo, familiarizarse con algunas ideas, términos y símbolos que en aquel lado del Océano significaban justo lo contrario –o al menos, algo muy distinto– de lo que significan en este. Que allá, llamar a alguien "liberal" era cosa rayana a tildarle de peligroso extremista de izquierda; que identificarte como "conservador" no te devolvía automáticamente al siglo XIX; que en la noche electoral ver un mapa pintado de rojo no auguraba nada bueno para los progresistas; o que ser partidario de los derechos de los Estados frente a los poderes de la Federación te colocaba justo en las antípodas de donde te hallarías si mantuvieras esa misma posición en España.

Y es que con los Estados Unidos se da una tremenda paradoja: la de que nos hallemos ante el sistema político más minuciosamente analizado por la academia, más reiteradamente abordado por los medios y hasta más difundido por la cultura popular, pero a la vez ante el que más equívocos suscita y el que más zonas de sombra retiene. En efecto, cualquier español mínimamente educado a buen seguro guardará en su memoria el nombre de tres o cuatro figuras de la política norteamericana más actual – Trump, Biden, Obama, Pelosi...–, sabrá distinguir a la perfección el característico perfil de la Casa Blanca, el Congreso, o el Pentágono, y contará en su videoteca –según la edad– con copias de *Norte contra Sur* o de *The West Wing*. Pero, aun así, será incapaz de explicar convincentemente cómo es posible que a un presidente en el ejercicio de su cargo "le roben" las elecciones, o que sea incapaz de sacar adelante sus proyectos legislativos, o que haya de luchar con sus propios compañeros de partido para postularse como candidato. Son, de nuevo, esos elementos de vida política estadounidense que discurren por cauces no solo distintos, sino diametralmente opuestos a los que estamos acostumbrados a ver y a padecer quienes estudiamos, observamos o vivimos la vida política europea –y ello incluye de manera muy cualificada, la española.

Es por eso que libros como este resultan tan útiles. Libros que abordan el estudio del sistema político estadounidense merced a una utilización más que generosa de las fuentes y a un dominio más que sobresaliente de la mejor literatura académica, pero que lo hacen desde una perspectiva netamente española; desplegando a la vez rigor en el análisis de la realidad política de aquel país, y sensibilidad hacia las inquietudes del público –obviamente, de este país– al que se dirige. Un libro que a buen seguro va a incardinarse de inmediato en la no demasiado extensa tradición de americanistas españoles, y que va a hacerlo llenando un hueco que a más de uno sorprenderá que aun no hubiera sido cubierto.

Porque, en efecto, si son relativamente abundantes las obras en torno a la Historia de los Estados Unidos, y aun en torno los procesos políticos de este país, los estudios de Derecho Constitucional han brillado hasta ahora por su ausencia entre nosotros. Tal vez por haber quedado deslumbrados por la exuberante vida política estadounidense, tal vez por participar de la especie de que ésta no se rige por más ley que la de la selva, ni conoce más reglas que la célebre del *follow the money*", nuestros constitucionalistas han venido prestando una escasa atención al Derecho Público Norteamericano, hasta el extremo de poder afirmar sin sombra de duda que un estudio como el que aquí se presenta, pese a girar sobre un asunto tan absolutamente crucial como la influencia del sistema de partidos sobre la relación entre los tres poderes del Estado, no había sido nunca hecho en nuestro país.

Y quién mejor que Adrián Ortiz Climent para colmar ese hueco. Un investigador joven pero prometedor, enamorado hasta la médula de los Estados Unidos, apasionado de su devenir político, disciplinado a la hora de escuchar a sus maestros, dispuesto a aprender, constante en el trabajo, paciente en el manejo de las fuentes, dueño de una prosa sencilla y de fácil lectura, eficaz a la hora de hacer comprensibles los aspectos más complejos del problema abordado y – sobre todo– capaz de analizar con frialdad las cuestiones más controvertidas. Un hombre del que después de haberle leído cientos de páginas, y de haber discutido con él horas y horas, no sería capaz de aventurar con convencimiento si se siente mas cerca de los demócratas o de los republicanos –lo que, bien mirado, constituye la mejor carta de presentación para un estudio como el que el lector tiene en sus manos.

Un estudio que aborda una de esas cuestiones para cuya comprensión el español medio –y aun aquel que, conociendo bien las dinámicas de nuestro sistema político todavía no haya aprendido a ponerlas en la necesaria perspectiva– necesitará a buen seguro de una reflexión previa, a fin de entender que el sistema político de los Estados Unidos consiente –y la cultura política de ese país propicia– algo que en los sistemas parlamentarios como el nuestro es inviable, y en culturas políticas como la española es indeseable: la conformación en las cámaras de mayorías de color político distinto del que colorea la Casa Blanca, y que de esa relación de fuerzas dependa en no poca medida cómo se vaya a gobernar el país. Sentada esa premisa, Adrián Ortiz desgrana con método y precisión todas y cada una de las facetas de la vida política estadounidense –desde el proceso legislativo hasta la exigencia de responsabilidades al presidente, pasando por la organización de las cámaras y la selección de los titulares de otros órganos– que se dejan influir por este dato, para presentar un panorama que solo cabe calificar de "multifacético" del modelo político americano. Y acabar revelando la íntima relación y la profunda interacción entre Constitución y Política, entre sistema de partidos y sistema de gobierno.

Introducción

INTRODUCCIÓN

El presente trabajo, al que hemos querido brindar el título de *El gobierno dividido de los Estados Unidos en tiempos de polarización política,* tiene por objeto abordar con toda la profundidad que esté a nuestro alcance la práctica o la institución del *divided government* (en adelante, gobierno dividido) en los Estados Unidos, cuya vigencia en determinados periodos de gobierno de esta nación ha generado interesantes consecuencias, y que ha cobrado una especial importancia en las últimas décadas.

La oportunidad de esta cuestión es clara: nos encontramos ante el país más poderoso en la escena internacional, por lo que las relaciones entre naciones no tendrían sentido sin él. Y no solo en el ámbito diplomático o militar: desde el punto de vista económico se trata de la primera potencia mundial, por delante de China. A ello hay que sumar que su modelo político y constitucional es todo un ejemplo y ha sido imitado por muchos países, tanto en América como en otros continentes.

Sin embargo, la institución del gobierno dividido estadounidense, resulta escasamente conocida en Europa, ya que a pesar de hallar una cierta correspondencia con la llamada "cohabitación" –cuyo modelo más conocido es el de la Francia de la Quinta República– no es apenas practicada en un continente en donde el parlamentarismo, y no el presidencialismo, es la regla. De ahí que resulte oportuno fijar nuestra atención en este fenómeno tan relevante allá, y tan escasamente comprendido acá.

En el lenguaje político estadounidense la expresión gobierno dividido se utiliza de manera cotidiana para referirse a aquella situación en la que cada una de las dos principales instituciones políticas de los EE. UU., el Congreso y la Presidencia, son controladas respectivamente, por uno de los dos principales partidos del país. Es decir; cuando –por un lado– nos encontramos con un presidente demócrata y un Congreso republicano, o –por el contrario– con un Congreso de mayoría demócrata y un presidente republicano. Una peculiar situación que, como es obvio, obliga al desarrollo de unas normas de cohabitación o entendimiento mutuo que permitan impulsar la agenda legislativa nacional y mantener la coordinación entre sus instituciones, y conduce a una situación en la cual las relaciones entre los poderes ejecutivo y legislativo cobran una relevancia sin igual.

Por definición, el gobierno dividido es fruto de la voluntad política de los ciudadanos estadounidenses es decir, son los votantes en las elecciones presidenciales y en las legislativas quienes deciden entregar todo el poder a uno u otro partido, o propiciar una cohabitación entre ambos. En consecuencia, el gobierno dividido no acontece por casualidad, o por mor de los caprichos del sistema electoral, que por lo demás resulta responder a los mismos principios tanto en la elección del presidente como en la de los miembros del Congreso, y además proceder de manera simultánea a la del uno y (parte) de los otros. De manera que el gobierno dividido no aparece sino como resultado de una voluntad expresa del cuerpo electoral, de un voto de castigo al presidente en el poder y, por extensión, a su partido, en las conocidas como elecciones de medio mandato (*midterm elections*). Aunque no cabe dejar de lado –y no lo haremos en este libro– el hecho de que el denominado sistema de "pesos y contrapesos" (*checks and balances*) juega un papel fundamental en la generación –y debe jugarlo en el análisis– del gobierno dividido. Este balance de fuerzas es fundamental para entender la dinámica de la situación y su influencia sobre las diferentes presidencias.

Como se ha dejado dicho, la figura del gobierno dividido aparece cuando la Presidencia es republicana y el Congreso presenta una mayoría demócrata o viceversa. Estos periodos se dan, de hecho, con bastante frecuencia y, si nos atenemos a los datos, se han producido en coincidencia con prácticamente todos los mandatos presidenciales de las últimas décadas. Lo principal aquí es ver cómo las relaciones entre el Congreso y la Presidencia se tensan o se destensan en periodos de gobierno dividido, así como cuáles son los efectos de esta práctica sobre la vida política del país y, en especial, sobre las diferentes personalidades que han ocupado la Presidencia. Porque, lógicamente, la situación depende en buena medida de quién sea el inquilino de la Casa Blanca, constituyendo variables relevantes para nuestro análisis, a las que se hará referencia en las próximas páginas, (a) el carácter y el estilo de gobernar del presidente; (b) las relaciones de liderazgo o distanciamiento que éste mantenga con su propio partido; y (c) las relaciones de colaboración o enfrentamiento que su partido mantenga con el mayoritario en las cámaras.

Por todo, esperamos que facilite un visión clara y actual no solo de la figura del gobierno dividido, sino también del sistema político estadounidense en general. Para ello se tomarán en consideración las seis últimas presidencias, desarrolladas aproximadamente en cuatro décadas. En cada una de ellas se atenderá a cómo las dinámicas del gobierno dividido han condicionado la ejecutoria de los diferentes presidentes y han modelado su agenda política y legislativa, incluyendo el novedoso panorama que se ha vivido durante el mandato del controvertido Donald Trump, quien, pese a gozar de una situación de gobierno unitario en su primer etapa como presidente, se enfrentó a una clara fractura dentro de su partido.

También es conveniente acercarse a algunas de las figuras más destacables que han ocupado la presidencia de ese país. En este sentido, podemos observar varios perfiles: existe, por un lado, el modelo de conservador paradigmático, ensalzado por el

Partido Republicano, cuyo mejor ejemplo es Ronald Reagan; también, por otro lado, hay algunos republicanos que han gozado de menor estima por parte de sus propios correligionarios, como George Bush o su hijo del mismo nombre —ambos protagonizaron mandatos controvertidos, el primero por su corta duración y el segundo por la lucha contra el terrorismo que marcó sus años en el Gobierno y algunos otros factores—; del lado demócrata, el caso más conocido es el de la presidencia de Bill Clinton y su intento de destitución, con la polémica sexual de la becaria por medio; una presidencia revolucionaria en sus inicios, y decepcionante para algunos en su desarrollo, fue la de Barack Obama, figura sin lugar a dudas prominente en lo que llevamos del siglo XXI; por último, pero no por ello menos importante, tenemos al ya mencionado –y polémico– millonario republicano Donald Trump, con su singular estilo para ejercer las funciones presidenciales y su relación de amor-odio con el partido en el que milita y al que representa.

El primer capítulo abordará el modo en el que se hallan constitucionalmente caracterizadas las dos principales instituciones gubernamentales de los EE. UU.: la Presidencia y el Congreso. En este capítulo se llevará a cabo un análisis en profundidad del modo en que se diseñó el sistema de separación de poderes imperante en ese país en sus orígenes, pero también se incidirá en su posterior evolución hasta llegar a la actual situación. Como es lógico, en esta parte se tratarán aspectos como la regulación constitucional del Congreso y de la Presidencia, como actores fundamentales que son ambos en la figura del gobierno dividido, objeto prioritario de este trabajo. Tambien se llevará a cabo un examen eminentemente político del modelo de dos partidos vigente en los Estados Unidos; esto es, el denominado "bipartidismo perfecto", que se mantiene –aunque con variaciones históricas en lo tocante a sus protagonistas, y con las lógicas fluctuaciones derivadas de la cambiante posición de la ciudadanía en cada ciclo electoral– desde sus inicios como nación independiente. Se describirá en este capítulo el contexto en el que nacieron tanto el Partido Demócrata como el Republicano, así como su evolución a lo largo de los años en cuanto a ideología, programa y objetivos.

Por otra parte, para comprender mejor el funcionamiento del gobierno dividido es necesario también tener en cuenta las relaciones partido-congreso y saber bien cómo se articulan; las figuras de los líderes del partido y la estructura interna tanto de la organización en cuestión como de su grupo de representantes en el Congreso son fundamentales en este sentido.

Adentrándonos en los contenidos del capítulo segundo, en él se llevará a cabo ya una aproximación a la institución del gobierno dividido. En el primer apartado abordaremos las relaciones entre la Presidencia y el Congreso, estudiando cómo el sistema de *checks and balances* supone la existencia de un equilibrio para que ninguna de estas instituciones prevalezca sobre la otra. Por tanto, se espera que en los periodos de gobierno dividido ambos organismos cooperen y propicien el entendimiento mutuo. En este sentido, el segundo epígrafe del capítulo tratará el importantísimo tema de la agenda legislativa, es decir, las prioridades de cada partido en cuanto a la legislación federal, y de qué forma la Presidencia influye en ella. Nuestro análisis se centrará exclusivamente en los periodos de gobierno dividido, aunque con ciertas referencias a los de gobierno unitario, para que la comparación sea más ilustrativa. Este capítulo se cierra con la descripción del *impeachment*, el proceso para la destitución del presidente de los Estados Unidos. Se verá que en los casos en los que se ha utilizado se daba un periodo de gobierno dividido. Especial atención a los procesos que se dieron sobre la anterior presidencia de Donald Trump y a cómo su partido ha jugado un papel destacable en los procesos de impeachment. Estos procesos son los mas reciente y se suman a los otros tres anteriores.

Para finalizar el presente trabajo llegamos al capítulo tercero, en el que se desarrollará un estudio de la influencia del *divided government* en ejercicio de las tareas presidenciales en los Estados Unidos. En diferentes apartados se tratarán con la profundidad necesaria los mandatos de los presidentes más recientes. Así, en el punto primero se analizará la influencia del gobierno dividido en la época de Ronald Reagan; en el segundo, se hará lo mismo respecto a la presidencia de su sucesor en el cargo, el también republicano George Bush padre; a continuación se analizará la primera presidencia demócrata contenida en este trabajo de investigación, la de Bill Clinton, y se observará cómo el gobierno dividido marcó de manera clara su etapa en la Casa Blanca; seguidamente analizaremos la presidencia de George Bush hijo y la alternancia que se dio entre un periodo de gobierno unitario y otro de gobierno dividido, que caracterizó además el tramo final de su presidencia; en cuanto al mandato de Barack Obama, veremos cómo la situación de bloqueo político y legislativo sin precedentes que se dio en esa época fue consecuencia precisamente del advenimiento de un gobierno dividido tras sus dos primeros años como presidente.

Para finalizar el capítulo tercero (y último) del presente trabajo, se llevará a cabo un análisis de la presidencia del republicano Donald Trump. Lo más importante es la actualidad de dicho análisis, con una clara división en el seno de los partidos sin que exista una situación de gobierno dividido como se considera tradicionalmente. En otras palabras, en la primera parte de su mandato existía una fractura dentro del Partido Republicano respecto al presidente puede conducir a la generación de un contexto complicado sin necesidad de que haya un gobierno dividido, al contrario de lo ocurrido en otras presidencias recientes. A ello le sumamos el inicio de una situación de gobierno dividido, con el polémico presidente republicano por un lado y un Congreso de dominio demócrata por otro. Esto llevaría a que la presidencia de Trump fuese aún más polémica y polarizada.

CAPÍTULO I
El Sistema Constitucional y de partidos de los Estados Unidos

CAPÍTULO I   EL SISTEMA CONSTITUCIONAL Y DE PARTIDOS DE LOS ESTADOS UNIDOS

1.1. El sistema de separación de poderes de la Constitución norteamericana

El sistema de separación de poderes como tal está enmarcado y regulado por la propia Constitución. En ella y en su proceso posterior, los padres fundadores se aseguraron de que la figura del jefe de Estado no se superpusiera a los demás poderes estatales. Es importante en este punto distinguir claramente las tres ramas o poderes del país:

- En primer lugar, el poder legislativo, el Congreso, compuesto por el Senado y la Cámara de Representantes.
- En segundo lugar, el poder judicial, que engloba a todos los tribunales estatales y federales y, cómo no, al Tribunal Supremo. Este último es el máximo garante de la justicia en el sistema norteamericano.
- Y en tercer lugar, el poder ejecutivo, encarnado en el Gobierno federal o la Administración federal, que tiene como cabeza al presidente de los Estados Unidos.

La Constitución ordena la separación de estos poderes y su asignación a distintas instituciones constitucionales, incluso de una manera gráfica, o didáctica: estableciendo en el encabezado de su artículo uno que "Todos los poderes legislativos otorgados en la presente Constitución corresponderán a un Congreso de los Estados Unidos, que se compondrá de un Senado y una Cámara de Representantes", en el de su artículo dos que "Se deposita el poder ejecutivo en un presidente de los Estados Unidos", y en el del tres que "Se depositará el poder judicial de los Estados Unidos en un Tribunal Supremo y en los tribunales inferiores que el Congreso instituya y establezca en lo sucesivo".

En la letra posterior de estos tres primeros artículos de la Constitución se puede observar con claridad cómo se establece la separación de poderes en el sistema de los Estados Unidos. Cada una de las tres ramas ostenta unas funciones concretas, y los mecanismos por los que una podría interferir en el funcionamiento de las demás quedan reducidos al mínimo. Por tales motivos, el sistema de los Estados Unidos ha sido imitado en numerosos estados −sobre todo, de la mitad sur del continente americano[1] al tiempo que es analizado como paradigma de separación de poderes en las facultades de derecho de todo el mundo.

Analizaremos en primer lugar el poder legislativo. Como ya se ha mencionado, está compuesto por dos Cámaras: el Senado —pensado para operar como el órgano de representación de los estados en el Gobierno federal, pese a que a la postre no sea ese precisamente su papel— y la Cámara de Representantes −diseñado como el espacio de representación global del sujeto de la soberanía, "el pueblo americano". Ambas forman el Congreso de los Estados Unidos, brazo legislativo del país. En el siguiente punto de este primer capítulo se analizará con mayor detalle la regulación constitucional del Congreso. A continuación nos centraremos en el modo en que esa separación de poderes se lleva a cabo en la práctica.

Lógicamente, el poder legislativo enmarcado en ambas Cámaras elabora las leyes, y lo hace en función de las competencias de cada una y siguiendo el procedimiento específico para ello. Una vez culminado ese proceso, se pasa a la promulgación y ratificación de la ley, y es ahí donde interviene el poder ejecutivo. No cabría, pues, la posibilidad de que este último aprobara las leyes y por tanto suplantara las funciones del poder legislativo, del mismo modo que tampoco cabe que el jefe del ejecutivo termine anticipadamente con el mandato de los representantes de la ciudadanía: aquí radica la separación de poderes. En cuanto al porqué de un sistema tan estricto en las funciones otorgadas, se debe al temor que tenían los padres fundadores acerca de la concentración del poder en manos de la rama ejecutiva, y en especial en la figura del presidente de los Estados Unidos, que es su principal representante.

No obstante, la Constitución prevé también un sistema de pesos y contrapesos (*checks and balances*) que actúa en las relaciones entre los poderes del Estado, modulándolas, y tratando de evitar la tentación de bloqueo mutuo. Por ejemplo, cuando un proyecto de ley es tramitado en la Cámara de Representantes, una vez culminado allí el proceso pasa al Senado, donde, superado el procedimiento correspondiente, se da lugar a una ley preparada para su entrada en vigor, siempre que esta no se modifique o altere. Aquí es donde interviene la política de pesos y contrapesos (*check and balances*): es el presidente quien debe ratificar dicha ley (contrapeso al poder legislativo, poder de veto); es decir, el presidente puede vetar una ley que haya seguido ya el procedimiento en el Congreso (primero en la Cámara de Representantes y después en el Senado).

Acudamos nuevamente a la Constitución para ver cómo regula esta el poder judicial[2]. Del articulo tres, primera sección, punto primero, se desprende que la Constitución solo menciona al Tribunal Supremo, y deriva al Congreso el establecimiento de los niveles inferiores. Con el paso del tiempo y la evolución del sistema político y administrativo se ha dado lugar a un sistema judicial de tres niveles o etapas:

- Primero, los tribunales federales de distrito: se componen de 94 distritos, y es necesario que haya uno en cada estado. En este tipo de tribunales se lleva a cabo en enjuiciamiento de la mayoría de las causas federales.
- En el siguiente nivel están los Tribunales de Apelación de los Estados Unidos, resultado de dividir el país en 12 regiones o "circuitos". Tienen como principal función la revisión de las decisiones tomadas por el tribunal inferior cuando lo estime conveniente la persona interesada por no haber quedado satisfecha con la decisión adoptada anteriormente por dicho tribunal.
- Para finalizar, el Tribunal Supremo —que es la última instancia y, por tanto, el tribunal de rango más alto— tiene su sede en la capital y es famoso por múltiples sentencias, algunas de las cuales han llegado incluso a decidir el resultado de elecciones presidenciales[3].

El Tribunal Supremo se encarga de velar por la constitucionalidad de las leyes federales o estatales. Es decir, no existe en este país —como en otros modelos, por ejemplo el español— un Tribunal Constitucional específico. En Estados Unidos el propio Tribunal Supremo dirime la constitucionalidad o no de las leyes. Por consiguiente, arbitra y aplica la ley no solo a los ciudadanos, sino también como máximo garante de la Constitución norteamericana –tarea esta, por cierto, asumida por el Supremo con carácter pionero en el Derecho Constitucional Comparado a partir de la ya mítica sentencia del caso Marbury vs. Madison.

Otra de las funciones importantes de este tribunal es su control sobre las leyes o decretos aprobados por los poderes legislativo y ejecutivo. Los casos de órdenes ejecutivas del presidente Trump así lo demuestran. Son los jueces de niveles inferiores los que paralizan estas órdenes que, siguiendo el camino judicial, pueden llegar en última instancia al Tribunal Supremo. Las decisiones que este adopte influyen enormemente en la política nacional y en la vida legislativa del Congreso.

El Tribunal Supremo se compone de nueve miembros, designados por el presidente de los Estados Unidos –que también elige al presidente del mismo– con el *"advice and consent"* del Senado. El Congreso de los Estados Unidos establece el número de jueces que lo forman. En sus orígenes, en 1801, estaba compuesto por seis jueces, de modo que no fue hasta 1869 que el Congreso fijó el número actual de nueve. Como se ha dicho, entre esos nueve uno es el presidente, y los otros ocho son denominados "jueces asociados". Otro de los factores a tener en cuenta es que son elegidos de forma vitalicia; es decir, no cesan hasta su muerte o la adquisición de una incapacidad grave y manifiesta.

Corresponde en este momento acudir de nuevo al texto constitucional para analizar con más detalle la institución del Congreso. La Constitución establece que:

- Como mínimo habrá un representante por estado en la Cámara de Representantes, también denominada Cámara Baja; a este se añadirá uno más por cada 30.000 habitantes de dicho estado.
- Se puede apreciar, pues, que la Cámara de Representantes es el órgano de representación popular. No obstante, la regla de un representante por cada 30.000 habitantes devino inaplicable conforme la población del país creció y tuvo que hacerlo también el del número de representantes en la Cámara. Por ello, en 1912 se optó por fijar éste último en número concreto de 435 miembros, prorrateando con posterioridad el número de electores necesarios para conseguir representación en la Cámara. Este método es el denominado *redistricting*[4].
- En la actualidad, la distribución nacional de los 435 miembros se produce cada diez años, y para ello se sirven del Censo Nacional. Tal distribución lleva aparejado que el reparto entre estados sea desigual, ya que los más poblados tienen obviamente más representantes que los que cuentan con menos habitantes, presentando un rango que va de los 53 que elige California al solitario escaño de los estados menos poblados como Alaska, Delaware, Montana, las dos Dakotas, Vermont o Wyoming.

El Senado, en cambio, se configura como el órgano de representación territorial, lo que cabalmente implica que los estados estén representados de manera igualitaria. Su composición obedece a una ratio de dos senadores por estado —con independencia de cual sea la población, tanto en términos absolutos como relativos, de cada uno— y ha venido variando por ello en función no del crecimiento demográfico sino del número de estados. La cifra se senadores se halla congelada (100 senadores) desde 1959, año en que se incorporaron como estados Hawái y Alaska y el número de los mismos quedó establecido en 50. Vemos claramente, pues, las primeras diferencias entre ambas Cámaras en cuanto a su composición y representación[5]:

- La Cámara de Representantes, por su composición y forma de elección, es el órgano de elección y representación popular.
- En cambio, el Senado se articula como el órgano de representación territorial, aunque también haya acabado siendo de elección popular, si bien esta no fue posible desde un principio.

Ambos órganos cumplen sus funciones de forma clara siguiendo las directrices de los padres fundadores: la Cámara Alta o Senado, ostentando esta representación territorial, tiene una función de contrapeso a los posibles efectos de la Cámara de Representantes y su elección puramente popular, lo que la podría llevar a sobrepasar límites con la excusa de la voluntad del pueblo. Este era el temor de los padres fundadores, y por ello el Senado adquirió unas facultades y funciones muy importantes en la arquitectura constitucional norteamericana.

La elección de los miembros de la Cámara de Representantes se produce en noviembre, cada dos años. De este modo, las elecciones legislativas coinciden con las presidenciales cuando éstas se verifican, pero también hay otras a mitad de mandato, y estas últimas son de gran relevancia para la presidencia y su figura; se las conoce como *midterm elections*. Estos órganos de representación no solo se renuevan cada dos años, sino que también se modifican sus liderazgos con cada elección.

Respecto a la organización interna de la Cámara de Representantes, conviene destacar que con el tiempo esta ha institucionalizado un conjunto de reglas y procedimientos que la han convertido en la perfectamente sincronizada máquina de hacer política que en estos momentos es. [6]En lo que respecta al liderazgo, el presidente de la Cámara o *speaker* es elegido por una mayoría de sus miembros. Es, por tanto, un demócrata o un republicano, en función de qué partido cuente con una mayoría. En la legislatura 2020-2022, este cargo lo ostento la demócrata por California Nancy Pelosi, después de que lo hubieran ostentado los republicanos mediante las figuras de Paul Ryan (republicano por Wisconsin.) y John Boehner (republicano por Ohio.). Es importante señalar que el presidente de la Cámara de Representantes (*speaker*) es el tercero en la línea de sucesión a la presidencia de los Estados Unidos, por detrás de la vicepresidente del país, en la actualidad Kamala Harris.

En cambio, en cuanto a la composición y elección, el Senado difiere ligeramente de la Cámara de Representantes:

- Está compuesto por dos senadores por estado, lo que supone que su cifra ascienda en estos momentos y desde la última incorporación de un nuevo estado en 1959, a 100 senadores.
- El mandato de los senadores es de seis años; no obstante, un tercio del cuerpo es elegido cada dos años, lo que da lugar a una elección conjunta con los miembros de la Cámara de Representantes y a una coincidencia con las elecciones presidenciales, mientras que otra se lleva a cabo a mitad de mandato (*midterm*) del presidente. Y, naturalmente, a una renovación gradual de la Cámara Alta.

En el Senado sobresale también la figura del presidente, que es, a su vez, el vicepresidente de los Estados Unidos, si bien en la práctica el presidente de este órgano, al igual que ocurre en la Cámara de Representantes, es el líder de la mayoría, y también se recurre a la figura de un presidente temporal. Por tanto, ambas Cámaras se organizan de manera similar. Eso sí, la figura del vicepresidente tiene relevancia es el presidente, y en caso de votaciones ajustadas o empate su voto es decisivo para dirimir la cuestión.

El Senado se estructura mediante formaciones o partidos políticos, de manera similar a la Cámara de Representantes:

- Hay un líder de la mayoría, elegido por los miembros de su partido, que actúa de portavoz oficial del mismo en el Senado. A su vez tiene un segundo, el "*majority whip*", con las funciones descritas anteriormente de coordinación y cohesión de los senadores de su partido; en la actualidad, respectivamente, *Chuck* Schumer (Democrata por California) y Dick Durbin (Democrata por Illinois).
- También se cuenta con la figura del líder de la minoría, el portavoz del partido que no ostenta la mayoría en la Cámara. Este se sirve a su vez del "*minority whip*", a modo de correa de transmisión, si bien no siempre da lugar a los efectos deseados en las votaciones. En la actualidad, ambas magistraturas son desempeñadas por republicanos: Mitch McConnell (republicano por Kentucky) y John Thune (republicano por South Dakota).

Volviendo a la estructura interna de ambas Cámaras, nos adentraremos a continuación en el proceso legislativo. Las tareas encomendadas por la Constitución al Congreso son, entre otras, las siguientes:

- La negociación sobre los detalles de las legislaciones específicas acerca de determinadas materias.
- La supervisión del funcionamiento de las agencias federales o ejecutivas.

Estas funciones, entre muchas otras ya mencionadas, se llevan a cabo en los comités o comisiones de la Cámara de Representantes y del Senado. En la primera su número asciende a 20, mientras que en el Senado son 16. En un nivel inferior de la estructura de ambas Cámaras existen los subcomités o subcomisiones: en el Senado hay 68 y en la Cámara de Representantes llegan a 100[7].

Es en estos órganos de nivel inferior donde los congresistas y senadores tienen un mayor interés en participar; para ello se especializan en determinadas materias y ejercitan sus conocimientos específicos. La inclusión de una persona en cada comisión o subcomisión depende del líder de su partido. Lógicamente, los puestos en los comités más activos, de mayor prominencia pública y que mayor presupuesto administran resultan ser los más codiciados en ambas Cámaras, y ello por una razón: ser miembro de uno de esos comités o subcomités del Senado, o de una comisión o subcomisión, otorga más relevancia política y también mayores oportunidades económicas en beneficio del distrito electoral al que se representa.

En los últimos años, según evolucionaba el sistema bipartidista norteamericano, se ha incrementado el nivel de desencuentro en este punto; los llamados "cierres de la Administración" son una constante en la política estadounidense[8].

Tales cierres se deben precisamente a la falta de acuerdo, dentro de las Cámaras y entre los grandes partidos, para elaborar un presupuesto federal estable y con carácter continuado. Esto genera un incremento de la crispación política y el hartazgo ciudadano. Además, la inexistencia de un presupuesto federal a largo plazo provoca la necesidad de establecer prórrogas anuales del presupuesto previo. Cuando llega el momento de realizar dicha prórroga la falta de acuerdo entre demócratas y republicanos lleva a situaciones límite como son el cierre de la Administración hasta llegar a un acuerdo por falta de fondos federales.

Por tanto, las funciones constitucionales de índole económica asignadas al Congreso y relativas al presupuesto federal se han ido incumpliendo en la práctica, más aún en los últimos años, a causa de la radicalización del Partido Republicano. Como consecuencia, los cierres de la Administración son cada vez más habituales, y se dan incluso con una periodicidad anual o bianual.

La presidencia viene reglamentada en el artículo dos de la Carta Magna norteamericana, que está dividido en cuatro secciones. De las disposiciones contenidas en este artículo se puede concluir con claridad la importancia que a las atribuciones presidenciales se les dio desde el primer momento en el sistema político y constitucional norteamericano. El presidente tiene otorgada una serie de poderes constitucionales y a través de ellos ejerce sus funciones. A esto hay que sumar las sucesivas ampliaciones de la figura y la institución presidencial a lo largo del tiempo. Todo ello da lugar al sistema actual de relaciones entre los tres poderes del Estado y, más concretamente, entre la presidencia y el Congreso de los Estados Unidos.

La presidencia de los Estados Unidos es configurada como una magistratura esencialmente individual[9]: el presidente es tanto el jefe de Estado como la cabeza efectiva del poder ejecutivo, y ejerce ambas funciones con una notable independencia respecto del Congreso. Esta independencia de la figura del presidente deriva fundamentalmente del hecho de que hayan elecciones separadas para ambas instituciones, si bien no existe una independencia completa respecto del Congreso debido a que los mecanismos de frenos y contrapesos previstos por al Constitución obligan a una coordinación constante. El Congreso de los Estados Unidos es el encargado de aprobar anualmente el presupuesto federal. Ello deriva en un control de esta institución sobre los presupuestos de las agencias federales y los departamentos ministeriales, así como en la capacidad de legislar sobre su estructura y funcionamiento organizativo.

Como vemos, la Constitución norteamericana otorga al presidente funciones primarias, es decir, de ejecución o implementación de las leyes. No obstante, tales funciones en realidad son mayores: sin ir más lejos, en el origen de muchas iniciativas legislativas se halla el impulso del propio poder ejecutivo, transmitido por cauces informales o formales al legislativo, donde el inicio del procedimiento corresponde al congresista o senador de turno. Por tanto, la acción legislativa original nace del poder ejecutivo, si bien después su tramitación corresponde al legislativo.

Junto a la del presidente de los Estados Unidos, otra de las figuras recogidas en el artículo dos de la Constitución, referido al poder ejecutivo, es la de la vicepresidencia del país. El vicepresidente puede parecer a priori una mera figura decorativa o al menos poco trascendental, una simple pieza en el mecanismo sucesorio, ya que la Constitución en su artículo dos así lo prevé. [10]Esta perspectiva se ha mantenido a lo largo de mucho tiempo: el vicepresidente era considerado únicamente el recambio para el presidente en casos de muerte, incapacitación, enfermedad grave o destitución, sin que le cupiera ejercer en el entretanto otra función que la que en la Constitución se le reconoce: la de presidir el Senado. Pero en las últimas décadas, gracias en gran parte al legado dejado por algunas de las personas que han ocupado el cargo —el demócrata Al Gore, vicepresidente con Clinton, o el republicano Dick Cheney, vicepresidente con George Bush Jr.–, dicha visión se ha ido modificando[11].

Sea como fuere, la presidencia del Senado sí resulta de gran importancia, sobre todo en caso de mayorías ajustadas. Como ya se dijo, cuando hay empate en el Senado, el voto de desempate corresponde al vicepresidente que ostenta en ese momento la presidencia de esta cámara. Bien es cierto que normalmente sus funciones son asumidas por otra persona que actúa como presidente del Senado. No obstante, este voto de desempate puede otorgarle una visibilidad y trascendencia mayor de lo habitual.

Por otro lado, la figura del vicepresidente también ha ganado peso en los últimos años como candidato a la sucesión. En algunos casos, el vicepresidente se ha presentado como candidato a la presidencia en la siguiente legislatura, normalmente beneficiándose de la especial popularidad adquirida con el cargo, así como de la que le brindara el presidente bajo cuyo mandato había servido, y debido también a sus acciones a lo largo del mandato del presidente saliente. Caso paradójico fue el del vicepresidente Biden, que sonó con fuerza como candidato para el año 2016 en las primarias del Partido Demócrata pero que finalmente perdió en favor de Hillary

Clinton. Pero actualmente y dependiendo del caso, el vicepresidente puede llegar a ser el siguiente en la presidencia del país. Como al final sucedió con el vicepresidente Biden, nominado para medirse con Trump en las elecciones presidenciales del 2020, y vencedor de éstas[12].

Otra de las particularidades de la figura del vicepresidente es que en ciertas ocasiones puede tener mayor actividad y adquirir más trascendencia pública incluso que el propio presidente. Por ejemplo, Dick Cheney respecto a George Bush hijo: la figura del vicepresidente llegó a eclipsar a la del presidente por momentos, y a sustituirle en determinados ámbitos —el securitario, sin ir mas lejos— en los que su experiencia era superior a la del presidente. De todos modos, una situación así se debe siempre a la discrecionalidad del presidente, que es quien debe dar mayor protagonismo a su vicepresidente. Y así ocurrió con Cheney en la guerra de Irak y la lucha contra el terrorismo. El presidente, sin embargo, no se libró de la quema y su popularidad descendió a pesar de haberse resguardado tras la figura ya impopular de su vicepresidente.

Por último, el papel del vicepresidente también tiene relevancia en las relaciones exteriores. En los últimos tiempos este cargo cuenta con agenda exterior propia y asume cierto papel de mediador en los conflictos internacionales. Es, por tanto, un competidor para el secretario de Estado, especialmente cuando se requiere la presencia un representante del país pero sin tanta proyección como supondría la visita del presidente de los Estados Unidos. Esto sucedió con Joe Biden, que desplegó durante el mandato de Obama una agenda internacional amplia, con numerosos viajes a diferentes países del planeta.

Un último punto a tener en cuenta en este apartado tercero es el exponencial crecimiento que las funciones de la presidencia han experimentado desde la institucionalización de ésta o, lo que es lo mismo, la expansión del poder ejecutivo mediante la figura del presidente[13]. La Constitución americana es bastante clara en este sentido, si bien con el paso de los años el brazo ejecutivo, encarnado en el presidente, ha ido extendiendo su poder como consecuencia del devenir de la historia. En ello han influido, y mucho, las dos guerras mundiales y las crisis económicas, por ejemplo la Gran Depresión de la década de 1930; y en los últimos tiempos también la amenaza terrorista, que cristalizó y fue en aumento a partir de los atentados del 11 de septiembre de 2001.

La materialización de esta expansión de los poderes del presidente, es decir, del poder ejecutivo, se ejemplifica —entre otras— en la expansión del uso del decreto ejecutivo[14]:

- El presidente puede emitir una orden ejecutiva (*"Executive orders"*), esto es, relativa a la burocracia federal, que tiene fuerza de ley y no necesita de la aprobación del Congreso. Aquí se hace patente la discrecionalidad del presidente, ya que estas órdenes solo pueden ser derogadas por él mismo o por otro presidente, para lo cual se emitirá una nueva orden ejecutiva que permita la derogación de la anterior.

- Esta función de legislar mediante órdenes ejecutivas (decretos) no se contempla de manera expresa en el artículo dos de la Constitución, pero existen ya numerosos precedentes de su utilización, de modo que en la actualidad se considera uno más de los privilegios inherentes a la presidencia de los Estados Unidos. Normalmente la emisión de estos decretos se produce cuando en el Congreso hay una mayoría opuesta al presidente, en lo que se conoce como gobierno dividido, y el poder legislativo bloquea cualquier iniciativa procedente del ejecutivo (es decir, del presidente) o que sepa que puede beneficiarle.

- El presidente de los Estados Unidos acude, pues, a las órdenes ejecutivas para poder legislar en materias referentes a la burocracia federal. De este modo es capaz de dar impulso a su agenda legislativa sin pasar por el Congreso. Por supuesto, esta estrategia lleva aparejadas ciertas consecuencias negativas, como la pérdida de popularidad del presidente o la escasa estabilidad temporal de estos decretos; no es lo mismo un proyecto de ley que se convierte en ley con el apoyo de la mayoría que una orden ejecutiva que el siguiente presidente puede derogar de manera inmediata nada más llegar al cargo.

Los detractores de las órdenes ejecutivas argumentan que con esta prerrogativa el presidente usurpa funciones al Congreso. Se produce, por tanto, un choque entre las funciones legislativas de esta institución y las ejecutivas de la presidencia. Sin embargo, cabe destacar que muchos de los proyectos de ley que aprueba el propio Congreso son en algunos casos poco claros o incompletos. Esto lleva a que la Administración federal ostente un poder discrecional mayor a la hora de aplicar dichas leyes.

La figura de los decretos ejecutivos se creó durante el mandato del presidente James Monroe y, con mayor o menor aceptación, han ido siendo acatados hasta la presidencia de Bush hijo, momento en que estas órdenes llegaron a suscitar una mayor polémica y rechazo. Hay que recordar que en esa etapa el presidente Bush se centró en la lucha contra el terrorismo y durante algún periodo de su mandato no contó con una mayoría afín en el Congreso; lo cual provocó que algunas medidas duras de carácter antiterrorista fueran puestas en marcha mediante decretos ejecutivos. Se alegó entonces que preservaban las funciones presidenciales que el Congreso pretendía usurpar.

En lo que respecta a las relaciones entre el poder ejecutivo y el legislativo, en la Constitución se establece que el presidente dará cuenta anualmente de su actividad ante el Congreso. Esto se ha materializado mediante el acto anual del discurso sobre el estado de la Unión, única ocasión cada año en que el presidente acude al Congreso de manera formal. Con este discurso el presidente presenta un balance en el que se detallan los logros de su Administración y sobre todo las prioridades de su mandato: aspectos a impulsar, así como retos y problemas a afrontar. Es como una especie de guía al Congreso para que promuevan las medidas que él considera más necesarias para los Estados Unidos.

Lógicamente este discurso es más formal que práctico. Lo habitual es que el presidente y el resto del brazo ejecutivo impulsen su agenda legislativa a través de los representantes de su partido en ambas Cámaras, así como celebrando reuniones con los líderes de su partido en estos dos órganos del Congreso.

1.2. La caracterización ideológica y programática del partido republicano y del partido demócrata

Para empezar, y haciendo honor a su *nickname* de *Grand Old Party,* analizaremos con toda la profundidad que nos sea posible la posición ideológica y la evolución programática del Partido Republicano en los Estados Unidos. Es importante señalar que tanto este como el Demócrata han seguido una trayectoria curiosa desde sus inicios hasta nuestros días.

[15]Los orígenes del *Grand Old Party* se sitúan a mediados del siglo XIX. En aquel entonces el Partido Republicano se hizo eco de las posiciones defendidas por los sectores más progresista del país, que sobre todo se situaban del lado de la opinión que abogaba por la abolición de la esclavitud. Ello fue debido en no poca medida al lugar en que fue fundado, y a que su predominio electoral se extendía entonces por los estados industriales más poblados del norte del país, en los que la población negra era más escasa, y para los que la dependencia económica de la mano de obra agraria y poco cualificada que esta población representaba tenía mucha menor importancia[16].

Su primer presidente fue Abraham Lincoln, y resulta llamativo cómo la identificación del partido con esta figura histórica provoca hoy en día cierto resquemor o incluso rechazo entre sus votantes y simpatizantes del sur del país; es decir, en aquellos estados en los que los republicanos gozan ahora de mayor dominio y donde al mismo tiempo perdura la mentalidad sureña heredada de la derrota en la Guerra Civil.

Aquel primer Partido Republicano poco o nada tenía que ver con el actual: el partido progresista de cuna y que abogaba por la abolición de la esclavitud, dio con el tiempo paso a otro más conservador, aunque el cambio no se produjo de la noche a la mañana, sino que la organización fue evolucionando[17] en función de la personalidad de sus dirigentes, algunos de los cuales fueron inquilinos de la Casa Blanca. [18]En especial estos últimos, los que llegaron a presidentes de los Estados Unidos, son quienes más han ido influyendo en la deriva ideológica del partido a lo largo de las décadas.

En definitiva, durante el siglo XIX y en los comienzos del XX el Partido Republicano dio un giro copernicano hacia una organización de tendencia liberal defensora de la libertad individual, la libre empresa y la ausencia total de actividad regulatoria por parte del Gobierno federal. O, lo que es lo mismo, hacia la justificación de la idea de que el mercado tiene capacidad para autorregularse y el Estado no debe inmiscuirse en su funcionamiento ni establecer limitaciones.

Pero fue durante el siglo XX cuando su evolución le llevó a alcanzar las posiciones por las que ahora lo caracterizamos, y que lo definen como el partido conservador por excelencia.

Fue en las siguientes décadas cuando el *Grand Old Party* evolucionó hacia el establecimiento de una división entre moderados y conservadores[19] en el seno del partido: los moderados respaldan una orientación más típica del centro-derecha en cuanto a la libertad individual, el aborto o la igualdad entre individuos, por ejemplo; por su parte, los conservadores son defensores de las tradiciones norteamericanas, encarnadas en el ciudadano blanco de origen anglosajón y cristiano evangelista. Así, vemos cómo se da un primer choque o división interna entre las alas moderada y conservadora, que pugnaron a lo largo del siglo pasado por alcanzar la supremacía ideológica y programática dentro del partido. Dicho enfrentamiento acabó trasladándose a las diferentes presidencias:

- Por un lado, se encuentran varios ejemplos de los denominados "presidentes moderados": en primer lugar, Theodore Roosevelt, que ocupó la presidencia entre 1901 y 1909; más tarde, Dwight D. Eisenhower, cuyo periodo presidencial fue de 1953 a 1961. El hecho de que se los califique como moderados no implica que fuesen discordantes con las ideas básicas del Partido Republicano, si bien en la aplicación de ciertas políticas fueron más centristas.
- Por otro lado, en el siglo XX también hubo exponentes de la corriente conservadora, presidentes que cambiaron la ideología e incluso al mismo Partido Republicano. [20]Como primer ejemplo se puede citar a Richard Nixon, famoso por su conservadurismo en muchos aspectos —como su postura frente al aborto o los derechos de las minorías de orientación sexual—, aunque fuera sobre todo el conocido como escándalo Watergate el que le llevara a la historia. Nixon es uno de los referentes del conservadurismo norteamericano, y lo sería aún más si no fuera porque le salpicaron las escuchas al Comité Nacional

Demócrata, lo que le obligó a dimitir en puertas de su *impeachment*. [21]Siguiendo con los presidentes de la rama conservadora, encontramos al primero de la saga Bush, George Bush padre, que ocupó la Casa Blanca de 1989 a 1993. Su único mandato se caracterizó por la fuerte crisis económica y por sus políticas conservadoras en lo económico y en lo social, todo lo cual le llevó a sufrir una derrota frente al joven demócrata (y desconocido exgobernador de Arkansas) Bill Clinton.

Aunque el programa republicano ha ido modificándose con el tiempo, en función de la tendencia que en cada momento imperara en el partido, el gran cambio para este en el siglo XX vino de la mano de Ronald Reagan, paradigma de mandatario conservador que condujo con control y pragmatismo sus dos periodos en el poder; estos supusieron un avance en las políticas conservadoras de la organización y en su extensión en la sociedad norteamericana.

Como eje central del revolucionario programa de Reagan[22] destacó la reducción del Gobierno federal, que se convirtió en el gran caballo de batalla ideológico y la señal diferenciadora a nivel programático de los republicanos. Tanto para este presidente como para su partido en años sucesivos, la reducción del tamaño de la Administración federal resultó primordial.

Pero también fue eje central de su programa la restauración de moral cristiana en la vida pública y social. Buen ejemplo de ello es la posición del Gobierno en cuanto a la investigación con células madre: su férrea oposición a ella y a cualquier avance en este campo. Tal extremo se plasmó más tarde en la legislación aprobada durante la presidencia de George Bush hijo. Y, por descontado, la transformación de la Economía estadounidense –para la que el político conservador promovió una receta que acabó conociéndose con el pintoresco nombre de *"Reaganomics"*– [23]y la recuperación del papel decisivo de los Estados Unidos en la escena internacional, materializado en la polémica ayuda a la contra nicaragüense y otras iniciativas.

De este modo, la reideologización del Partido Republicano generada por Reagan comenzó en la década de los 80 y duró hasta 1998. Por tanto, no solo abarcó las presidencias republicanas, sino también la oposición republicana a las políticas del demócrata Clinton. La conocida como "revolución Reagan" culminó en el llamado *Contrato con América*. Esta plataforma de gobierno, denominada también *Contrato con los americanos*, fue impulsada por el que era presidente de la Cámara de Representantes durante el primer mandato de Bill Clinton, Newt Gingrich. Con ello se puso fin a más de 40 años de dominio demócrata en ambas cámaras del Congreso.

El *Contrato con América*[24] fue el documento político elaborado para las elecciones legislativas de 1994 por los líderes republicanos Newt Gingrich y Dick

Armey. Sus fundamentos y su título provienen en parte de las palabras que pronunció el presidente Reagan en 1985 durante el Discurso del Estado de la Unión. Este documento marcó una pauta legislativa de impulso a una serie de reformas conservadoras en diversos ámbitos de actuación. El *Contrato con América* fue ratificado por todos los candidatos republicanos, tanto al Congreso como al Senado, y por los miembros del partido, lo que supuso un refuerzo para éste durante la primera mitad del mandato de Bill Clinton y tras la derrota en la reelección del presidente Bush padre. El resultado de todo ello fue que los republicanos ganaron la mayoría en ambas cámaras después de varias décadas de dominio demócrata, forzando un interesante periodo de gobierno dividido.

En el texto presentado por el poderoso Gingrich se ponían de relieve ocho reformas necesarias para el país, así como la implementación de diez proyectos de ley para llevar, algunos de forma inmediata y otros gradualmente, a la Cámara de Representantes, de cara a su aprobación por el Congreso. Una vez obtenida la mayoría necesaria en las elecciones, los republicanos prometieron implementar todas las reformas contenidas en el *Contrato con América*, que de forma resumida presentamos a continuación:

- Mayor control al Congreso de los Estados Unidos: aplicación de leyes más estrictas a sus miembros y realización de una auditoría de cuentas para evitar el despilfarro, el fraude o el abuso de poder en su seno.
- Simplificación y modernización del Congreso: reducción de comités, subcomités, comisiones y subcomisiones, y fomento de las sesiones públicas de todos ellos.
- Elaboración de un presupuesto federal realista y con un déficit cero, que evitase seguir endeudando al país y el aumento del déficit presupuestario.
- Formulación de una Ley de Responsabilidad y Equilibro Fiscal: ello requeriría una enmienda constitucional y, por tanto, era necesario disponer de una mayoría reforzada en el Congreso para su aprobación. Sin embargo, esta propuesta fue rechazada en el Senado, donde las mayorías siempre son más ajustadas.
- Lucha contra la delincuencia: se pretendía la aprobación de la ley *Taking Back our Street*, en la que se remarcaba la necesidad de más cárceles o de una policía más efectiva. Los demócratas del presidente Clinton consideraron, no obstante, que lo que se pretendía con esta ley era la reducción de los fondos para la policía.
- En el plano social, aprobación de la Ley de Responsabilidad Personal, a través de la cual se pretendía reducir los embarazos no deseados entre adolescentes,

y esto mediante el desmantelamiento de los programas de ayuda destinados a jóvenes madres. Otras leyes relacionadas fueron las centradas en el llamado "sueño americano", con ayudas al nacimiento de hijos y reducciones fiscales para las parejas casadas, en contraposición con las madres solteras o las parejas que no habían contraído matrimonio.

Al final el *Contrato con América* marcó, junto con la presidencia de Reagan, al conservadurismo norteamericano. [25]Pese a ello, el Partido Republicano no fue capaz de evitar la segunda victoria de Clinton, y aunque se tomó la revancha promoviendo su posterior proceso de *impeachment* por el ya famoso escándalo Lewinski, lo matuvo fuera de la Casa Blanca durante ocho largos años.

Así y con todo, los valores republicanos mantuvieron su fortaleza, por lo que tras ese segundo mandato de Clinton, los republicanos recuperaron la Casa Blanca con otro de los Bush, en este caso el hijo del anterior presidente, que en su primera legislatura fue elegido gracias a lo ajustado del resultado electoral. De todos es sabido cómo la decisión del Tribunal Supremo en este sentido marcó el inicio de su primer periodo en el poder. Pero sobre todo su trayectoria, en cuanto a programa e ideología, se caracterizó por sostener los valores más conservadores y tradicionales de su partido.

No obstante, fue después —especialmente tras los atentados del 11 de septiembre de 2001— cuando el Partido Republicano impulsó la aprobación de una serie de leyes restrictivas de los derechos civiles, justificando el giro conservador en la lucha contra el terrorismo.

En los últimos años de la presidencia de Bush hijo, su popularidad cayó en picado por el desgaste generado tras varias guerras (Irak o Afganistán) y también por la crisis financiera, que demostró la falta de capacidad de autocontrol del sistema. Estos hechos hicieron tambalearse los fundamentos programáticos e ideológicos del partido, y en mitad del último mandato de Bush los demócratas recuperaron la mayoría en ambas cámaras.

Con su programa ideológico en entredicho y al tiempo que se aprobaba una inyección de capital público y ayudas para la banca, surgió el movimiento del *Tea Party* dentro del Partido Republicano. En el seno de dicho movimiento nacieron figuras como la excandidata a la vicepresidencia y exgobernadora de Alaska, Sarah Pallin, o los senadores Marco Rubio y Ted Cruz, entre muchos otros nombres; también Paul Ryan, actual presidente de la Cámara de Representantes y fiel imagen de los republicanos en los Estados Unidos.

Precisamente el *Tea Party*[26] nació como consecuencia de la victoria de Barack Obama en las presidenciales y del dominio demócrata en ambas cámaras durante la mitad de su primer mandato. Este movimiento considera que el Partido Republicano ha perdido sus valores tradicionales norteamericanos y que el *establishment* de Washington no representa a la clase media y popular del país. Así, abogan por la defensa sin fisuras de los valores conservadores y familiares tradicionales de la sociedad norteamericana, postura ejemplificada en su frontal oposición a la regulación del aborto. También propugnan un control estricto de los fondos federales y la existencia de una Administración reducida y sin coste para los contribuyentes, más allá del puramente necesario. Por último, pretenden impulsar una mayor libertad individual y sobre todo de empresa, que fomente el empleo para la clase media.

Así, la historia se repitió, y en las elecciones legislativas de medio mandato del presidente Obama este sector del Partido Republicano obtuvo la mayoría en la Cámara de Representantes y también, aunque más ajustada, en el Senado. Aparte de los fundamentos ya citados, los republicanos del *Tea Party* se caracterizaron por la frontal oposición a la reforma sanitaria impulsada por el presidente Obama, ya que la consideraban una intromisión del Gobierno federal en el libre mercado, en este caso en el sector de los seguros médicos. También se oponían totalmente a cualquier medida legislativa que contribuyera a la regulación de los inmigrantes indocumentados residentes en los Estados Unidos, y pretendían un control más férreo de las fronteras.

En política exterior, abogaban por el proteccionismo en lo comercial y por la intervención allí donde los intereses de los Estados Unidos estuvieran en riesgo. Por tanto, eran contrarios al multilateralismo impulsado durante la presidencia de Obama. Incluso promovían el aislacionismo de los Estados Unidos para su no intervención exterior. Se observa, pues, nuevamente un cambio hacia el predominio del ala más conservadora del Partido Republicano, en detrimento de la corriente moderada, que propugnaba en especial el control del déficit federal y unos valores tradicionales, digamos, más laxos.

Como culmen de este proceso de cambio en la tendencia ideológica y programática del Partido Republicano, y en un giro hacia el populismo conservador y poco pragmático, se produjo la elección en las primarias del candidato a presidente Donald Trump, primero, y su llegada al poder presidencial con ocasión de las sorpresivas elecciones del 2016[27].

Hoy en día, el Partido Republicano se nutre de sus bases conservadoras, herederas del primer movimiento *Tea Party*, pero también del populismo mezclado con tintes nacionalistas del presidente Trump, perfil que mostró con claridad tanto en su campaña para la presidencia como en la anterior campaña de primarias.

De este modo, en la actualidad el ala moderada del Partido Republicano prácticamente ha desaparecido; o, mejor dicho, ha quedado oscurecida tras el tsunami conservador, primero del *Tea Party* y después del populismo nacionalista conservador de Trump, ambos sustentados en las siguientes bases ideológicas y electorales:

- Las clases medias y trabajadoras blancas de los estados del centro e industriales, es decir, aquellos donde la industria tenía un peso importante y que las deslocalizaciones motivadas por los tratados de libre comercio y la globalización imperante han llevado al colapso. La industria del automóvil es buen ejemplo de ello, y también la del acero. Esto justifica que el paro y la desafección política sean las principales bazas del nuevo conservadurismo republicano que encabeza el presidente Trump.

- El tradicional conservadurismo religioso y moral, ejemplificado en la lucha contra el matrimonio igualitario entre personas del mismo sexo, el aborto o la investigación con células madre. Esta tendencia es clásica dentro del ala republicana más a la derecha, y se ha mantenido intacta pese a los cambios en las primarias y las elecciones presidenciales.

- El proteccionismo comercial, uno de los nuevos ejes del partido o, mejor dicho, del presidente Trump. Su lema de campaña, "América primero", lo llevo a la práctica mediante la negociación de un tratado de libre comercio entre México, Canadá y Estados Unidos; o con el gravamen impuesto a la importación de acero y aluminio. Para la nueva ideología del partido es esencial proteger la industria nacional y sus productos del libre mercado internacional: primero lo propio y después lo del exterior.

- Un control férreo de la inmigración y trabas totales para una posible regularización de los indocumentados residentes en territorio norteamericano. Este punto también viene de lejos en la programática republicana, si bien en muchas ocasiones las dos tendencias tradicionales dentro del partido han chocado en este aspecto. Por ejemplo, el ala centrista siempre ha considerado que una política de tolerancia cero hacia la inmigración influiría negativamente en el voto hispano. Es preciso recordar que este resulta esencial en muchos estados del país, y crucial para obtener una victoria holgada. Así que la regularización de los indocumentados es uno de los caballos de batalla con los demócratas, pero no solo con estos: como acabamos de señalar, dentro del partido hay voces del ala moderada que abogan por algún tipo de acuerdo en este punto para regularizar a la población extranjera residente en los Estados Unidos.

Actualmente el Partido Republicano se puede caracterizar ideológicamente como conservador, pero su anterior presidente Trump le añadía tintes de nacionalismo, proteccionismo comercial y algunos rasgos de xenofobia e incluso de intolerancia hacia las minorías. Todo ello ha generado un choque entre los dirigentes del partido y el presidente que se ha trasladado a su vez a la sociedad en su conjunto.

Claramente el Republicano ha sido siempre el partido de los estadounidenses blancos y de clase media; también el de la reducción del déficit fiscal y el control de gastos del Gobierno federal, así como el que abogaba por un liberalismo total en lo económico mediante la libertad de empresa y de mercado[28]. En cambio, hoy en día las deslocalizaciones, junto con el miedo a los atentados terroristas, han generado un vuelco importante en la ideología republicana y en su programa. Esto tiene mucho que ver con el presidente Trump, quien con sus políticas proteccionistas ha chocado en parte con la clase dirigente del partido, que ve en ello una contradicción con la libertad de mercado que puede perjudicar a las empresas norteamericanas en el exterior. A ello se le sumaron sus reticencias a establecer pactos con los demócratas y su nulo interés por el control de la gigantesca deuda de los Estados Unidos.

Todo esto hace pensar que el partido está atravesando una crisis ideológica y de identidad que, si bien aún no se ha reflejado en su apoyo electoral, lo hará con toda probabilidad en un futuro y muestra de ello fueron los resultados de las elecciones presidenciales y legislativas de noviembre del 2020. Ello los llevará a reflexionar y plantearse cuál debe ser el rumbo republicano en los próximos lustros y, sobre todo, qué quieren ofrecer a la sociedad norteamericana. Deben tomar en cuenta, por supuesto, el peso cada vez más importante de minorías sociales como la hispana, y el que los derechos sociales recogidos (sin ir más lejos) en la reforma sanitaria están cada vez más presentes en la sociedad estadounidense.

Se observa, pues, a un Partido Republicano marcado por el populismo imperante en la presidencia de Trump; con rasgos nacionalistas y proteccionistas en lo económico, que tensan al partido en su seno; con unos valores conservadores —tradicionales en lo moral— intactos, pero que al mismo tiempo acepto a un presidente divorciado y con una vida personal alejada de lo que podríamos denominar prototipo de ciudadano tradicional norteamericano, blanco y evangélico[29].

En las últimas décadas se ha pasado, pues, de un Partido Republicano que llegó a ser el *Grand Old Party* conservador —engrandecido con la presidencia de Reagan y el posterior *Contrato con América*— a otro obligado a encontrar su sitio tras la presidencia de Trump en diversos aspectos; y un partido, además, con dos almas, la moderada y la conservadora, que deben convivir para retener la mayoría en ambas cámaras. En definitiva, los republicanos deberán hacer un verdadero encaje programático e ideológico para contentar a esas bases tan dispares, que esperan que su partido cumpla las promesas electorales y también que su futuro presidente las defienda. Será en los próximos años y hasta las elecciones presidenciales del 2024 donde el Partido Republicano deberá de redefinir su rumbo y su posición de cara al electorado norteamericano.

Como ya se señaló, el Partido Demócrata fue fundado en 1793 por los virginianos Thomas Jefferson y James Madison, a quienes se unieron los antifederalistas de Nueva York. Conviene traer de nuevo a colación que en esa época previa a la convención constitucional y la elaboración de la Constitución de los Estados Unidos había dos corrientes: los federalistas y los antifederalistas.

A los miembros del primer Partido Demócrata los unía su oposición a las políticas federalistas del presidente Adams y de su famoso secretario del Tesoro, Hamilton. En sus orígenes, y por expreso deseo de uno de sus fundadores, el Demócrata era considerado "el partido del pueblo" —en inglés, *yeoman-workers*— y de los granjeros, sobre todo del sur[30]. Era, por tanto, un partido del medio rural. Como también se ha comentado con anterioridad, en sus comienzos poco tenía que ver con el actual Partido Demócrata, defensor de las minorías y de los derechos sociales.

Fue durante la presidencia de Andrew Jackson en 1831 que se organizó la primera Convención del Partido Demócrata. Durante la misma se produjo un giro que se puede calificar como lógico pero conservador a la vez: los delegados y los dirigentes del partido mostraron su apoyo absoluto a la esclavitud, y sobre todo al derecho de los estados a mantenerla. Ese aspecto convirtió al Partido Demócrata en adalid de los estados sureños.

Como resultado de esa convención y la posterior Guerra Civil, además de la presidencia de Lincoln, la influencia del Partido Demócrata pasó a ser más bien escasa en el país, salvo en los estados del sur, donde continuaron siendo el partido dominante.

Su influencia política, pues, entró en una fase de decadencia: la posición contra abolicionista les llevó a perder peso y hasta en convertirse en marginal en amplias regiones del país, especialmente entre el electorado de los estados del norte e industrializados, donde la desaparición de la esclavitud era vista como necesaria para avanzar hacia una sociedad moderna, además de cómo una medida éticamente inaplazable. La situación se prolongó hasta mucho después de la Guerra Civil, lo que condujo a su vez al triunfo del Partido Republicano elección tras elección, y a una crisis profunda del Partido Demócrata, que se vio abocado a la transformación interna, no solo de personas, sino también de programa e ideología.

Sin embargo, estos "nuevos" Demócratas no lograron su primera victoria presidencial hasta 1912, con Woodrow Wilson. Y aun así, las divisiones internas motivadas por las tensiones entre las nuevas bases electorales y la tradicional posición del partido establecieron una fractura en su seno que se prolongó durante varios años; si bien el Partido Demócrata pro esclavitud y defensor del medio rural empezó a virar gracias a la inclusión en su base electoral de los inmigrantes, sobre todo italianos e irlandeses, pero también de otros rincones europeos. El partido tuvo, en definitiva, que replantear su posición ideológica[31] y abrirse a las clases trabajadoras y obreras de la floreciente industria de los estados del sur. Y ello hizo que fueran vistos también con mejores ojos por los obreros norteños.

Pese a ello, las tensiones entre conservadores y aperturistas o progresistas perjudicaron con claridad al partido en sus aspiraciones electorales. Eso hasta 1932, cuando dicha situación de debilidad se transformó y dio paso a una senda de fortaleza y unión interna. Fue el momento en que llegó a la presidencia F. D. Roosevelt, en plena crisis económica y a las puertas de la Segunda Guerra Mundial. ¿Por qué esa difícil situación favoreció al Partido Demócrata? El golpe de efecto fue el programa impulsado por este presidente, el mundialmente conocido como *New Deal* (en español "nuevo trato" o "nuevo pacto").

El *New Deal* fue un pacto, tanto ideológico como programático, entre el ala conservadora del partido —formada por hombres de negocios con un enorme poder de influencia en la captación de fondos, pero también por un subgrupo sudista pro segregación, más tradicional e incardinado en sus orígenes— y la nueva ala intelectual, vinculada al sector liberal demócrata, que a su vez se apoyaba en los trabajadores de la potente industria norteamericana y en los tradicionales granjeros del medio rural. Esta unión de intereses tan dispares dio lugar a una hegemonía demócrata durante la presidencia de Roosevelt, una especie de cuadratura del círculo gracias a la cual se empezó a reducir la desigualdad interna. Ahora bien, esas facciones tan diferentes continuaron generando no pocos problemas a la organización en lo sucesivo.

Como consecuencia de los cambios experimentados por el Partido Demócrata en las últimas décadas, su base programática se ha transformado, para centrarse en asuntos novedosos que sus estrategas estiman susceptibles de atraer la atención de sectores sociales amplios. [32]Entre las principales propuestas programáticas de este partido se contarían:

- La reforma del sistema sanitario a fin de alcanzar una atención cuasi universal. La idea se empezó a concebir durante la presidencia de Bill Clinton, pero no fue hasta la llegada de Obama cuando se concretó, mediante el famoso "Obamacare"; este consiste en una profunda reforma del sistema sanitario para adaptarlo a unos estándares, según el Partido Demócrata, más universales y de acceso generalizado para toda la población, en especial la de aquellos estratos sociales más desfavorecidos o con menos probabilidades de que las aseguradoras contraten con ellos un seguro médico. Este punto sigue siendo hoy en día uno de los caballos de batalla entre republicanos y demócratas en el Congreso. [33]La derogación de la reforma sanitaria de Obama fue una prioridad del presidente Trump y de parte del Partido Republicano, si bien por el momento han obtenido un fracaso tras otro en el Congreso.

- Las oportunidades educativas: los demócratas defienden que el acceso a la educación no sea privativo de las clases altas, sino que haya igualdad de oportunidades con independencia de proceder de una familia pobre o de clase media, cuyos ingresos no pueden cubrir las matrículas universitarias. Se trata de otro de los puntos programáticos tradicionales del Partido Demócrata.

- Las infraestructuras y los planes de inversión en este sector: otro de los puntales del Partido Demócrata, para el que los planes billonarios de inversión pública en infraestructuras son una constante en las últimas décadas. Incluso durante los periodos de crisis económica se han utilizado como idea para el impulso de la economía. Y es que sin estímulos de este tipo los demócratas consideran que el país no puede ser competitivo ni superar sus desigualdades. Resulta llamativo comprobar cómo este punto fue "copiado" por el presidente Trump, que es un firme defensor de los planes de inversión en infraestructuras. Otro ejemplo de cómo en ocasiones la línea divisoria entre ambos partidos se difumina.

- La preocupación medioambiental: es una de las más recientes incorporaciones al programa demócrata y a la ideología del partido. Ejemplos como los del presidente Obama o el excandidato presidencial Al Gore permiten comprobar que este tema constituye un eje central de la organización. Precisamente bajo el mando del presidente demócrata Obama se firmó el Acuerdo de París de 2015 y se impulsaron medidas legislativas de protección del medioambiente y lucha contra el cambio climático.

- El feminismo: los derechos de las mujeres, tanto laborales (lucha contra la brecha salarial) como relacionados con la salud y la libertad (por ejemplo, respecto al aborto) constituyen otro de los ejes demócratas en las últimas décadas, así como uno de los planos en los que la confrontación con el Partido Republicano –con sus congresistas, sus gobernadores y sus jueces– ha sido más radical.

- La defensa e inclusión de la diversidad cultural: en este partido se sostiene la firme creencia de que el multiculturalismo enriquece a los Estados Unidos y, por tanto, se aboga por el fomento de la inclusión de diversas culturas y de los inmigrantes que llegan al país en busca del "sueño americano". Lógicamente, desde el Partido Demócrata no se defiende la libertad plena de entrada en el país; sería, por otra parte, un suicidio político. Pero entre sus propuestas tradicionales siempre están la reforma migratoria y la integración cultural. Aducen que el país se ha construido sobre la inmigración procedente de Europa y que la misma ha favorecido los cambios en la base electoral del propio Partido Demócrata. Así, este es fácilmente reconocible como defensor de los derechos de los hispanos, los asiáticos o cualesquiera otras minorías, si bien el caso de hispanos y afroamericanos es el más conocido.

Pero ya en la época de los antecesores de Clinton en el cargo (Nixon o Reagan, por ejemplo, ambos republicanos y conservadores) se acuñó el término "demócratas conservadores" o "demócratas por Reagan" para designar a aquellos votantes tradicionalmente demócratas que sin embargo apoyaron al candidato republicano en esa ocasión. Fue precisamente con ese último presidente y su revolución conservadora cuando empezó a desplazarse la base social de los obreros blancos de clase media y trabajadora —que siempre habían votado a los demócratas— por sus propuestas en favor de los derechos salariales y la calidad de vida. En ese momento el Partido Demócrata comenzó su declive con este sector de la población, lo que continuó en las siguientes décadas y dio lugar al resultado, de todos conocido, en las elecciones presidenciales de 2016: el republicano Trump obtuvo un fuerte apoyo popular en las ciudades posindustriales y afectadas por la deslocalización, especialmente las que se dedicaban a la fabricación de acero y derivados de metales pesados, productos que en la actualidad se importan de China. Estos lugares son uno de los graneros de votos del presidente, que ha aprovechado el fuerte descontento con el Partido Demócrata y su defensa de los tratados de libre comercio y la globalización mundial.

En resumen, el pragmatismo demócrata les ha llevado a perder el apoyo de la población en las grandes ciudades de estados como Michigan o Pensilvania, y además ha hecho que sobrevaloraran dicho apoyo en las elecciones presidenciales del 2016. Tales estados, enclavados en lo que se conoce como el "área de los grandes lagos" viraron hacia el rojo republicano y, más concretamente, hacia el apoyo a las propuestas de Trump. La conclusión es que si desea recuperar esos electores, en los próximos años el Partido Demócrata deberá revisar su orientación en el campo de las transacciones y la globalización, sobre todo en lo referente al libre comercio y sus consecuencias para los Estados Unidos.

De hecho, ya en la campaña del 2016 Hillary Clinton propuso una revisión de estos mecanismos para evitar la deslocalización de empresas. Sin embargo, esta no fue una iniciativa de la candidata del *establishment* demócrata, sino que se debió más bien a la presión de su oponente, el senador Bernie Sanders, más a la izquierda en muchos asuntos que la propia Clinton, pero que en este punto coincidía en el análisis con el republicano Trump. A última hora Clinton, que contaba con opciones para la nominación y también, posteriormente, de ser presidenta, tuvo que dar un giro importante para no perder el apoyo popular en las zonas afectadas por la desindustrialización. Pero fue en vano: el apoyo a Trump se mantuvo en esos estados. Todo ello dio un giro importante en las elecciones presidenciales del 2020. El partido demócrata recuperó estados claves como Michigan o Pensilvania. Esta recuperación se fundamento en las ciudades y sus áreas urbanas. En los próximos años deberá de mantener su apoyo electoral si quiere seguir manteniendo dichos estados clave.

Así, el presidente demócrata Obama antes y el actual Biden, sustentó sus victorias en las minorías citadas gracias a sus políticas en defensa de la regularización de inmigrantes indocumentados, de los derechos de la mujer y su equiparación con el hombre, así como de la igualdad racial, siendo además el primer presidente afroamericano de la historia. En su momento esto generó no solo preocupación, sino también estupor en el Partido Republicano. Es preciso recordar que las minorías hispana y afroamericana suponen un porcentaje importantísimo del censo electoral para cualquier aspirante a la Casa Blanca[34].

No obstante, lo que cambió entre la base de apoyo electoral al presidente Obama y a la candidata Hillary Clinton es sencillamente que ésta no suscitó el entusiasmo que en su momento generó él en su primer mandato, y en parte en el segundo. El apoyo ideológico a los demócratas por parte de estas minorías desapareció o en cierto modo se quebró en las últimas elecciones, tanto entre los afroamericanos como respecto a la población de origen hispano. Y, paradójicamente, entre las mujeres también se produjo un retroceso. Otra cuestión clave fue el apoyo y la movilización del electorado más joven y progresista, que no estaba satisfecho con la candidatura demócrata de Clinton y, por tanto, se volcó en las primarias con el otro candidato en liza: el senador, pragmático en lo progresista, Bernie Sanders. Las primarias se alargaron más de lo deseado y la ideología del partido se inclinó hacia el ala de izquierda, incluso en mayor medida de lo que habrían querido sus líderes y la candidata.

Por tanto, el partido se encuentra inmerso en un viaje hacia el autoconocimiento para decidir qué quieren ofrecer a los ciudadanos desde el punto de vista ideológico y programático. Es importante tener en cuenta, como ya señalamos antes, que en él cohabitan dos "almas": la primera, más centrista o conservadora —que tiene su punto fuerte en las elites gobernantes del partido y cuyo ejemplo es la figura mítica y líder del partido, Nancy Pelosi—; y otra encarnada en los senadores Bernie Sanders o Elizabeth Warren, así como en las figuras emergentes de los jóvenes senadores o candidatos al Congreso y al Senado. Estos solicitan que haya un vuelco respecto a lo que supuso la candidatura de Clinton, así como el regreso a un Partido Demócrata más abierto al progresismo de izquierda, abanderado de políticas sociales y que vuelva a conectar con los jóvenes, los latinos, los afroamericanos y las mujeres.

Tras las elecciones presidenciales y legislativas de noviembre del 2020 el partido demócrata recupero la presidencia. También mantuvo el control de la Cámara de Representantes y logro recuperar el Senado. Su actual presidente Joe Biden encarna esa alma centrista del partido. Pero también su actual vicepresidenta Kamala Harris es un salto o un impulso hacia el ala progresista del partido. [35]El actual partido demócrata deberá de hilar muy fino en sus propuestas para que ambas almas puedan trabajar en conjunto. Todo ello debido a la mayoría mas escasa en la Cámara de Representantes y a la mayoría o empate técnico en el Senado. Las próximas elecciones presidencialies y legislativas del 2024 serán la prueba definitiva para el partido.

1.3. El bipartidismo "perfecto" en los Estados Unidos

Si bajo los encabezados anteriores hemos caracterizado ideológica y programáticamente a los dos partidos que histórica y actualmente dominan la vida política estadounidense, en el presente apartado abordaremos el estudio de su interacción, que es tanto como decir del sistema bipartidista que impera en los Estados Unidos.

El término bipartidismo "perfecto" alude a una estructura en la que predominan de manera absoluta dos formaciones políticas, con una escasa o casi nula presencia de otras formaciones, y en ningún otro país del mundo –ni siquiera en Gran Bretaña, donde nació y maduró la idea mismo del bipartidismo– [36]ha arraigado de una manera tan amplia, tan constante y tan omnipresente como en los Estados Unidos.

Cierto es que en los comienzos de la democracia norteamericana –como en cualquier otro lugar de Europa, por aquella misma época– los partidos políticos eran inexistentes como tales, y se reducían a poco más que corrientes de opinión levemente estructuradas. De hecho, los padres fundadores no se detuvieron a planificar un sistema de formaciones políticas, ni siquiera se molestaron en dedicarles un simple párrafo, o un artículo, en la Constitución. Su aparición y evolución resultó de una adaptación en función de las necesidades y la evolución del país, en la que fueron decisivos factores como las características personales de los habitantes de la Casa Blanca, entre otros.

Hoy en día, entre ambos partidos se reparten a la totalidad de los gobernadores de los Estados y los miembros de las asambleas legislativas estatales. También controlan las dos cámaras del Congreso. Es verdad que en el Senado hay un cierto número de miembros independientes, pero este es reducido y no tiene relevancia suficiente para ser considerados un tercer partido dentro del sistema: de hecho, lo habitual es que los senadores independientes sean antiguos senadores demócratas o republicanos, que abandonan su partido como consecuencia de diferencias con sus líderes y optan a la reelección en base a su experiencia o "*name recognition*", pero que aun así siguen votando mayoritariamente con su antigua formación. También es importante recalcar el hecho de que entre ambos partidos ostentan la mayoría de alcaldías de los Estados Unidos.

Regresando al concepto de bipartidismo perfecto, este se debe a una serie de razones que a continuación se describen:

- El mismo sistema de separación de poderes (ejecutivo y legislativo) reflejado en la Constitución norteamericana, que determina que las elecciones a ambos cuerpos sean independientes. Esto queda ejemplificado en las elecciones de medio mandato o *midterm*. La existencia de este sistema hace que la estructura y fuerza de los partidos políticos en EE. UU. no sea comparable a la de otros sistemas en los que el predominio bipartidista es menor; en el caso estadounidense otras opciones o tendencias tienen menos posibilidad de adquirir fuerza.
- Dicho sistema de elecciones separadas para la Cámara de Representantes y el Senado y, por otro lado, para la presidencia, ha llevado a que los partidos políticos alternativos no sean tales. Y, como consecuencia de todo ello, a que los ciudadanos, por el peso de las dos grandes organizaciones políticas a escala nacional, concentren en ambas opciones todo el poder y la relevancia electoral y política del país.
- La generalización en todos los ámbitos del sistema electoral mayoritario a una sola vuelta o *"first pass the post"*, que es el utilizado para la elección de alcaldes, gobernadores, representantes, senadores, y hasta del propio presidente (aunque en este caso, en distritos no uni sino plurinominales). Este sistema es conocido por empujar al electorado hacia la bipolaridad y, en consecuencia, por perfilar sistemas de partidos eminentemente bipartidistas.
- La propia historia de los partidos. Como ya se ha visto, surgieron de manera más o menos temprana en el ideario norteamericano y lo conformaron, por lo que demócratas y republicanos han imperado en el sistema político de los Estados Unidos, convirtiendo en extremadamente difícil la aparición de terceros partidos. De hecho, todos los intentos de consolidar terceros partidos verificados en el último siglo y medio apenas han pasado de cierta notoriedad en sus primeras citas con las urnas, sin lograr en ningún caso su consolidación a largo plazo[37].
- El hecho de que estos dos grandes partidos se hayan repartido los roles mayoritarios en ambas cámaras y en la Presidencia. Esto ha conducido a que los candidatos que se presentan por primera vez o que intentan renovar sus cargos bajo su amparo tengan más fácil la elección o reelección; y todo ello debido a la configuración del sistema político norteamericano, donde las opciones minoritarias no se han abierto paso salvo algunas excepciones, por ejemplo, en las elecciones presidenciales.

En consecuencia, tanto para las presidenciales como en el proceso de nominación en primarias el sistema político del país está enteramente dominado por las dos opciones imperantes o mayoritarias. Ello es debido a la evolución histórica e ideológica de los dos grandes bloques, pero también a la configuración de la sociedad norteamericana: solo en unas pocas elecciones presidenciales ha destacado algún candidato independiente, y en esos casos los motivos han estado ligados al pulso de la sociedad, es decir, al sentimiento de hartazgo en una época determinada con la clase política, o a la falta de carisma de alguno o de ambos candidatos de los dos grandes partidos. En resumen, las opciones independientes han tenido alguna posibilidad solo en contadas ocasiones a lo largo de la historia de este país. Y aun en esos casos, su efecto mas habitual ha sido el de debilitar y aun arruinar las opciones electorales de la formación mas cercana –y no de la más opuesta– a sus postulados, motivo usualmente ligado a su inmediata desaparición.

Otra de las particularidades del bipartidismo perfecto es el papel determinante jugado por la circunscripción electoral: el congresista o senador sabe que su elección (o reelección) depende del pulso de su electorado en dicha circunscripción, y esto a su vez de la posición del partido en ambas cámaras respecto a la estructura de los comités, puesto que es en el seno de los mismos donde se reparten los fondos federales. Por tanto, el partido juega un rol fundamental en este aspecto: a mayor veteranía, mayor captación de fondos, ya que la organización premia a estos congresistas y senadores con la pertenencia a los comités o las comisiones más codiciados.

Ya se ha señalado que tanto el sistema de separación de poderes como el electoral condicionan la aparición de opciones independientes. Pero es sobre todo la fórmula de elecciones presidenciales lo que marca la pauta a seguir y la posibilidad de influencia de nuevas formaciones políticas. En este sentido, la elección presidencial a través del colegio electoral resulta decisiva, porque el hecho de que sea indirecta conlleva que resulte muy difícil la aparición de terceros partidos mayoritarios. Esto es debido a que el logro del número de electores necesarios para la elección presidencial requiere una implementación nacional importante. Y no solo eso, sino también un número considerable de votos populares. Esto puede generar la paradoja de que determinados candidatos de terceros partidos obtengan un gran número de votos populares que a la postre no les sirvan de nada, porque para asignar a sus electores en el correspondiente colegio se utiliza un sistema mayoritario; es decir, el que gana en ese estado se lo lleva todo, salvo excepciones ya mencionadas. Esto conduce a que tales partidos, pese a hacer un esfuerzo considerable, no lo vean reflejado en el colegio electoral ni, por tanto, en sus opciones de triunfo presidencial. Sin que ni siquiera les quepa la opción de negociar el trasvase de sus apoyos minoritarios a alguno de los candidatos mayoritarios como sucede en los sistemas que –como el francés– suelen resolver la elección presidencial en una segunda vuelta. Y ha sido así con el paso del tiempo y la evolución del sistema político estadounidense.

Otro de los factores a tener en cuenta en el análisis de este sistema bipartidista es la personalidad de los presidentes, que ha llevado en diferentes momentos de la historia a una mayor o menor popularidad de sus respectivos partidos: dirigentes republicanos como Abraham Lincoln o Theodore Roosevelt, o de la impronta ideológica de Ronald Reagan; pero también los demócratas F. D. Roosevelt y su New Deal, o Kennedy y, más recientemente, Bush hijo, entre los republicanos y Bill Clinton o Barack Obama entre los demócratas. Ha sido precisamente su relevancia en la presidencia lo que ha provocado que durante el mandato de estas figuras los respectivos partidos alcancen más o menos poder y, a su vez, una aceptación pública más favorable, o bien mayores cotas de impopularidad.

Sobre esto último se puede señalar que durante el mandato de algunos de los presidentes citados u otros su partido ha sido castigado por la opinión pública y, por tanto, por los electores. Y analizando la historia del país se observa que cuando el Partido Republicano ha sido sancionado por los votantes se ha producido de manera simultánea un alza y predominio del Partido Demócrata, y viceversa. Por tanto, uno y otro se han turnado en el poder, entendido este como la presidencia y la mayoría en instituciones de carácter federal. No obstante, esta tendencia ha ido minorando en las últimas décadas, y los resultados electorales son cada vez más ajustados, lo que lleva a pensar en una sociedad más dividida ideológicamente, fraccionada en dos bloques.

A partir de lo dicho hasta ahora se puede afirmar que el sistema político norteamericano es un bipartidismo perfecto en el que conviven dos grandes formaciones políticas que abarcan ambas tendencias ideológicas, a izquierda y derecha, y que por su propia evolución histórica y la del país han sido y son los mayoritarios. A ello se añade que la estructura constitucional de separación de poderes, el sistema electoral y la organización interna de los partidos los favorecen y permiten que sean los dos únicos predominantes en el sistema político de los Estados Unidos de América.

Ahora bien, estos partidos presentan asimismo dificultades y carencias: no se componen de grupos de militantes homogéneos y con unos intereses más o menos fuertes, sino que, por la misma configuración del sistema, son heterogéneos en cuanto a sus intereses, y están unidos solamente por un hilo conductor que es el partido y que difiere según el nivel en que se encuentre. Incluso puede romperse: por ejemplo, en las votaciones en ambas cámaras del Congreso se suele tener en cuenta más a los electores de las respectivas circunscripciones que las indicaciones del partido en cuestión, como veremos después.

Por un lado, en el Partido Republicano los más centristas (o moderados) han dominado en ciertos períodos. No obstante, los conservadores también: dentro del partido surgió a finales de la primera década de este siglo, como ya se ha señalado, el movimiento *Tea Party*, que generó una era de conservadurismo en su seno que ha llegado hasta nuestros días. En cualquier caso, las luchas entre corrientes o las denominadas "familias" dentro del partido son un clásico en la política norteamericana, lo que lleva a que ese llamado bipartidismo "perfecto" lo sea solo en apariencia, ya que al profundizar se detectan grandes diferencias dentro de ambos partidos.

A los demócratas les ocurre, pues, algo similar: los más moderados (o centristas) han predominado a lo largo de la historia del partido y han obtenido las victorias más importantes, si bien el ala situada más a la izquierda ha crecido en fuerza en los últimos años. Tras la derrota de Hillary Clinton —considerada centrista, e incluso derechista por algunos miembros de su propio partido— la facción más a la izquierda, ejemplificada en la figura del senador Bernie Sanders, ha iniciado una campaña para hacerse con el control del programa y las ideas del partido. Para ello se ha apelado al voto de las clases populares, las minorías y, sobre todo, los más jóvenes. En este caso con la presidencia y anterior nominación para la misma de Joe Biden el ala centrista logro imponerse a la progresista. No obstante, la corriente progresista sigue marcando y mucho la agenda del Partido Demócrata, entendiéndose como un logro suyo la nominación como candidata a Vicepresidente de la Senadora Kamala Harris.

Por tanto, se puede ver que de manera reciente se ha producido una radicalización de las posturas de ambos partidos, y con ello se ha dado el fenómeno conocido como "la partición de la sociedad norteamericana".

1.4. La estructura interna de los partidos y su función como maquinaria electoral

Una vez analizado el sistema bipartidista norteamericano y la situación de cada organización política, pasaremos al análisis de la estructura interna de ambas. Y en ese marco, abordaremos de manera especial el estudio de las trascendentales relaciones entre cada partido y sus correspondientes representantes en el Congreso de los Estados Unidos.

En los Estados Unidos, los partidos políticos presentan un diseño constitucional fragmentado. Es decir, no son organizaciones políticas compactas y bien ideadas jerárquicamente, sino todo lo contrario: están muy descentralizadas y poseen estructuras poco claras y muy flexibles; en cada caso existen configuraciones de ámbito nacional, federal y local (ciudad y condado), y las diferencias entre los distintos niveles se pueden producir en cuanto a la composición y también la regulación del partido. Incluso es posible que se produzcan diferencias en el mismo partido entre condados o de una ciudad a otra, lo que da lugar a posiciones diversas en estos niveles[38].

Ello contrasta con otros modelos en los que la jerarquía y la organización territorial son mucho más consistentes. En España, por ejemplo, el orden disciplinario o de trasmisión entre las estructuras partidistas es férreo. En cambio, en el modelo que estamos tratando aquí la concepción de condado o de circunscripción electoral, y su pertenencia a esta, marca al senador, al congresista, al legislador estatal, al gobernador e incluso al alcalde en un nivel local. Todo esto se traduce en una organización política muy descentralizada, poco coordinada y bastante dispar entre sus distintos elementos.

Siguiendo con el análisis estructural de los partidos políticos, es conveniente puntualizar también que en los Estados Unidos estas organizaciones no mueven masas, es decir, no cuentan con un número importante de afiliados o militantes, como sí sucede, por ejemplo, en España. Por el contrario, funcionan más a base de simpatizantes, que para poder inscribirse como tales se apoyan en la legislación de cada estado. Así, el partido se conforma como una unión de intereses y de pequeños grupos dispares que conforman la base social del mismo. Existe, pues, una enorme diferencia respecto al modelo europeo también en este aspecto.

Por otro lado, se da un importante control público de las campañas electorales en un nivel federal, y dicho control se extendió a causa de la adopción por parte de ambos partidos del sistema de primarias para la selección de los candidatos de cada partido a casi cualquier "public office": en el mismo, claramente el poder de decisión pasa a ser de los votantes, que son quienes eligen a sus candidatos[39].

El sistema de primarias se implantó ya entrados en el siglo XX, puesto que anteriormente, en los comienzos del bipartidismo, dominó en ambas organizaciones el sistema clientelar o de favores internos mutuos. No obstante, con el paso de las décadas se evolucionó hacia lo que conocemos ahora como partidos del siglo XXI. En los Estados Unidos, las funciones más destacadas de los partidos políticos (y para ello se dotan de una estructura organizativa) son:

- Las nominaciones en todos los niveles de la organización, bien sean nacionales —para el Congreso, que incluye la Cámara de Representantes y el Senado, o para la Presidencia—, bien sean de carácter estatal —gobernadores o legisladores de cada estado— o local, para alcaldías y concejalías en las grandes ciudades o en los condados.
- La organización del Gobierno y las instituciones federales. Es decir, cuando les corresponde gobernar deben ejercer las funciones del Gobierno federal, pero también del Congreso.

Hemos visto, pues, cómo el sistema de elección interna depende de la estructura del partido, y cómo los procesos de nominación tanto en el Partido Demócrata como en el Republicano han ido evolucionando. Por tanto, existe una estructura tentativa, mas no fija, en los niveles federal, estatal y local. Tal forma organizativa se fundamenta en la jerarquía y en las funciones que cada nivel territorial desempeña dentro del partido.

Así, en la cúspide de la estructura partidista se encuentran los respectivos comités nacionales, encabezados por un presidente a quien se suele escoger después de las elecciones presidenciales, sea para gestionar la victoria de su candidato o para afrontar la derrota y asumir la reorganización de cara a las legislativas de medio mandato. Los Comités Nacionales[40] están compuestos por los representantes de cada partido en los 50 estados que componen el país, si bien su presidente y su sede están en Washington D. C. Estos comités son los encargados oficialmente de dirigir y administrar el partido, aunque sus funciones se centran sobre todo en el Congreso y en los líderes de la mayoría en una u otra cámara, y además en la práctica solo se dedica a las labores de organización interna cada cuatro años, cuando se celebra la Convención Nacional. También son responsabilidad de este comité el proceso de nominación y elección de los delegados y las primarias presidenciales. En realidad, este es su cometido principal y más trascendental. En cuanto a la dirección, se puede afirmar que recae en los líderes, tanto si son mayoría como si son minoría en el Congreso: el de la Cámara de Representantes y el del Senado, pues estos son los que dirigen las acciones legislativas y de control tanto hacia la Presidencia como dentro del Congreso.

Por consiguiente, la estructura del partido[41] está conformada, en primer lugar, por el comité nacional, a este lo siguen los comités correspondientes de nivel estatal, encargados de organizar las elecciones a gobernador y las nominaciones correspondientes, tanto para ello como para elegir a los legisladores de cada estado (hay, por tanto 50 comités estatales republicanos y 50 demócratas). Después se suman los comités de condado o locales, que varían en función de la dimensión de la ciudad: si esta es de gran tamaño, el comité de ciudad tendrá una mayor importancia que el del condado, y al contrario en aquellos con ciudades o poblaciones más pequeñas. El comité de condado es el encargado de las elecciones o las nominaciones de los candidatos a la alcaldía de cada pueblo o ciudad, y también de los concejales o regidores locales. Existe, pues, una extrapolación de las funciones del comité nacional para cada nivel territorial.

Pero esta división no termina en el nivel de ciudad o de condado: existe otra división más dentro de la organización partidista: se trata de los *precincts*, las unidades más básicas o inferiores del partido, que se pueden traducir como "distritos electorales".

Hay que subrayar que en la búsqueda de financiación es esencial también el papel de los respectivos comités estatales, locales o de condado y, por último, de los *precincts*. Asimismo, son importantes en el registro y captación de votantes, que se suele hacer mediante una estructura de voluntarios que van puerta por puerta y también hacen llamadas telefónicas. Son famosas las imágenes de los voluntarios en una sala de la sede local o de distrito llamando a los ciudadanos para orientar su voto.

Por lo demás, no puede ser descuidado tampoco el papel decisivo de los cargos electos que cada partido tiene a nivel estatal o local, y que resulta proverbial en el caso de los miembros del Congreso, especialmente de los senadores. Dada la enorme capacidad de influencia política y de protección mediática de estos, su influencia en el seno del partido trasciende el concreto cargo orgánico que puedan poseer en su organización, modelando en buena medida sus políticas desde sus respectivos escaños, y desplegando una importante influencia en la promoción de los escalafones inferiores del partido, y en la nominación de sus candidatos para puestos electivos de rango inferior.

1.5. Las relaciones partido-Congreso y su influencia sobre la Presidencia de los Estados Unidos

Una vez analizada la estructura y organización interna de los partidos estadounidenses sería apropiado abordar las relaciones que los partidos mantienen con sus representantes en el Congreso; cuestión ésta que se ha mencionado ya de pasada en varias ocasiones, pero que sin duda merece un análisis más detallado y sistemático.

Estas relaciones están marcadas por la separación entre la estructura partidista que acabamos de tratar y el funcionamiento interno de cada partido en el Congreso, que se organiza de manera específica según los periodos electorales y en función de que sean mayoría o minoría en este órgano.

Antes de comenzar a explicar dichas relaciones, es necesario subrayar una vez más la falta de jerarquía existente también en este ámbito. Si bien es cierto que cada partido y sus representantes en el Congreso funcionan de manera separada,[42] sus relaciones son constantes; prueba de ello es el vínculo y contacto continuo, como ya se ha explicado, entre la Convención Nacional que republicanos y demócratas celebran cada cuatro años —y, sobre todo, el comité nacional del partido— y los respectivos senadores y congresistas. Para ello se sirven de los comités de campaña;[43] hay uno para la Cámara de Representantes y otro para el Senado. Ambos se incardinan en la estructura interna del respectivo partido en el Congreso, y a su vez tienen una relación que podríamos calificar de indirecta con este, a través de su máximo órgano: el comité nacional (y su presidente).

Esta distinción entre comités de campaña es lógica, ya que las relaciones entre el partido y el Congreso varían dependiendo de la cámara: no es en absoluto lo mismo tratar con un congresista que se enfrenta a su elección —o, más bien, reelección— en un distrito o circunscripción electoral de pequeño tamaño, que hacerlo con un senador, ya que el estado al que representa es más trascendental por su dimensión y por lo que llegan a suponer los senadores para sus respectivos territorios.

También es cierto que la acción de los comités de campaña no solo se centra en las elecciones, sino que tiene importancia a lo largo de los mandatos tanto de senadores como de congresistas, fundamentalmente con el objetivo de que adquieran la suficiente fortaleza económica mediante la captación de fondos como para optar a la reelección y asegurar su escaño en la correspondiente cámara del Congreso. Pero el momento clave es la campaña de elecciones legislativas —que se celebran cada dos años para la Cámara de Representantes y para el tercio de senadores que corresponde renovar en ese momento. Entonces el comité de campaña debe estrechar lazos más que nunca y coordinar adecuadamente tanto la captación de fondos como la agenda de sus candidatos. De esta manera el partido se integra en el Congreso y ambos van de la mano en la búsqueda del beneficio electoral común. En definitiva, los comités de campaña de ambas cámaras juegan un papel destacado como polea de transmisión de las prioridades electorales de su partido y también de las de senadores y congresistas.

Esto puede llevar a pensar que la relación descrita es jerárquica y que implica cierta subordinación entre el partido y sus representantes en el Congreso. Pero en realidad la vinculación entre unos y otros es indirecta y hasta cierto punto independiente: los congresistas y senadores siempre anteponen los intereses de sus electores y su circunscripción –naturalmente: interpretados en función de sus propias posiciones ideológicas, y sus propios intereses estratégicos– a los de su partido. Así, en numerosas ocasiones la disciplina de voto y hasta las meras indicaciones hechas desde el partido son desoídas por estos representantes.

Por tanto, la disciplina de partido y hasta la mera existencia de jerarquía brillan por su ausencia en el funcionamiento de las relaciones entre cada partido y el Congreso; la vinculación entre ambos es habitualmente débil, aunque no inexistente. Cada senador y, sobre todo, cada congresista, se debe a su distrito electoral.

Así, en el funcionamiento normal de ambos órganos —en especial en la Cámara de Representantes— impera el *logrolling*[44]. Este sistema consiste en un intercambio de favores, expresados por lo general en concesiones financieras a favor de los intereses o de los distritos de unos y otros (*pork barrel*,[45] en el argot político estadounidense) un toma y daca en las votaciones de los congresistas en el que siempre prima el interés de los respectivos distritos electorales, y esto tanto en el pleno de la Cámara como en las comisiones o en las acciones de respaldo a una determinada propuesta. En resumen, la posición partidista "pura" desaparece, y esto se debe fundamentalmente a la configuración de ambas cámaras y a la tradición política de esta nación, que marca que senadores y congresistas son representantes directos de sus electores. Esto es, son los encargados de luchar por, defender y aplicar las propuestas de la ciudadanía.

Dicho de otro modo, en el sistema de relaciones entre Congreso y partido en los Estados Unidos impera "escuchar al votante"; ambos partidos saben —y los congresistas y senadores aún más— que sin los electores no son nada. Esto se traduce además en un desplazamiento físico y de recursos a los territorios o circunscripciones electorales respectivas. Sobre todo los congresistas, por el menor tamaño de su territorio electoral, tienen un día a día más cercano con sus electores y son más conscientes de la importancia de que estos se sientan satisfechos con su labor en la Cámara de Representantes.

En caso de que la respectiva Convención Nacional del partido tramite una directriz al presidente de la cámara correspondiente —y líder de la mayoría—, y de que este convoque a su vez a los parlamentarios de su partido, ellos pueden limitarse a obviarla si choca con sus intereses, o, mejor dicho, con los de su distrito electoral o estado.

Ha quedado claro que la relación entre el partido y sus legisladores no se basa en la influencia, pero sí en recomendaciones. Y en este sentido es clave la figura del presidente de la Cámara de Representantes. Recordemos que este es la tercera autoridad del país tras el presidente y el vicepresidente; es el denominado *speaker of House*. Lo siguen, por debajo, el líder de la mayoría —que, a su vez, elige en la Convención Republicana y el caucus demócrata a los asistentes (o *whips*)— y el oficial disciplinario; ambas figuras se describieron en el capítulo I.

La misma estructura se repite, como vemos, en el Senado, con la diferencia de que la presidencia de este órgano corresponde al vicepresidente de los Estados Unidos. Tanto el líder de la mayoría como el de la minoría disponen de unas directrices que les hacen llegar desde el comité nacional del partido. Por ejemplo, en relación con los proyectos de ley o con el posicionamiento político que deben adoptar acerca de alguna propuesta del presidente del país o del partido rival.

El líder de la mayoría o de la minoría debe comunicar al *party whip* y a sus asistentes tales posiciones definidas previamente en el *caucus* o en la Convención Nacional; es decir, lo que el partido, en el ámbito nacional, pretende que defiendan y/o adopten. Pero, como ya se ha dicho, la disciplina de partido es débil y la de voto no existe como tal; en definitiva, las indicaciones trasmitidas desde el partido se pueden esquivar.

En el sistema de relaciones del Congreso las piezas clave son el presidente de la Cámara de Representantes —en tanto líder de la mayoría en ella— y el líder de la mayoría en el Senado. [46]Ellos son, en teoría, los encargados del control de los grupos republicano y demócrata en ambos órganos, y quienes deben velar por los intereses de su partido y por que las instrucciones que desde el comité nacional se hacen llegar al Congreso se acaten. Y de hecho es lo que sucede, por ejemplo, en el sistema español, donde la jerarquía dentro de un partido y la disciplina parlamentaria son férreas y se prevén sanciones en caso de saltárselas.

Por lo tanto, las figuras del presidente y los líderes de la mayoría suelen estar muy cuestionadas y habitualmente se encuentran en una posición de poca fuerza: en cualquier momento puede producirse un cambio en este sentido. Buen ejemplo de todo esto son las elecciones legislativas de noviembre de 2020, en las que el caucus demócrata fue el encargado de elegir a la veterana congresista Nancy Pelosi como la *speaker of the House*. Continuando así como *speaker* tras el periodo del 2018 y con su finalización en el 2020.

Al hablar de estas relaciones es fundamental también referirse a aquellos que se encuentran por debajo de los líderes: tanto sus suplentes —para el caso de que los titulares no estén presentes en los debates— como los asistentes y los oficiales disciplinarios. Estos dos últimos grupos son los encargados de las negociaciones uno a uno sobre las indicaciones del partido en el Congreso. Pese a ello, su autoridad es escasa, precisamente por esa falta de jerarquía y de control parlamentario sobre los congresistas y senadores. Ni unos ni otros poseen la capacidad de sancionar; únicamente se encargan de recordar a congresistas y senadores que la posición del partido es la determinada por el líder y el comité nacional, y que lo más adecuado es seguirla.

Es evidente, pues, que las relaciones entre cada partido y sus representantes en el Congreso de los Estados Unidos son difíciles y complejas. La fuga de votos y las alianzas entre legisladores de diferente signo son una constante en las sesiones plenarias y en las votaciones de los comités, y en numerosas ocasiones es necesaria una estrategia de persuasión individual o en grupos reducidos para conseguir un cambio en la postura del partido. Aquí es donde cobran importancia el líder de la mayoría o la minoría y el oficial disciplinario, junto con los asistentes, que se reúnen con los legisladores de su partido con el fin de que la disciplina —o al menos la apariencia de unión— sea una realidad.

Por otra parte, las citadas alianzas entre miembros de ambos partidos son fundamentales en las relaciones partido-Congreso. Habitualmente tienden a producirse entre un flanco y otro de cada partido: los republicanos más centristas se alían con los demócratas más conservadores o escorados al centro-derecha, y viceversa. Al final, tales alianzas pueden hacer fracasar tanto posiciones conservadoras como progresistas. Es decir, existen determinados proyectos de ley que no suscitan la unanimidad dentro del partido que los propone y que solo pueden ser aprobados gracias a una fuga de parte de los miembros de la organización rival en una u otra cámara, fuga que compensa las deserciones de congresistas propios que no comparten los propósitos de la iniciativa que se les planteó. Y aun proyectos considerados fundamentales, que desde el primer momento aparecen etiquetados como *bipartisan* –esto es: esponsorizados por los dos partidos de la cámara– y que resultan aprobados por amplias mayorías incluso aunque deserten parte de los congresistas de una u otra fuerza.

La conclusión principal al respecto lleva a afirmar que el sistema de relaciones entre el Congreso y los partidos en este país es errático o incluso se podría calificar de inconsistente y además muy basado en la confianza mutua: el partido sabe que ostenta un poder de influencia escaso, de modo que confía en que el mero hecho de pertenecer a su organización política sea suficiente para que sus representantes se plieguen a las recomendaciones que les hacen llegar. Ni el líder de la mayoría, ni los oficiales ni cualquier otro cargo intermedio del partido o del comité nacional puede influir en la conducta final de congresistas y senadores.

En este punto también tiene relevancia la estructura del partido: su máximo órgano, el comité nacional, no tiene una función específica en el Congreso más allá del papel desempeñado por el líder de la mayoría o de la minoría, así como del *speaker of the House* —en el caso de ostentar ese cargo el propio partido en la Cámara de Representantes—, auténtico líder en ese órgano y el que marca a la pauta a seguir en la agenda legislativa y en los posicionamientos políticos.

El objetivo principal de senadores y congresistas, y también de su correspondiente comité nacional, es la reelección —o la elección en caso de presentarse por primera vez—;es decir, obtener (o mantener) los máximos asientos posibles en ambas cámaras, lo que a su vez llevará al partido a alcanzar la mayoría en uno u otro órgano, o en ambos. Es en este punto donde las relaciones entre partido y Congreso se estrechan, puesto que la colaboración es en favor del beneficio mutuo, para el partido y para el candidato o candidata.

Sin embargo, en el resto de la labor parlamentaria el interés de los electores del respectivo distrito queda por encima del que tenga el partido y de otras consideraciones. Esto se debe a la cultura democrática y política que impera en EE. UU., según la cual se asume que son los electores quienes llevan a alguien a ocupar el puesto de congresista o senador.

Todo ello lleva a la confirmación de que las relaciones entre el partido y el Congreso son, más que jerárquicas o de obediencia, de ideología y de pertenencia a un movimiento político determinado: el partido transmite una información y unas directrices a sus líderes en el Congreso, y estos las derivan a sus respectivos grupos, que las analizan y consideran en qué les pueden beneficiar y en qué no respecto a los intereses de sus circunscripciones electorales. Una vez hecho este análisis, deciden su voto o su postura en un determinado debate.

Por tanto, podemos afirmar que las funciones de los partidos políticos en el Congreso estadounidense son más ideológicas o simbólicas que reales o efectivas. Es decir, actúan como catalizadores del programa político que propugnan, pero no trasladan sus poderes como partido a estos dos órganos legislativos.

Lógicamente, esto no puede suceder con la figura del presidente, ya que la influencia que ejerce su partido sobre él es evidente. No obstante, la autoridad de los partidos políticos en la Presidencia sigue un camino similar a la de estos en el Congreso. A continuación, abordaremos el análisis de esa relación. Es importante recordar que el sistema de separación de poderes también alcanza a la Presidencia y a los vínculos que esta institución sostiene con los partidos políticos[47].

Cada partido, Republicano y Demócrata, se encarga de dirimir quién será su candidato a presidente mediante el ya descrito sistema de primarias. Este es en realidad el único momento en que el partido tiene auténtico peso en la Presidencia. Una vez elegido el candidato, ambos (él o ella y el partido) comienzan a buscar, junto con los grupos de presión y los líderes de campaña, los fondos necesarios para obtener la victoria.

A partir del momento en que un candidato resulta elegido presidente de los Estados Unidos, la capacidad de influencia del partido sobre este y la institución presidencial en sí misma empieza a decaer en favor de los líderes legislativos, que pasan a ser quienes más ejercen dominio (o deberían hacerlo) en la Presidencia del país. Son, de hecho, quienes pueden vetar o aplazar las iniciativas del presidente y su agenda legislativa y, por tanto —y empleando una expresión más coloquial—, hacerle la vida más fácil o más complicada. También en ciertos casos existe una influencia decisiva de algunos congresistas individuales, e incluso, en los últimos tiempos, de ciertos senadores.

Por tanto, el sistema de relaciones partido-Presidencia en Estados Unidos varía, y mucho, respecto al europeo o, sin ir más lejos, el español. En nuestro caso sería impensable que las orientaciones o directrices que se dan desde el partido no afectasen al presidente del Gobierno; pese a que este suele ser el líder formal y práctico del partido, también se guía y ampara por lo que este desea para el país, demostrando así una obediencia de la que carece el sistema estadounidense; allí, la falta de jerarquía y la escasa relevancia de los partidos motivan que los líderes del Congreso sean los auténticos contrapuntos a la Presidencia. Estas son, por tanto, las dos grandes instituciones políticas de ese país.

Como ya es sabido, en la legislatura del 2020 al 2022, el Partido Republicano ostento la minoría en el Senado y en la Cámara de Representantes. Por tanto, los representantes del Partido Demócrata son los líderes de la mayoría en el Senado y en la Cámara de Representantes, a ello le sumamos la presidencia de Joe Biden. La presidenta de la Cámara de Representantes en la legislatura 2020-2022, es la histórica Nancy Pelosi demócrata por California.

A lo largo de este capítulo hemos analizado el sistema de partidos políticos de los Estados Unidos: el bipartidismo "perfecto" y singular de este país, la ideología y la base programática de las dos grandes organizaciones políticas, su estructura interna y las relaciones partido-Congreso, aspecto este último completado con la descripción de la función que ejercen los partidos en esta institución legislativa y su influencia en la Presidencia, la otra gran institución federal. Visto, pues, el sistema político de los Estados Unidos, en el capítulo III se analizará la institución del gobierno dividido, punto fundamental de esta investigación.

CAPÍTULO II
El *Divided Government* en los Estados Unidos

CAPÍTULO II EL *DIVIDED GOVERNMENT* EN LOS ESTADOS UNIDOS

2.1. El gobierno dividido en Estados Unidos

En este punto primero, se llevará a cabo un análisis de la institución que conocemos con el nombre de gobierno dividido, en la que se presentará su configuración y se analizarán las particulares circunstancias que dan lugar a su aparición. Así, comenzaremos con el análisis de la regulación constitucional de las relaciones entre la Presidencia y el Congreso para, sobre esta base, analizar el modo en el que varía la configuración de la agenda legislativa del Congreso en los periodos de gobierno dividido o de gobierno unitario; el modo en el que se ejerce la figura constitucional del veto presidencial en uno y otro contexto; las consecuencias del gobierno dividido sobre los nombramientos del Tribunal Supremo y, por último, llegaremos a la descripción del proceso de *impeachment* o destitución presidencial según el sistema que rige en los Estados Unidos, valorando los efectos que sobre su desarrollo tiene el hecho de que nos hallemos en periodos de gobierno dividido o de gobierno unitario.

Con todo, antes de proceder a ello es menester recordar la definición de qué se entiende en los Estados Unidos por el término gobierno dividido o *divided government,* que no es otra cosa que aquella situación que se produce cada vez que un partido controla la Casa Blanca –esto es: el poder ejecutivo– mientras que otro controla el Capitolio –esto es, una o ambas cámaras del poder legislativo.

[48]Hipótesis esta que resulta inaudita en un sistema de corte parlamentario, en donde la regla es la de la complementación de poderes, y donde el ejecutivo y el legislativo (y algunas veces partes del poder judicial) suelen aparecer unificados bajo unas mismas siglas políticas, pero que resulta en cambio perfectamente plausible en un marco presidencialista, en el que una y otra institución resultan popularmente elegidas en distintos momentos y por distintos procedimientos, lo que se traduce en que puedan adquirir colores políticos contrapuestos sin que haya una fórmula para evitar esta disociación.

A favor de la vigencia del gobierno dividido se halla el argumento de que la separación –y aun la contraposición– entre ejecutivo y legislativo fomenta una mas intensa vigilancia de los que están en el poder por parte quienes se hallan en la oposición, lo que redunda en una limitación del gasto, menores abusos de poder, y la evitación de leyes indeseables. En contra, sin embargo, se formula la tesis que los gobiernos divididos incurren a menudo en la parálisis y el bloqueo. Como señaló Terry M. Moe, los gobiernos divididos conducen a un compromiso que puede verse como beneficioso, pero también subvierten el desempeño y politizan las decisiones de las agencias ejecutivas[49].

Sea como sea, nos hallamos ante una practica que ha pasado de ser infrecuente a principios del siglo XIX, hasta haberse vuelto cada vez más corriente, en especial desde los años setenta.

2.2. Las relaciones entre el Congreso y la Presidencia en el país

El Congreso y la Presidencia, ambas instituciones ideadas por los padres fundadores, son independientes según la Constitución y se encargan, respectivamente, del ejercicio de la función legislativa y de la función ejecutiva del gobierno en los Estados Unidos. La relación que mantienen estas dos instituciones centrales del sistema democrático estadounidense se puede calificar de compleja, y aunque está dominada por el principio de separación de poderes propio del presidencialismo, dependerá en último extremo de la situación y las características de cada presidente, por un lado, y por otro, de qué partido ostente la mayoría en el Congreso.

Desde los inicios de esta democracia, el Congreso ha jugado un papel predominante en la vida política los Estados Unidos, fundamentalmente por ser el centro del poder legislativo y –lo que quizás sea incluso más importante– la institución que determina el alcance del gasto público del país: de la que emanan la legislación y la financiación de las políticas públicas. Por tanto, partimos de una situación de superioridad del Congreso sobre la Presidencia.

Parte de esa supremacía del Congreso tiene que ver con la doctrina de los "poderes implícitos" (*implied powers*), aparecida en el momento en que George Washington planteó a Alexander Hamilton la necesidad de defender la constitucionalidad de la creación del Primer Banco de los Estados Unidos –que obviamente no se hallaba mencionado en la Constitución– ante los ataques de Thomas Jefferson y James Madison. Hamilton argumentó que los poderes de un gobierno soberano eran no solo los que expresamente le atribuyera la Constitución, sino todos aquellos que resultaran adecuados para el cumplimiento de sus fines, y que éstos, por su enormidad e imprevisibilidad, no eran susceptibles de definirse de modo tajante en la Constitución, sino que debía entenderse se hallaban "implícitos" en ella.

La tesis acabaría de consolidarse en 1816 cuando el presidente del Tribunal Supremo John Marshall apeló a la teoría de los poderes implícitos de Hamilton en el caso *McCulloch v. Maryland*, [50]argumentando que el Congreso tenía derecho a establecer el banco, ya que la Constitución otorgaba al Congreso ciertos poderes implícitos más allá de los explícitamente establecidos. De este modo, la doctrina de los poderes implícitos acabaría reforzando al Congreso añadiéndole a las atribuciones que la Constitución le brindaba otras que ésta no definía explícitamente, pero que eran "necesarias y adecuadas" para el cumplimiento de sus fines.

Con todo, las relaciones entre ambas instituciones han evolucionado con el paso del tiempo, hasta el punto de que en ello se pueden distinguir tres etapas[51]:

- En sus inicios, tales relaciones eran más formales y pragmáticas y atendían claramente a la separación de poderes recogida en la Constitución. En esencia, según el propio Hamilton, la Presidencia consistía en poco más que el mando de las fuerzas armadas, mientras que el Congreso se ocupaba del grueso de la tarea legislativa y la acción política.
- Con el paso de las décadas se llegó a una segunda etapa, la denominada "presidencia moderna"; surgida principalmente por la expansión territorial del país, que complejiza la tarea de gobierno; pero también por la Guerra Civil y el periodo presidencial de Lincoln. En ese momento los poderes de la Presidencia y su capacidad de influencia en las cámaras legislativas empezaron a virar en dirección a un reforzamiento de la figura del presidente.
- La última etapa comenzó a raíz del punto de inflexión que marcó la presidencia de Franklin Delano Roosevelt entre 1933 y 1945. Esta presidencia no solo modificó −como se ha discutido ya− el papel del Estado en la economía, su relación con la iniciativa privada, y el tamaño de la administración pública, sino que incidió decisivamente en el sistema de relaciones entre las instituciones ejecutiva y legislativa, y hasta en la configuración de la Presidencia como tal. Durante este periodo tuvieron lugar la Gran Depresión y la Segunda Guerra Mundial, acontecimientos que desembocaron en la formulación del famoso programa *New Deal*, que impuso una serie de reformas de corte keynesiano, es decir, que potenciaban el consumo y la inversión. A ello hay que sumar la creación de la Oficina Ejecutiva del presidente bajo el mandato de Roosevelt. Y ahí precisamente reside la clave de las nuevas relaciones con el Congreso: con la apertura de esta oficina se amplió la Administración presidencial y se institucionalizaron los vínculos entre este departamento y las cámaras legislativas. Por otro lado, en sus casi cuatro legislaturas en el cargo, este presidente fue acumulando amplios poderes y la propia institución presidencial

dio un salto cualitativo y cuantitativo en cuanto a funciones y forma de relacionarse con el Congreso: se entró a partir de entonces en una fase de expansión y disputa por el control político de la nación.

Resumiendo, las relaciones entre los tres poderes del Estado y, en concreto, entre la Presidencia y el Congreso de los Estados Unidos fueron concebidas para resultar equilibradas; es decir, que debían producirse los *checks and balances* mencionados en capítulos anteriores, puesto que eran el fundamento del sistema de separación de poderes. No obstante, la situación de crisis financiera y las guerras mundiales en la primera mitad del siglo XX obligaron al Congreso a dotar a la Presidencia de poderes más allá de los reconocidos constitucionalmente, en ámbitos como la política exterior o la economía.

Pero también a lo largo del pasado siglo el tipo de relaciones mantenidas entre Ejecutivo y Legislativo fueron evolucionando: los mandatos populares claros conllevan el hecho de que, aunque exista una situación de gobierno dividido, la popularidad y la incontestable victoria electoral del presidente en cuestión impidan al Congreso entrar en guerra directa con él. No obstante, las recientes presidencias de Clinton y Bush junior tuvieron un fuerte componente de gobierno dividido, y a ello hay que sumar el mandato de Obama a partir del año 2010.

A todo lo anterior se puede añadir otro fenómeno que se denomina "presidencia imperial", acuñado durante el gobierno de Nixon. Se trata de un tipo de presidencia –o mas bien de un modo de ejercer las funciones presidenciales– que desborda los contornos constitucionales y las ampliaciones y delegaciones de poderes efectuadas por el Congreso o derivadas de la propia evolución histórica hasta ese momento. Nixon llegó a afirmar que "cualquier hecho o acto del presidente es legal". Por tanto, se dan casos en los que el presidente adquiere un aura de inviolabilidad y razón suprema que va en contra del criterio tradicional y, por supuesto, del modelo de *checks and balances*.

El concepto de "presidencia imperial" aparece ya en los años sesenta, pero no quedaría definido hasta que en 1973 procediera a hacerlo el historiador Arthur M. Schlesinger, Jr. [52]y en 1980 el politólogo Thomas E. Cronin. [53]Su tesis era la de que la Presidencia había desbordado sus límites constitucionales con ocasión de las emergencias nacionales a las que el país había tenido que hacer frente en las décadas anteriores, hasta acabar convertida en un peligro para el sistema constitucional estadounidense. El problema radicaba, en concreto, en que la presidencia había crecido en influencia sobre la base del abuso de sus poderes de guerra, definidos vagamente en la constitución, y del abuso del secreto, que protegía a la Presidencia de los controles y contrapesos habituales otorgados por los poderes legislativo y judicial. Una presidencia imperial se traducía en la absoluta discrecionalidad del presidente en sus decisiones y en sus relaciones con el Congreso; en tanto que este se limitaba a ser una mera rama legislativa que se debía a la voluntad presidencial y que en ningún caso podía controlar o poner coto a las decisiones del máximo mandatario del país. Analizaremos estos aspectos con mayor detalle en los siguientes puntos del capítulo.

La teorización acerca de la presidencia imperial coincidiría en el tiempo con el paso por la Casa Blanca de Richard M. Nixon, a quien se considera la encarnación misma de esta Presidencia inmune al control. Sin embargo, sería poco acertado centrar toda la responsabilidad en Nixon y convertirlo en la causa última del fenómeno de la presidencia imperial y de la excesiva expansión de las funciones presidenciales y la inclinación a su favor de la balanza de poderes con el Congreso. Y es que fue precisamente el Legislativo el que accedió a delegar tales poderes; también contribuyeron a ello los tribunales federales y, en conjunto, las políticas derivadas del *New Deal*.

Por lo tanto, las relaciones entre la Presidencia y el Congreso en los Estados Unidos dependen no solo de la evolución histórica y política del país, sino también (y a veces de forma más importante) de la figura del presidente y sobre todo de cuán fuerte políticamente se encuentre su partido en el Congreso. [54]Y aquí es donde entra en juego la figura del gobierno dividido: un gobierno de estas características puede dificultar las relaciones Congreso-Presidencia e incluso provocar una guerra abierta entre ambas instituciones, lo que al final supone que una y otra deban recurrir a sus respectivas facultades constitucionales.

De manera que podríamos sistematizar los varios factores que se deben tomar en consideración en las relaciones entre el Congreso y la Presidencia en los siguientes:

- La personalidad del presidente, que puede facilitar o perjudicar las relaciones de la rama ejecutiva con el Congreso. Así, por ejemplo, y como se analizará con más detalle en el capítulo siguiente, Ronald Reagan mantuvo unas relaciones bastante cordiales con un Congreso mayoritariamente demócrata, mientras que Trump mantuvo unas relaciones de extrema tensión con su contraparte demócrata en el legislativo y, sin llegar a ese extremo, tampoco las relaciones del presidente Bush padre con un Congreso en su mayoría demócrata fueron buenas, ni lo fueron las del presidente Clinton, en especial tras la pérdida de la mayoría demócrata a mitad de su mandato. Las claves para lo uno o lo otro son varias: de una parte es menester que el presidente respete y comprenda el papel constitucional del Congreso, y por lo tanto facilite sus iniciativas legislativas y en general su acción política; y que las cámaras sean capaces de bridarle al presidente el margen de maniobra que necesita para desarrollar sus funciones como *chief executive*.

- El clima de polarización política existente en el país, y la ubicación en esa escala del presidente y de la mayoría del Congreso: como avala el caso Trump, una mayoría radicalizada en un sentido frente a un presidente radicalizado en el sentido opuesto son la garantía más firme de conflictividad interinstitucional permanente, mientras que presidentes relativamente moderados pueden llevarse relativamente bien con congresos incluso de signo político opuesto, siempre que estos se hallen igualmente en la senda de la moderación. De nuevo las experiencias de las presidencias de Obama –con un Congreso fuertemente radicalizado– y Trump –con una presidencia radical y divisiva– nos ilustran acerca de la cuestión.

- El equipo de asesores del presidente y la composición de su Oficina Ejecutiva. Aunque algunos presidentes se decantaron por una negociación directa con los líderes del Congreso, otros como Bush padre prefirieron delegar esa negociación asesores cercanos u otras personas designadas para ello. Este punto puede parecer trivial, pero de hecho es capaz de marcar con claridad las relaciones presidente-Congreso, y más aún en los tiempos de gobierno dividido. Por eso la personalidad de Reagan y el hecho de que negociara de forma directa con los demócratas generaron, sobre todo en los inicios de su mandato, varios éxitos en la política legislativa que pretendía llevar a cabo este presidente, como paradigma del liberalismo económico y del conservadurismo norteamericano.

Con todo, el factor más relevante de todos es el signo político de la mayoría dominante en el Congreso y su relación con el signo político del presidente; es decir, el que exista un gobierno dividido o un gobierno unitario. En los periodos de este último tipo las relaciones entre el Congreso y la Presidencia tienden a suavizarse y ser más estrechas. Pero esto no quiere decir que se llegue a una total sumisión del Congreso respecto a la Presidencia. Lo impiden factores definitorios del modelo político estadounidense ya apuntados, como la escasa disciplina partidista o los intereses electorales de cada estado o de los diferentes distritos electorales de congresistas y senadores. También hay ejemplos de periodos de gobierno unitario en los que las relaciones entre la Presidencia y su propio partido en el Congreso ha sido difíciles, como la primera parte del mandato inicial de Clinton. En ese momento, el Partido Demócrata tenía el control de ambas cámaras y sin embargo los planes económicos del presidente eran vistos con recelo. Su gran fracaso fue la reforma sanitaria. Otro ejemplo fue la presidencia de Bush hijo: en su última legislatura, antes de la pérdida de la mayoría en el Congreso, su partido lo consideraba un presidente demasiado centrista y poco dado a defender los valores republicanos. Y un ejemplo mucho más reciente es el de la presidencia Trump, y la derogación de la reforma sanitaria impulsada por el anterior presidente (el llamado "Obamacare"). El Partido Republicano ostento la mayoría en el Congreso hasta las elecciones legislativas de noviembre de 2018. Sin embargo, no se ha logrado de momento la derogación de esta ley y las deserciones de los más moderados de las filas republicanas han contribuido a que la situación se encalle. Como resultado de ello, la figura del presidente como líder del partido quedo tocada y provoco una disminución de su influencia sobre congresistas y senadores.

Por tanto, se puede decir que en los periodos de gobierno Uuitario las relaciones entre la Presidencia y el Congreso tienden a la distensión, salvo en algunos casos como los ya mencionados. Pero es en los periodos de gobierno dividido cuando dichas relaciones son proclives a complicarse en demasía, e incluso a tornarse en una guerra abierta entre ambas ramas del sistema constitucional de este país. Por lo general, la pérdida de la mayoría propresidencial en el Congreso suele producirse en las elecciones de medio mandato; en ellas tradicionalmente se ha tendido a castigar al inquilino de la Casa Blanca y, por extensión, a su partido. Ello provoca que en muchas ocasiones cambien las tornas a mitad de legislatura y se dé lugar a una Cámara de Representantes demócrata y un Senado republicano o viceversa; es decir, que se puede llegar al extremo de que el gobierno dividido se produzca en el mismo seno del Congreso.

Hemos visto que también en los periodos de gobierno unitario puede haber relaciones convulsas o poco cordiales entre Congreso y Presidencia. En esta línea, resulta básico centrarse no solo en el Congreso como tal, sino también en su composición. Con ello nos referimos a los dos partidos mayoritarios que conforman estas cámaras, el Republicano y el Demócrata, y a su evolución y posición políticas.

Así pues, las relaciones entre la Presidencia y el Congreso durante las épocas de gobierno dividido dependen de la situación interna de cada partido político, de cuál de las visiones impera en ese momento en la acción legislativa del Congreso y de cómo ven congresistas y senadores la potencial relación con su presidente, en especial cuando este es de signo contrario. Para ello, como ya se ha dicho, la "cintura política" y la capacidad negociadora del máximo mandatario serán cruciales, sobre todo en lo que respecta a las leyes que pretenda impulsar de forma personal, así como a las iniciativas que surjan del Congreso. Por descontado, una relación basada en el respeto y la escucha mutua generará casi siempre un acercamiento de posiciones, lo que a su vez contribuirá a que el Congreso y la Presidencia lleguen a acuerdos respecto a la acción legislativa que pretendan impulsar uno u otra. En cambio, posturas más intransigentes pueden bloquear los acuerdos y conducir incluso a lo que se conoce como "parálisis política o administrativa". En situaciones así, las relaciones entre la Presidencia y el Congreso se vuelven inexistentes y cualquier iniciativa presidencial será bloqueada por el Congreso; y viceversa, las ideas impulsadas por el Congreso serán con toda probabilidad paralizadas mediante veto presidencial. Este último caso es si cabe más grave, puesto que el veto presidencial cada vez resulta más difícil de superar, debido a la división progresivamente más patente de los resultados electorales y, por tanto, a que la obtención de la mayoría requerida para superar dicho veto sea en cada legislatura un fin más utópico.

Hemos visto cómo diversas circunstancias han llevado a que, legislatura tras legislatura, tanto en el siglo pasado como en este las relaciones entre la Presidencia y el Congreso de los Estados Unidos se hayan ido volviendo cada vez más tensas. Los periodos de gobierno dividido son progresivamente más frecuentes y largos, y ello conlleva muchas veces que los presidentes recurran a gobernar a golpe de decreto, es decir, mediante órdenes ejecutivas más limitadas temporalmente que cualquier ley aprobada por el Congreso. Y es que, aunque esta "legislación presidencial" sea capaz de sortear al poder legislativo, tiene el inconveniente de su duración: el siguiente mandatario puede derogarla a su vez mediante una nueva orden ejecutiva.

Llegados a este punto, es importante señalar cómo puede un presidente afrontar las negociaciones con el Congreso. Como ya hemos mencionado, algunos optan por designar a un cargo específico para el desarrollo de esta labor. Sería similar al secretario de Estado para las relaciones con las Cortes que existe en el sistema español. Este cargo de la Administración presidencial es, pues, el encargado de pulsar las sensaciones de congresistas y senadores para impulsar la agenda legislativa del presidente. Y a él, también, le llegan las inquietudes de estos respecto a sus estados o distritos electorales. Esta persona se encarga además de negociar toda aquella legislación que el Congreso pretenda impulsar sobre determinadas materias y que necesite pasar el filtro del presidente. Porque siempre existe la posibilidad de que este utilice su capacidad de veto, lo que suele suceder más en los periodos de gobierno dividido, cuando el partido contrario pretende impulsar su agenda legislativa en detrimento de la del presidente y este queda en una situación difícil ante los electores.

La relación descrita entre el presidente y el Congreso se puede considerar en estos supuestos indirecta[55]. Pero existe otra opción que implica un contacto más directo y personal del presidente con congresistas y senadores. Que se escoja dicha modalidad depende de múltiples factores y circunstancias: en gran medida, de la capacidad negociadora del presidente en cuestión. Ya hemos puesto algunos ejemplos, como el de Reagan o incluso el de Nixon. Muestras de lo contrario serían Bush padre o Jimmy Carter. Otra cuestión relevante en relación con esto es el carácter del presidente y su capacidad de cesión a las pretensiones de los contrarios. Si las condiciones son favorables, se puede llegar a un escenario en que el máximo mandatario se reúna directamente con los líderes del Congreso, pero también, y sobre todo, que reciba en la Casa Blanca a los senadores y congresistas que así lo soliciten.

Por tanto, esta modalidad de vínculo entre el presidente y el Congreso es directa y continua, y se suele producir cuando el máximo mandatario ha impulsado una determinada iniciativa legislativa en el Congreso, pero no tiene garantizada la mayoría necesaria para sacarla adelante. Ejemplos de ello serían la reforma sanitaria de Obama o la anterior de Clinton —en este caso con su partido dominando el Congreso—; también el caso de Trump y sus intentos de derogación del "Obamacare", o el de Reagan en sus inicios con su reforma liberal conservadora de la Administración federal y su pretensión de liberalizar la economía norteamericana. En casos así, los senadores más díscolos, y también los más indecisos, son citados en la Casa Blanca para mantener un encuentro con el presidente; lo mismo sucede con los representantes, para asegurarse salvar el primer paso de cualquier iniciativa legislativa, que se da en la Cámara de Representantes.

No obstante, se produce la peculiaridad de que en el Senado —por las reglas de funcionamiento de este órgano, que exigen unanimidad, y el hecho de que en él reside la representación de los distintos estados, a los que se deben los senadores— suele ser donde el presidente centra sus esfuerzos negociadores y establece más contactos directos. De hecho, a lo largo del siglo XX los demócratas han tenido mayoría en el Senado casi siempre, mientras que los gobernadores estatales eran en su mayor parte republicanos. Esto provocaba que muchos senadores tuvieran más en cuenta los intereses de sus estados que las directrices marcadas por su partido o por la Presidencia[56].

Vemos, pues, como la capacidad negociadora (y persuasiva) del presidente es fundamental para que sus iniciativas legislativas salgan adelante. Resulta crucial celebrar este tipo de reuniones durante la tramitación legislativa y los procesos previos a las votaciones finales del plenario en cada una de las cámaras. Habitualmente, el presidente convoca a senadores y congresistas en grupos pequeños, de dos o tres personas; o incluso, si lo considera necesario –porque el status del congresista, o la relevancia de su voto, o la tozudez de su posicionamiento así lo exigen– tienen lugar encuentros individuales para asegurarse determinados votos a favor de una iniciativa en particular. Por último, tales reuniones no solo se producen con senadores y representantes del propio partido, sino también del contrario.

El que en muchas ocasiones se negocie con miembros del mismo partido se debe a que es bastante frecuente que senadores y representantes no obedezcan al presidente como cabeza visible y líder de su partido. También es la tónica habitual que, en periodos de gobierno dividido, el otro partido tenga la mayoría y sea necesario encontrar en ellos los votos que le faltan al presidente para llevar adelante su propuesta. A estas citas suelen acudir los congresistas a priori más favorables a las políticas de la Presidencia. Famosos fueron los apoyos al presidente Reagan, durante su primer mandato, de los demócratas conservadores del sur. Incluso se los llegó a denominar "demócratas de Reagan" (Reagan Democrats). Sin ellos, este presidente no hubiera podido aplicar muchas de sus reformas durante el primer año que estuvo en el cargo. Este punto será analizado con más detalle en el próximo capítulo.

Por consiguiente, lo lógico es que el presidente convoque a los congresistas y senadores del partido contrario que tengan más afinidad ideológica con sus propuestas y su agenda legislativa. Para negociar con ellos a veces se llega al extremo de producirse un claro intercambio de favores: por ejemplo, la promesa de una mayor inversión para sus distritos electorales o estados. Estas negociaciones pueden alargarse durante varias semanas, hasta que se cuente con la certeza de lograr la mayoría requerida, si bien del mismo modo se puede constatar desde muy pronto el fracaso de la iniciativa presidencial por la falta de apoyos suficientes[57].

Un aspecto digno de tener en cuenta en este aspecto es el papel que juegan los líderes de la mayoría y la minoría en el Congreso, así como la estructura de la institución presidencial. Dentro de esta última destaca la figura del jefe de gabinete, que en otros sistemas se correspondería con el primer ministro, cargo que no existe en los Estados Unidos. El equivalente, el jefe de gabinete del presidente, juega, como decimos, un papel destacado en las relaciones con el Congreso.

Pero volvamos con los líderes de la mayoría y la minoría, en concreto en la Cámara de Representantes; todos ellos suelen ser convocados como tales por la Presidencia para entablar negociaciones con el Congreso. Como ya analizamos con detalle en el capítulo anterior, el presidente de la Cámara de Representantes y el líder de la mayoría son las figuras fundamentales para que una votación pueda tener éxito en este órgano del Congreso.

Por consiguiente, las relaciones del presidente de los Estados Unidos con los líderes del Congreso deben existir, no se concibe que no se hallen presentes en su agenda. Y es que son necesarias si no se quiere correr el riesgo de un bloqueo político entre el Congreso y la Presidencia que obligue al primero de estos poderes a legislar por su cuenta bajo la amenaza de veto del presidente; o bien que este se vea obligado a utilizar sus prerrogativas, como la legislación por decreto, saltándose al Congreso.

Es precisamente en los periodos de gobierno dividido cuando las negociaciones con los líderes del Congreso se intensifican. Por ejemplo, durante el último período presidencial del presidente Obama (a partir de 2010) se produjo un intento por su parte de regular la venta y el uso de las armas de fuego. En ese momento los republicanos habían conseguido el control de los dos órganos legislativos, debido sobre todo al impulso del *Tea Party* y en respuesta a las políticas previas del presidente. Para impulsar este cambio legislativo respecto a las armas, Obama tuvo que negociar con el líder de la mayoría republicana en los dos órganos legislativos y, sobre todo, con el presidente de la Cámara de Representantes, Paul Ryan[58].

Se pueden hallar más ejemplos de esto en otros mandatos previos: es el caso de Bill Clinton y sus reformas económico-sociales, sobre todo tras sus dos primeros años en el poder y la pérdida de la mayoría demócrata en ambas cámaras después de más de cuarenta años de dominio absoluto. Fueron necesarias intensas negociaciones con los republicanos, especialmente reticentes teniendo en cuenta el ninguneo inicial de Clinton hacia ellos. Esto demuestra que los presidentes deben cuidar, y mucho, sus relaciones con el Congreso, sobre todo en los periodos de gobierno dividido.

Otro de los campos en los que las relaciones entre el poder ejecutivo y el legislativo son intensas es el económico, esto es, el que se ocupa de la elaboración de los presupuestos federales y de su aprobación o modificación por parte del Congreso[59]. En este ámbito se ve con mucha claridad como la polarización y la división partidista, sobre todo desde los años ochenta, están abocando a los partidos políticos estadounidenses a unas relaciones cada vez más tensas y difíciles entre las dos principales instituciones del país, tanto en momentos de gobierno dividido como en otros de gobierno unitario.

La elaboración inicial del presupuesto federal anual, presentado al final de cada ejercicio, es responsabilidad de la administración: esto es, de la Presidencia. Esta propuesta se envía al Congreso para su tramitación y aprobación. Pero, lógicamente, esta institución puede modificarla, lo que de hecho ocurre en la inmensa mayoría de ocasiones: se incluyen nuevas partidas y se alteran otras, bien sea porque las prioridades de las cámaras son distintas de las del ejecutivo, bien sea para encajar los diferentes intereses de representantes y senadores y sus deseos de complacer a sus respectivos electores[60].

En momentos de gobierno dividido se puede producir un enfrentamiento por el presupuesto y, en casos extremos, se da lugar a que los fondos federales expiren y ocurran las famosas situaciones de cierre de administraciones que no se consideran esenciales. En realidad, tales cierres son una constante cada cierto tiempo, aunque lo más lógico sería que se produjera una negociación seria entre los líderes del Congreso y el presidente para ampliar anualmente los fondos con el presupuesto necesario. Sin embargo, no es esta la tónica habitual en los últimos tiempos; son una constante las prórrogas o dotaciones temporales de fondos y se suele postergar la negociación real[61].

Se arrastra, pues, un problema presupuestario basado en su falta de fiabilidad y de estabilidad temporal, y debido a la incapacidad de ambos partidos para negociar. En la práctica, el presupuesto federal llega al Congreso y se pierde en los diferentes comités y subcomités sin obtener aprobación en plazo y forma, lo que provoca que la Administración eche el cierre y se dé una situación de urgencia nacional. Solo entonces tienen lugar las reuniones entre los líderes del Congreso y el presidente para desbloquear la situación financiera y presupuestaria del país.

Pero, al igual que sucede en otros ámbitos, en los periodos de gobierno unitario también hay choques entre la propuesta de presupuesto y las intenciones del partido del presidente en el Congreso. Buen ejemplo de ello fueron los presupuestos presentados por la Administración Trump, en los que como ya hemos señalado aumentaron ciertas partidas, como las de defensa o control de las fronteras, en detrimento de otras de carácter más social o de investigación. En aquel momento el Partido Republicano aún controlaba las dos cámaras y, pese a ello, no se llego a la aprobación presupuestaria, y las informaciones que se conocían en su día acerca de la marcha de la negociación mostraron que no se llego a producir dicha aprobación. La razón principal es que los intereses de la Presidencia chocan en muchos estados y distritos electorales con los de los votantes, que es a quienes representan los congresistas y senadores republicanos; estos temen que los recortes en partidas sociales, educativas o sanitarias les cuesten la reelección en noviembre. Por tanto, de forma lógica, desean minorar el impacto de los recortes y cuadrar al mismo tiempo las cuentas; y es que el presupuesto ofrecido por el presidente Trump descontrola el déficit y el gasto público, provocando así el efecto contrario al que siempre han defendido los conservadores, es decir, el recorte de estos dos aspectos y la reducción de la deuda nacional.

Lo que queda claro es que las relaciones entre el Congreso y la Presidencia pueden variar —y, de hecho, lo hacen— de una legislatura a otra y en función de los varios factores que hemos apuntado, entre los que destaca la personalidad del presidente de turno. A ello hay que sumar la capacidad tanto de gestión como de negociación de los líderes del Congreso; el poder de influencia que tengan en sus grupos, a través de los *caucus* de los congresistas y senadores demócratas y republicanos, será clave para hacer cumplir un pacto o un acuerdo con la Presidencia.

2.3. La influencia de la Presidencia en la agenda legislativa del Congreso

La influencia del presidente de los Estados Unidos en la agenda legislativa es obvia y además es razonable, teniendo en cuenta que incluso en un marco constitucional de fuerte separación de poderes como el que diseña la Constitución americana esta figura, como encarnación del poder ejecutivo, no es del todo ajena a la función legislativa[62].

En cualquier caso, la ausencia total de influencia sería ilógica; un cierto grado de ascendiente del presidente en el Congreso para implementar su agenda legislativa resulta fundamental para el desarrollo de su labor en el cargo y, en última instancia, para obtener mejores resultados de cara a la reelección. Así que la agenda legislativa del presidente suele estar marcada en rojo; en otras palabras, es una prioridad en cualquier presidencia del país. Siempre teniendo en cuenta que sus prioridades en este campo deben ser ratificadas por el Congreso. Y es que, en último término, la capacidad de influencia del presidente dependerá de la voluntad de ceder y negociar por parte del Congreso, que es el órgano que ostenta las funciones legislativas y de control del gasto público de esta nación.

Por tanto, la influencia del presidente en la agenda legislativa del Congreso no es en realidad tal, sino más bien una aspiración o un deseo de influjo sobre las decisiones de congresistas y senadores. En términos más concretos es como sigue:

- El presidente puede (y debe) recomendar la inclusión en la agenda legislativa del Congreso de programas fundamentales para su acción de gobierno y en general sus líneas políticas. Es decir, el presidente señala cuáles son sus prioridades concretas —la sanidad o la educación suelen serlo entre los demócratas; la libertad de empresa, la defensa y la seguridad interior, o la reducción de la Administración federal entre los republicanos—.
- El presidente posee la facultad de determinar una serie de medidas que considere de necesaria aprobación por parte del poder legislativo. Un ejemplo de ello sería la legislación contra el uso y tenencia de armas que Obama trató de que el Congreso tomara en consideración en el último periodo de su segundo mandato.

Es importante, por otra parte, observar cómo ha ido evolucionado la influencia de la Presidencia en la agenda legislativa en los Estados Unidos, desde los primeros presidentes hasta los actuales. Y es que, como ya se señaló, las primeras presidencias no poseían ni las facultades ni los poderes que ostentan hoy en día y, sobre todo, a partir del salto cualitativo que dio Roosevelt con el *New Deal* y con él sus sucesores, es especial Nixon, con quien se empieza a emplear el término "presidencia imperial"; su revolución conservadora culminó años después bajo el gobierno de Reagan.

Los primeros presidentes de la democracia norteamericana –Washington, Adams y Jefferson–, no ejercían una influencia tan decisiva sobre la agenda legislativa. Tanto ellos como los posteriores debían comunicar por escrito sus iniciativas al Congreso —tanto al Senado como a la Cámara de Representantes—. De esta forma se registraban las promesas que el candidato había hecho al electorado, y las subsecuentes recomendaciones se consideraban fundamentales para ese mandato.

Punto de referencia imprescindible cuando se pretende hablar de la agenda legislativa del presidente, es el debate sobre estado de la Unión. [63]Es por medio de este discurso ante las cámaras solemnemente reunidas en sesión conjunta como se determinan las prioridades de la Presidencia al comienzo de cada año. Su origen se remonta a 1946, durante la presidencia de Truman, [64]si bien el mayor salto cualitativo en lo tocante a su repercusión mediática y trascendencia política se produjo gracias a la primera retransmisión en directo por televisión de este debate, en 1965, durante la presidencia de Lyndon B. Johnson. Este mandatario tomó la decisión de celebrar el acto en horario de máxima audiencia, lo que le confirió el significado que hoy en día posee este evento anual. Tanta importancia ha adquirido que en algunos casos se ha "contraprogramado" el discurso mediante una especie de comunicado de respuesta y oposición al mismo; lo hizo por primera vez en 1966 Gerald Ford, en aquel entonces candidato a la presidencia.

Por tanto, el modo más directo de conocer las prioridades de la Presidencia en cuanto a la agenda legislativa es escuchar el discurso del estado de la Unión (*State of the Union Address*), que tiene lugar cada mes de enero. A través del mismo, el presidente hace balance del año finalizado y señala sus prioridades para el nuevo curso; es decir, cuáles son las reformas, cambios e iniciativas que a su juicio se deben emprender. Y a partir de ahí emplaza al Congreso para su aprobación o modificación. Estas valoraciones y propuestas no solo afectan a la política doméstica, sino también a la exterior; es decir, a las oportunidades y amenazas a las que se enfrentan los Estados Unidos en relación con otros países del mundo. El discurso sobre el estado de la Unión es una de las formas más directas en que el presidente puede ejercer presión e intentar tomar cierto control de la agenda legislativa nacional, si bien en último término el resultado queda sujeto a la discrecionalidad y voluntad política del Congreso.

El discurso de la Unión se lleva a cabo mediante la convocatoria de ambas cámaras, las cuales, en pleno, escuchan las propuestas, iniciativas y sugerencias del presidente. Así pues, anualmente congresistas y senadores toman nota de lo que el jefe de Estado espera de ellos hasta que se cierre el ejercicio.

Por todo ello la capacidad de liderazgo presidencial es fundamental en este aspecto. Un presidente fuerte y efectivo tendrá mayores posibilidades de influir al Congreso, de marcar sus prioridades legislativas y, en definitiva, de convencer a congresistas y senadores y situar al poder legislativo a su favor. Esta capacidad de liderazgo se cuantifica a partir de las iniciativas legislativas que se han aprobado en el Congreso bajo el mandato de ese presidente. Habitualmente, todos los mandatarios estadounidenses suelen contar con cierto respaldo en su primer año de gobierno, lo que en la práctica allana en alguna medida el tortuoso camino de convencer al Congreso.

También el crédito político y el apoyo popular son factores determinantes para el éxito de la agenda legislativa del presidente en el Congreso. Si bien tal respaldo popular viene determinado por un factor fundamental: la victoria electoral, que ha de ser clara y contundente. A mayor número de votos populares y, por tanto, de compromisarios en cada colegio electoral, más fuerza tendrá al futuro presidente. Obviamente, aunque el partido político contrario sea el que controla el Congreso, se guardará de desafiar a un presidente que sea fuerte en este sentido y que llegue respaldado por un número de votos alto. Por ello el primer año de mandato suele ser el más productivo de casi todos los presidentes, y más aún en periodos de gobierno dividido, en donde esto suele suceder a la inversa con el paso de los años de la legislatura presidencial.

Así, un presidente fuerte, en su primer año de mandato y que llega al cargo precedido de un respaldo popular elevado podrá claramente marcar las pautas de la agenda legislativa. De lo contrario, será incapaz de proyectar sus prioridades legislativas al Congreso y acabará siendo visto como un mandatario débil. En un contexto como ese, el Congreso aprovechará la circunstancia para imponer su criterio sobre el del Ejecutivo, ejercerá un mayor control del sistema y se desequilibrarán los *checks and balances*. Tal situación conducirá a un *impasse* o bien al debilitamiento de los consensos y las iniciativas legislativas nacionales; en otras palabras, a un "apalancamiento" legislativo (*stalemate*), [65] consecuencia de la falta de empuje y liderazgo del presidente. El Congreso y el partido mayoritario en su seno tratarán de imponer sus criterios y de demostrar que pueden legislar por sí solos, sin ese empuje presidencial. Pero la imagen que se proyectará será de fragilidad de la figura del jefe de Estado, a quien se verá incapaz no solo de imponerse al Congreso, sino, por extensión, de ejercer correctamente sus funciones más amplias.

Además de lo dicho hasta ahora, la Presidencia de los Estados Unidos debe servirse de la capacidad persuasiva[66] (individual y colectiva) del ocupante de la Casa Blanca hacia senadores y congresistas. Es fundamental que el presidente haga campaña activa para que sus proyectos de ley sean aprobados por el Congreso.

En definitiva, la influencia de la Presidencia en la agenda legislativa del Congreso es necesaria y deseable para el buen funcionamiento del sistema constitucional y político de este país. Y el discurso sobre el estado de la Unión no es la única ocasión para ello; también, llegado el caso, puede solicitar sesión conjunta y extraordinaria del Congreso, siempre fundamentada en una necesidad que se salga de lo normal.

En cualquier caso, la influencia del poder ejecutivo en la agenda legislativa del Congreso no solo dependerá de la voluntad presidencial, sino también de la otra parte de esta relación: el propio Congreso, su composición y los líderes de cada cámara. Como ya hemos dicho, en los periodos de gobierno dividido las relaciones entre la Presidencia y el poder legislativo tienden a estancarse o incluso a ser hostiles. En cambio, en los de gobierno unitario es más probable que la tendencia sea de cordialidad y cooperación entre ambas instituciones; si bien es sabido que esta regla no siempre se cumple, como se vio anteriormente con el ejemplo de Bill Clinton y sus dificultades para entenderse con sus correligionarios demócratas. De hecho, su partido consideró que los ignoró en su campaña a favor del voto popular de quienes aborrecían ciertas prácticas que se llevaban a cabo en Washington.

Y es precisamente este punto el que puede poner en peligro a la larga las relaciones entre un presidente y su partido: cuando un candidato a la presidencia hace campaña contra el *establishment* de Washington —es decir, contra la clase política dominante— se enfrenta a un problema serio, puesto que es justo dicha clase política, encarnada en sus dirigentes, la que después controla el Congreso y, por tanto, tendrá la facultad de hacer avanzar o no la agenda legislativa del presidente. Esta puede, por tanto, quedar muy "tocada" desde el mismo momento de la elección.

Otro ejemplo de esto lo proporciona lo sucedido con el republicano Trump, quien basó su campaña electoral en una suerte de populismo nacionalista poco aceptable no ya para el electorado demócrata, sino incluso para las elites republicanas en Washington y que, en ese proceso, se enfrentó a todo el establishment político, fuera republicano o demócrata. Estos ataques al sistema capitalino le confirieron, desde luego, ventaja entre los electores cansados del funcionamiento del sistema. Pero tal vez no tuvo en cuenta que, una vez elegido presidente, debía contar con esas figuras de su partido a las que tanto criticó durante la campaña; y con sus homólogos demócratas, dicho sea de paso, si pretende que algunas de sus iniciativas legislativas tengan éxito.

Trump recurrió después al pragmatismo para adaptarse a las circunstancias y "hacer las paces", o al menos declarar una tregua con su partido; sobre todo con la elite republicana que tanto lo denostó durante las primarias y que no le veía como el candidato ideal del *Grand Old Party*. Gracias a esta capacidad de adaptación, el presidente pudoalcanzar cierto éxito en sus propuestas legislativas en aquel momento con un gobierno unitario.

No olvidemos que lograr la implementación de todas o algunas de las medidas de su agenda le puede generar a cualquier presidente los réditos electorales suficientes para materializar su reelección futura. En este sentido, la Administración Trump consiguió la aprobación de la rebaja fiscal que buscaba; si bien, por el contrario, fracasó en sus intentos de derogación de la reforma sanitaria de su predecesor demócrata, Obama.

De forma paralela, pues, en las etapas de gobierno unitario de Clinton y Trump ambos se han enfrentado a una derrota trascendental a manos de su partido. Esto transmite al electorado una señal de debilidad del presidente y de fractura interna del partido en cuestión: la opinión pública ve que son incapaces de ponerse de acuerdo incluso entre los que deben considerarse compañeros políticos. En definitiva, una derrota de un presidente a manos de una mayoría de su mismo color político en el Congreso es un sonoro fracaso y demuestra en cierta medida la incapacidad presidencial para ejercer una mínima influencia en el poder legislativo, incluso cuando este debería estar a priori a su favor, así como su incapacidad para liderar a su formación política y mantenerla unida.

Otro ejemplo de gobierno unitario con dificultades fue el de Bush hijo: el dominio republicano en las cámaras legislativas se extendió hasta su segunda legislatura, cuando, en las elecciones de medio mandato (en 2007), su partido perdió el Congreso de forma contundente a manos demócratas. En su primer periodo presidencial la agenda legislativa de Bush no había encontrado oposición seria de su partido, pero al comenzar el segundo entró en juego un fenómeno que suele afectar a los presidentes reelegidos: el del "pato cojo" (*lame duck*). Término con el que en el argot político estadounidense se llama al presidente que no puede optar a la reelección y cuya capacidad de influencia en el propio partido y, por ende, en el Congreso, se ve notablemente limitada[67].

Esto colocó al presidente Bush hijo en una situación de falta de influencia y carencia de control de su propio partido. Al tiempo, el *Tea Party* emergía con fuerza y la radicalización de la posición conservadora republicana empezaba a asomar. De este modo, a lo largo de su segundo mandato sus decisiones en el ámbito legislativo fueron catalogadas como no acordes con el ideario republicano, e incluso algunas de ellas se tacharon de centristas. A ello hay que sumar la estrategia de guerra contra el terrorismo que adoptó, así como una sucesión de órdenes ejecutivas que pisoteaban algunos de los derechos civiles de la ciudadanía. Todo esto puso al Partido Republicano en posición de alerta, en especial cuanto más se acercaban las elecciones legislativas de 2007.

La capacidad de un *lame duck president* para ejercer un liderazgo fuerte y determinante en la agenda legislativa nacional disminuye incluso si, como hemos mencionado, su partido controla las dos cámaras del Congreso. Esto supuso no pocos problemas y contratiempos a Bush, si bien es cierto que su estilo de gobierno y su perfil presidencial no se caracterizaron —salvo en los últimos dos años— por reformas importantes: a raíz de la crisis económica comenzada en 2007 y, sobre todo, en su último año de mandato, tomó algunas decisiones que no figuraban precisamente en el ideario conservador republicano de predecesores suyos como Reagan o Nixon. Pero, naturalmente, resulta mas grave aun cuando el presidente ni siquiera dispone de la ayuda de una mayoría de su propio partido en el legislativo, como corrobora los años finales de la Presidencia Obama en los que el 44º presidente de los Estados Unidos jugó poco más que un papel simbólico en la vida política americana.

Es importante resaltar que durante los periodos de gobierno dividido el partido que domina el Congreso piensa no solo en su propia agenda legislativa, sino también en los réditos electorales que podrá obtener de ese control parlamentario; es decir, en el punto de mira están de forma permanente las siguientes elecciones presidenciales, por lo que cualquier movimiento del Congreso tendrá como objetivo, al menos en parte, desgastar al presidente para que pierda la reelección o para que su sucesor dentro del partido no pueda ganar en primera instancia.

Este juego político ejerce un papel central en los vínculos entre la Presidencia y el Congreso[68]. No olvidemos que el cumplimiento de la agenda legislativa —es decir, los logros en cuanto a número de proyectos de ley aprobados— se considera por parte de cualquier presidente un triunfo de su mandato. Por tanto, en contraposición, para el adversario político supone relanzar la imagen de su rival en muchos aspectos.

Así, en los periodos de gobierno dividido tan importante es la capacidad negociadora del presidente como la de los líderes del partido contrario (e incluso del propio) en el Congreso, que son quienes deben salir a dar la cara cuando una negociación fracasa. En muchas ocasiones se encuentran entre sus filas varios posibles candidatos a la presidencia en el futuro. Por este motivo los líderes del Congreso deben tener una buena cintura negociadora y capacidad para entenderse con el partido contrario.

Es importante asimismo que el presidente tenga claras —y más aún en un periodo de gobierno dividido— sus prioridades legislativas. Una vez que asume el cargo marca su hoja de ruta para ese primer periodo de mandato, siempre con la vista puesta en la reelección. A partir de entonces la Presidencia, a través de la figura del jefe de gabinete, deberá recabar los apoyos necesarios de uno y otro partido para que sus iniciativas se aprueben. Muchas veces será necesario hacer cambios y concesiones para que una determinada proposición de ley sea lógica y razonable; si bien en cualquier negociación que se precie la capacidad de cesión y al mismo tiempo de firmeza es fundamental. En estas reuniones (llamadas a veces de manera informal "el teatrillo de la política de Washington") los tira y afloja y las suspensiones y reanudaciones son una constante.

Como señalamos antes, los periodos de gobierno dividido marcan muchas veces un *impasse* en la agenda legislativa nacional porque la influencia presidencial sobre ella queda varada. Una vez que el bloqueo se produce, es muy difícil superarlo: el Congreso intenta sacar adelante sus iniciativas y la Presidencia trata a su vez de legislar mediante órdenes ejecutivas y decretos. Entra en escena la utilización del poder de veto y su superación por parte del Congreso. Estos aspectos serán analizados con más detalle en el siguiente epígrafe.

Pero no solo los presidentes demócratas han sufrido periodos de gobierno dividido: Reagan, el presidente conservador por excelencia, tuvo que cohabitar con un Congreso de mayoría demócrata, si bien las circunstancias de la década de 1980 eran muy diferentes a las actuales. En aquel momento, la revolución conservadora iniciada por Nixon y culminada por el propio Reagan era imparable: la corriente republicana traspasó las fronteras nacionales y aún hoy es puesta como ejemplo por cualquier republicano tradicional. Aun así, como decíamos, el Congreso estaba controlado por el Partido Demócrata y de esta manera continuó hasta las segundas elecciones de medio mandato de Clinton, cuando, tras más de dos décadas, los republicanos recuperaron el control parlamentario. Reagan, por tanto, tuvo que persuadir a sus contrarios e incluso ceder en algunos aspectos.

Una de las estrategias más adecuadas para impulsar la propia agenda legislativa (en este caso republicana y conservadora) consiste en analizar con detalle quién es quien en las filas contrarias y buscar con minuciosidad sus fisuras o debilidades. En los años ochenta el Partido Demócrata comenzó su declive en el sur debido a los resquicios en su unidad interna generados por la política de derechos civiles impulsada por el presidente Johnson, más avanzada de lo que muchos demócratas querrían. De este modo, los demócratas empezaron a perder la hegemonía sureña y el importante respaldo del que gozaban en estados como Texas; los representantes y senadores demócratas de esta zona quedaron contra las cuerdas mientras veían como crecía el apoyo popular al presidente Reagan. Además, su contundente victoria en la reelección puso definitivamente a los demócratas en una tesitura difícil. En ese momento se acuñó el término "demócratas conservadores" o "demócratas de Reagan", cuyas implicaciones serán analizadas también con más detalle en el siguiente capítulo. Ahora nos centraremos en entender por qué la influencia legislativa de Reagan con un gobierno dividido fue mayor que en otras situaciones similares.

En primer lugar, la personalidad del presidente y su gran capacidad negociadora le permitieron, sobre todo en su primer año de mandato, conseguir que se aprobaran las grandes reformas conservadoras que llevaba en su programa. Como ya se dijo, los presidentes de este país tienen en su primer año las mayores oportunidades de impulso legislativo; muchos de ellos vienen de una victoria electoral contundente, por lo que la opinión pública está de su parte en esos meses iniciales. Aunque, por supuesto, esta premisa no siempre se cumple: demócratas como Clinton (con gobierno unitario) y republicanos como Bush padre (con gobierno dividido) tuvieron incluso en su primer año de mandato serias dificultades para influir mínimamente en la agenda legislativa.

Hemos visto un primer ejemplo de cómo impulsar la propia agenda legislativa en un periodo de gobierno dividido: las especiales circunstancias de los demócratas sureños y su rebeldía respecto de sus compañeros del norte, más proclives a las reformas progresistas y de defensa de las minorías, permitieron al presidente Reagan pescar en río revuelto y llevar a término las reformas prometidas durante su campaña electoral, convirtiéndose así en la panacea del conservadurismo norteamericano. Por consiguiente, tales logros no solo dependen de la iniciativa y el carisma de la figura presidencial; también de saber aprovechar las flaquezas del partido que ostente la mayoría en el Congreso, para así recabar los apoyos necesarios en cada caso.

En cambio, durante la presidencia de Bush padre jugaron un papel determinante la personalidad de este y su escasa o nula capacidad de influencia y liderazgo a la hora de mediar en la agenda legislativa nacional. En aquel momento, los Estados Unidos se enfrentaban a una grave crisis económica, a lo que habría que añadir la Primera Guerra del Golfo, que fue un éxito internacional, pero que el presidente no supo aprovechar en el ámbito interno. Enfrente tenía a un Congreso dominado por los demócratas y con una estructura de cohesión y control parlamentario bastante reforzada como consecuencia de lo sufrido por el Partido Demócrata durante la presidencia de Reagan.

Así pues, ya en el periodo presidencial de George Bush *senior* los demócratas se encontraban en una posición más adecuada para hacer frente con garantías a la presidencia de corte republicano y no someterse a ella como les había sucedido previamente. Al mismo tiempo comenzaron a abrirse paso entre congresistas y senadores los denominados "demócratas liberales", de ideología más progresista; estos hicieron bandera de la lucha contra los republicanos y sus políticas conservadoras y de libre economía. Se pusieron como objetivo impedir a toda costa que la Presidencia controlase a su antojo las debilidades demócratas en el Congreso y que a la hora de votar hubiera fuga masiva en las filas de este partido a favor del presidente republicano.

Por todo ello, la presidencia de Bush senior se caracterizó por la falta de acción y empuje legislativo, así como por la amenaza constante de la utilización del veto presidencial para frenar la iniciativa legislativa del Congreso. De hecho, este presidente ha sido uno de los que más vetos (o amenazas de veto) ha empleado en toda la historia de la democracia norteamericana; y eso a pesar de que su presidencia fue breve. Como consecuencia, la ciudadanía lo percibió como un presidente débil, incapaz de llegar a consensos con el Congreso y que no sabía o no podía ejercer control sobre el país. Con una crisis económica en ciernes y el paro subiendo de manera constante, la consecuencia lógica fue una derrota en su reelección ante un joven Bill Clinton que llegaba cargado de promesas de reforma.

La presidencia de Bill Clinton comenzó, pues, con un periodo de gobierno unitario. Pero muy pronto, en las primeras elecciones de medio mandato, la mayoría demócrata en el Congreso dio paso al dominio republicano. Ya en esta etapa de gobierno dividido, que duró legislatura y media, la relación de Clinton con ambas cámaras pasó por varias fases.

De la personalidad de Clinton se ha destacado con frecuencia su capacidad de adaptación y de ceder a las exigencias republicanas, sobre todo en aspectos vinculados con las reformas económicas. En cambio, respecto a la agenda social y sanitaria chocó de bruces con el muro republicano del Congreso. Por tanto, en sus primeros tiempos de gobierno dividido hubo una relación productiva y de acercamiento, que incluso llevó a pensar a algunos miembros de su propio partido que su mandatario se entendía mejor con los republicanos que con los demócratas. Pero no todo fue negociación y cesión en esos años iniciales de gobierno dividido: el proceso de destitución iniciado por los republicanos (tras su triunfo con el *Contrato con América*) y encabezado por el congresista y todopoderoso Gingrich provocó que la influencia de la Presidencia sobre la agenda legislativa (y el Congreso en general) saltase por los aires. No obstante, las encuestas de opinión de la época culpabilizaron a la mayoría republicana del bloqueo que supuso el *impeachment* a Clinton, y así se explica que fuese reelegido como presidente incluso con las dos cámaras dominadas por mayoría republicana[69].

Otro de los presidentes que convivieron con una mayoría opuesta a su partido (en este caso los demócratas) fue el republicano Bush hijo, en concreto durante los dos últimos años de su segundo mandato. La crisis económica y la política restrictiva de libertades y derechos civiles que caracterizó a esta presidencia en su guerra contra el terrorismo hicieron que la mayoría demócrata volviera al Congreso. La popularidad de Bush junior se hundió, y con ella la de su partido, debido a estos motivos y a otros añadidos —por ejemplo, desastres naturales como el huracán Katrina—; en resumen, una combinación perfecta para la pérdida no solo de autoridad, sino de control sobre el Congreso.

Así pues, la influencia del gabinete de Bush hijo durante su periodo de gobierno dividido fue escasa: el Congreso se centró en tumbar sus iniciativas más conservadoras, respecto al aborto o los derechos sociales, si bien dio luz verde durante el último año de su mandato a las medidas económicas extraordinarias de inyección de capital público en el sistema bancario norteamericano, para evitar un crack financiero como el del 29 que habría provocado el hundimiento de la primera economía mundial.

Por consiguiente, los demócratas fueron de la mano de Bush en los paquetes de estímulo y supervisión económica, pero bloquearon su agenda e impulsaron la propia en cuanto a la recuperación de los derechos sociales que habían sido previamente restringidos por el conservadurismo republicano. En aquel momento, figuras como la congresista Nancy Pelosi, líder de la mayoría en la Cámara de Representantes, destacaron sobre el resto.

Trataremos a continuación el único periodo de la historia reciente de los Estados Unidos en el que la situación de bloqueo llegó a ser total. Como ya hemos mencionado, fue a partir de 2010, con la victoria republicana en las elecciones legislativas de mitad del primer mandato de Obama. A partir de aquel momento, ni las reuniones con los líderes de la mayoría ni los llamamientos del presidente para alcanzar pactos tuvieron efecto alguno en un Congreso empeñado en la aniquilación del demócrata y de su legado presidencial, intención que se afianzó tras su reelección.

Por todo ello, es posible concluir que resulta completamente diferente la influencia que desde la Presidencia se ejerce sobre la agenda legislativa en periodos de gobierno dividido respecto a los de gobierno unitario, si bien, como hemos argumentado, no siempre se sigue ese patrón. Y es que incluso en períodos de gobierno unitario y dependiendo de la personalidad del presidente se puede llegar a una influencia cero o negativa de este sobre la agenda legislativa nacional. En cambio, en ciertos periodos de gobierno dividido, y siempre que las relaciones Congreso-Presidencia y la personalidad de los líderes a cada lado de ambas instituciones así lo permita, puede haber cooperación para el impulso legislativo. Pero por norma general en los periodos de gobierno dividido la influencia de la Presidencia sobre el Congreso tiende a disminuir e incluso a veces se llega a una confrontación abierta entre ambos, lo que a su vez provoca la percepción de un presidente débil y con pocas garantías de llevar a término sus promesas electorales.

2.4. La productividad legislativa del Congreso durante los periodos de gobierno dividido

En este punto se analizará uno de las consecuencias que estimamos más destacables de la práctica del gobierno dividido: nos referimos a la influencia del *divided government* en la productividad legislativa del Congreso, asunto más que destacable que puede afectar al sistema político y constitucional norteamericano. El gobierno dividido, como hemos visto a lo largo de las páginas anteriores, afecta a las diferentes etapas del proceso legislativo. Buen ejemplo de ello es la agenda legislativa nacional. Esta agenda legislativa es una de las prioridades presidenciales. En el caso del gobierno unitario esta agenda también lo será del Congreso cuya mayoría es la favorable al presidente; pero en periodos de gobierno dividido el Congreso tendrá su propia agenda, probablemente opuesta a la presidencial. Podemos, pues, afirmar que el Congreso estará más que interesado en impulsar el proceso legislativo acorde con sus prioridades en contraposición al del presidente que, en cambio, tendrá la intención de marcar las prioridades nacionales, como buen representante de la rama ejecutiva del país. Y que en semejante contexto de falta de cooperación y aun de conflicto, la productividad legislativa quedará considerablemente resentida.

Así pues, tomaremos como hipótesis de partida que el gobierno dividido generará en la productividad legislativa un efecto negativo o limitativo. Sin embargo, no resulta tan sencillo afirmar que esa productividad legislativa se vaya a ver afectada de igual modo en todos los proyectos legislativos ni en toda la agenda legislativa nacional. A lo largo de este punto del análisis, se detallará cómo es de intensa esa influencia y, sobre todo, en qué aspectos afecta. Llegados a este punto, es necesario también destacar que, al tratarse de un Congreso bicameral, la situación de gobierno dividido se puede incluso dar entre ambas cámaras del Congreso. Por un lado, una Cámara de Representantes de mayoría demócrata y un Senado de mayoría republicana y, por otro, a la inversa.

Para empezar, que la productividad legislativa sea mayor o menor también dependerá, y mucho, de las opciones de acuerdo, no solo entre la presidencia y el Congreso, sino también dentro del propio Congreso y sus cámaras, que deberán conciliar sus intereses en el proyecto de ley en cuestión para que pueda ser aprobado y, después, con la presidencia, para evitar el veto presidencial y que pueda ser firmado por el presidente.

Por ello, la situación de gobierno dividido influye, como no podía ser de otra manera, en la productividad legislativa. Estamos ante una situación en donde el Congreso se opondrá a las prioridades presidenciales y el presidente a los proyectos aprobados por el Congreso. Ahora bien, ¿en cuánto se puede medir esa reducción de la productividad? Algunos estudios[70] nos dan una cifra en torno al 30% de reducción de la productividad. Es decir, se aprueba y se legisla un 30% menos cuando se da la situación de gobierno dividido. Nos podemos plantear cuál es el motivo. Lógicamente, los intereses electorales de ambos partidos mayoritarios no quieren ni pueden permitir que el partido contrario, bien por medio de la presidencia, bien por medio del Congreso, se lleve ante los electores los méritos de las aprobaciones de importantes leyes o de legislación que van a afectar, y mucho, a la vida de los ciudadanos de los Estados Unidos.

Como hemos mencionado, de los estudios sobre por qué y cómo afecta a la productividad legislativa el gobierno dividido se derivan toda una serie de consecuencias o puntos que destacar:

- Se produce una reducción o una influencia en la reducción de la producción legislativa en torno a un 30% en contraposición a los periodos de gobierno unitario.
- Lógicamente, en los periodos de gobierno unitario, la producción legislativa es más constante, debido a que el Congreso está en consonancia con el presidente y, por tanto, en sintonía con las prioridades presidenciales. Estas

prioridades presidenciales serán o deberán ser las mismas que las del Congreso. Naturalmente, como se ha explicado en anteriores ocasiones, las prioridades de congresistas y senadores serán las de sus circunscripciones electorales, pero las prioridades nacionales serán las del partido que sea el mismo que el del presidente. A ello le sumamos que el presidente es, *de facto*, el máximo líder del partido mientras ostente la presidencia del país.

- Esta reducción no es sin embargo homogénea ni igual, sino que será mayor o menor dependiendo de la naturaleza de los proyectos legislativos que se planteen y, por extensión, de las leyes que el Congreso deba aprobar y, consecuentemente, legislar. Será menester, pues, analizar los diferentes niveles de importancia de los proyectos legislativos que conforman la legislación en los Estados Unidos para sacar conclusiones pormenorizadas para cada grupo o nivel de normas.

- De lo mencionado en el punto anterior, dependerá considerablemente esa influencia del gobierno dividido y, por ello, esta reducción de la productividad legislativa será mayor o menor. Llegado el caso, se puede ver incrementada la productividad legislativa por las razones que más tarde enumeraremos y que son de importancia para entender los datos facilitados y la situación que estamos analizando.

Resulta, por tanto, necesario clarificar ese impacto en la productividad legislativa, ahora sí atendiendo a esta clasificación de la legislación dependiendo del grupo en donde se enmarca y de su importancia. Se pueden obtener las siguientes aclaraciones, que son útiles para comprender mucho mejor cómo afecta el gobierno dividido a la producción legislativa en los períodos en donde esto ocurre. Pero también es necesario mencionar, como antítesis, su situación contraria: esta no es otra que la situación de gobierno unitario.

La magnitud del impacto de la producción legislativa del gobierno dividido en la legislación histórica o más relevante del grupo A es de una reducción del 28%. Un dato también destacable en este grupo A y de legislación de mayor importancia es que el paso de una situación de gobierno unitario a gobierno dividido es cuando esa reducción del 28% se hace evidente. Es una reducción considerable de la producción legislativa y nos hace entender cómo la situación de un Congreso de un signo político y un presidente de otro afecta a la producción legislativa del propio Congreso. Ahora también es necesario analizar la situación inversa: cuando pasamos de una situación de gobierno dividido a una de gobierno unitario. Hay que recordar que en el gobierno unitario tanto el Congreso como la presidencia son ostentados por el mismo partido político. En esta situación, los datos son aún más claros y contundentes. Se produce un aumento de hasta el 39% en la producción legislativa del Congreso. Ello demuestra claramente en este grupo cómo afecta negativamente el gobierno dividido a la situación legislativa en los Estados Unidos, provocando una reducción que es contrapuesta cuando se da la situación de gobierno unitario.

Siguiendo con el análisis del impacto en los grupos que hemos mencionado anteriormente, pasamos al grupo B: son las denominadas leyes mayores. Este grupo está conformado por leyes que no son ni leyes históricas ni emblemáticas. No son leyes irrelevantes o, mejor dicho, ordinarias, sino que no revisten la trascendencia del grupo de leyes encuadradas en el grupo A. Aquí el impacto del gobierno dividido no es significativo y no tiene la magnitud que alcanza en las leyes históricas o emblemáticas del grupo A; tiene, según los datos consultados, un impacto muy pequeño o tan reducido que llega a ser calificado como de irrelevante o ninguno.

A continuación, analizamos el impacto en la producción legislativa del gobierno dividido en el grupo C. Son las denominadas leyes ordinarias o legislación ordinaria. En este grupo, el análisis es idéntico al del grupo B. La situación de *divided government* no tiene un impacto destacado en la producción legislativa. De los datos analizados se desprende que hay muy poco impacto o ninguno en la producción legislativa del Congreso.

En último lugar, se analizará el impacto del gobierno dividido en la producción legislativa respecto del grupo D. Son las denominadas leyes menores, como pueden ser las leyes conmemorativas. Aquí se produce el fenómeno conocido como la excepción que rompe la regla. Al tratarse de leyes de un calado mucho menor, la producción legislativa aumenta en los periodos de gobierno dividido. Ello obedece a una explicación razonable y muy plausible: y es que debido a una depresión o reducción de la producción legislativa en la legislación del grupo A, se produce una liberación de carga de trabajo y de recursos en el legislativo. Estos recursos son más que bienvenidos para congresistas y senadores, que impulsan así pequeños proyectos que benefician considerablemente a sus distritos electorales y los colocan en una situación de ventaja para las carreras senatoriales y de congresistas para su propia reelección.

Por todo lo expuesto, podemos concluir que en los periodos de gobierno dividido se produce una reducción de la producción legislativa. Esta reducción de la producción legislativa se cifra en un 30% y esta reducción se tiene que sustentar no sobre la base de la legislación en general o de la producción legislativa total, sino que esta reducción se debe aplicar sobre la clasificación que hemos detallado en los diferentes grupos de legislación; estos son los grupos A, B, C y D. Esta afectación en la reducción de la producción legislativa es mayor en las denominadas leyes históricas o más relevantes. Estas leyes son las que marcan legislaturas en el Congreso y, sobre todo, las presidencias de los distintos inquilinos de la Casa Blanca. Lógicamente, estas leyes tienen, por su importancia y trascendencia, un peso inmenso en el ideario norteamericano y pueden suponer ganar o perder elecciones tanto legislativas como presidenciales.

En cambio, la influencia en la producción legislativa cae a mínimos o es incluso negativa en los dos restantes grupos: cuando le legislación se proyecta sobre los denominados grupos de leyes de legislación mayor y la legislación ordinaria. En estos grupos, esta reducción en la producción legislativa es inexistente, y no hay, pues, una reducción del 30%, tal y como sucede en la legislación de mayor trascendencia del grupo A de la clasificación que ha sido elaborado atendiendo al grado de importancia.

Una consecuencia más que podemos extraer es que la influencia es nula en la producción legislativa en lo referente a la legislación del denominado grupo D. Hay que recordar que este grupo corresponde a la legislación de un rango más bajo o de corte conmemorativo o legislación más técnica y sectorial que afecta a aspectos concretos y que puede influir en los distritos de los congresistas y en los estados de los senadores. De todo lo expuesto a lo largo de este punto, afirmamos que aquí se produce un efecto contrario. Las situaciones de gobierno dividido aumentan la producción legislativa a modo de compensación. Tanto senadores como congresistas ven en este campo legislativo una manera de paliar los efectos sobre sus distritos y estados del bloqueo o de la reducción legislativa que aplican a las grandes iniciativas legislativas nacionales. Todo ello con el objetivo claro de que el electorado no se vea perjudicado por la no producción de leyes del grupo A, que son las que afectan, y mucho, a la sociedad norteamericana.

Es necesario también, como conclusión, poner frente a frente las dos situaciones antagónicas como son la del gobierno dividido y la del gobierno unitario. Esa influencia del gobierno dividido en la producción legislativa la hemos cifrado en una reducción del 28%, pero, en cambio, cuando se da la situación inversa de advenimiento de gobierno unitario, tenemos un aumento nada desdeñable de un 39% de incremento de la producción legislativa. Esto nos reafirma en esa influencia cuando hablamos del segmento de legislación que se enmarca en el grupo A, de ascendencia notoria y relevante en la producción legislativa del Congreso. Por ello, podemos afirmar que el gobierno dividido tiene una influencia notable en la producción legislativa. Pero esta afirmación no puede ser hecha en abstracto, o sin un ulterior refinamiento. Debemos buscar esa explicación atendiendo a los criterios que hemos analizado de la diferente tipología de legislación y en contraposición siempre a su modelo antagónico de gobierno unitario. Todos estos factores nos reafirman en la conclusión que hemos extraído, pero que tiene que ser analizada con detalle y atendiendo a todos los factores y circunstancias que se han expuesto y detallado a lo largo de todo el presente apartado.

2.5. El veto presidencial y su superación por parte del Congreso

El veto presidencial es la herramienta política, legal y constitucional más poderosa de que dispone el presidente de los Estados Unidos de América para hacer frente al poder legislativo. [71]Con ella, el jefe del ejecutivo se reserva la última palabra en la implementación de las leyes que a través del procedimiento ordinario se hayan tramitado y aprobado en el Congreso.

De este modo, dicho poder de veto faculta al presidente para intervenir justo al final de proceso legislativo y se convierte en su arma más poderosa. Es una muestra más del juego de pesos y contrapesos (*checks and balances*) presente en la Constitución estadounidense y en su sistema de separación de poderes. En la mente de los padres fundadores estuvo muy presente que ningún poder pudiera sobrepasar al otro, pero también que todos ellos fueran capaces de controlar a los demás mediante los *checks and balances*. Y el veto presidencial es un excelente ejemplo en este sentido.

La capacidad de ejercer un veto, es decir, de bloquear una ley del Congreso cuando llega a la Presidencia para su ratificación es, como decimos, el instrumento más letal del que dispone el presidente para controlar al Congreso y, en último término, influir en la agenda legislativa. El veto presidencial es empleado sobre todo en los periodos de gobierno dividido, ya que la aprobación de una ley contraria a los intereses de su programa le puede pasar factura al máximo mandatario en términos electorales.

Ahora bien, uno de los principales inconvenientes de esta herramienta es que se puede ver reflejada en la opinión pública; esta tiende a penalizar a los instigadores de bloqueos políticos. Por ello la utilización del veto ha de ser muy medida y teniendo siempre en cuenta los intereses electorales del partido que esté en la Presidencia.

Por tanto, otra estrategia igualmente válida es la mera amenaza de veto, que se suele emplear con frecuencia como arma de negociación con los líderes del Congreso, y de presión hacia ellos. Pero su utilización real se da solo cuando no hay más salida que bloquear una determinada ley.

Al contrario, el veto presidencial se utiliza, llegado el caso, cuando la negociación fracasa y no hay posibilidad de acuerdo entre la Casa Blanca y el Capitolio. Pero, como en toda negociación, cada parte debe tener claras las opciones del rival y, en este caso, el Congreso es posible que tenga opciones de superar el veto si finalmente se produce. El proceso lleva aparejada la consecución de una serie de mayorías que en la práctica son difíciles de alcanzar, aunque no imposibles, como veremos más adelante.

Para servirse de esta herramienta, el presidente de los Estados Unidos puede optar principalmente por dos modalidades de veto: el ordinario y el denominado *pocket veto*. [72]El primero de ellos consiste en la devolución, por parte del presidente, de la ley que se pretende que sea ratificada a la cámara originaria, sin firma y por tanto sin aprobar o ratificar. El plazo máximo para hacerlo es de diez días. A esta devolución se le suele adjuntar un documento explicativo o memorándum en el cual la Presidencia manifiesta su disconformidad con la propuesta de ley remitida desde el Congreso. Y tiene su sustento en el primer inciso de la Sección 7ª, 2 del Artículo 1 de la Constitución, que afirma que:

> "Todo proyecto aprobado por la Cámara de Representantes y el Senado se presentará al presidente de los Estados Unidos antes de que se convierta en ley; si lo aprobare lo firmará; en caso contrario lo devolverá, junto con sus objeciones, a la Cámara de su origen, la que insertará íntegras las objeciones en su diario y procederá a reconsiderarlo".

Una vez que el presidente ha ejercido su derecho de veto, el Congreso tiene a su vez la posibilidad de superarlo. Para ello se requiere contar con las llamadas "mayorías cualificadas", consistentes en dos tercios de cada cámara. Resulta evidente la dificultad para lograr tales mayorías tanto en el Senado como en la Cámara de Representantes, sobre todo atendiendo a la realidad parlamentaria y política del país, que cada legislatura que pasa ofrece un panorama de mayor división partidista. De nuevo, el fundamento se halla en la Sección 7ª, 2 del Artículo 1 de la Constitución, que establece que:

> "Si después de dicho nuevo examen las dos terceras partes de esa Cámara se pusieren de acuerdo en aprobar el proyecto, se remitirá, acompañado de las objeciones, a la otra Cámara, por la cual será estudiado también nuevamente y, si lo aprobaren los dos tercios de dicha Cámara, se convertirá en ley. Pero en todos los casos de que se habla, la votación de ambas Cámaras será nominal y los nombres de las personas que voten en pro o en contra del proyecto se asentarán en el diario de la Cámara que corresponda".

Este tipo de veto, el ordinario, es el empleado en la mayoría de las ocasiones. Al imponer el veto se añade presión a los líderes del Congreso y al resto de congresistas y senadores para llegar a un acuerdo satisfactorio con la Presidencia, al tiempo que –obviamente– se eleva el listón de la mayoría necesaria para su superación. Con ello no solo se contribuye a evitar la adopción de una propuesta legislativa concreta que el presidente considere negativa para los intereses del país, sino que faculta a éste para influir de forma general en la agenda legislativa del país, ya que, como se mencionó antes, rara vez el Congreso es capaz de la mayoría requerida para superar este tipo de veto. En otras palabras, el veto desequilibra el sistema de manera muy señalada, obviamente a favor de la posición presidencial.

El requerimiento de una mayoría cualificada o reforzada para salvar el veto presidencial tiene su origen y justificación en el sistema de separación de poderes de los Estados Unidos. [73]Una vez que el veto se ha aplicado, la ley en cuestión vuelve a la cámara de la que procedía; si no se obtiene la mayoría requerida para anularlo, esa ley entra en dique seco y los líderes del Congreso se ven obligados a renegociar con el presidente, en un momento además en el que se encuentra en una posición más fuerte y con mayor capacidad de influencia.

Hemos descrito ya el primer tipo de veto presidencial, el más comúnmente utilizado cuando el presidente desea influir en la agenda legislativa y marcar la propia agenda respecto al Congreso. Pero no solo existe este procedimiento: hay otro tipo de veto presidencial, el denominado *pocket veto*.

Este tipo es de uso menos habitual, pero no es descartable. Consiste en que, una vez remitida la propuesta legislativa a la Presidencia para su ratificación, el presidente, como en el caso anterior, no la firma, pero con la particularidad de que el Congreso no se encuentra en periodo de sesiones, por lo que el plazo de respuesta de diez días hábiles antes citado trascurre sin que los órganos legislativos se puedan pronunciar al respecto. Como consecuencia, la proposición de ley morirá sin tan siquiera haber tenido la oportunidad de superar el veto presidencial, ya que el Congreso no es capaz ni de tratar de reunir los dos tercios necesarios. El fundamento constitucional de este mecanismo se halla esta vez en el último inciso de la Sección 7ª, 2 del Artículo 1 de la Constitución:

> "Si algún proyecto no fuera devuelto por el presidente dentro de 10 días (descontando los domingos) después de haberle sido presentado, se convertirá en ley, de la misma manera que si lo hubiera firmado, a menos que al suspender el Congreso sus sesiones se impidiera su devolución, en cuyo caso no será ley".

Si un proyecto de ley es objeto de *pocket veto* mientras el Congreso no está en periodo de sesiones, la única forma en que éste puede eludir el veto es reintroduciendo la legislación como un nuevo proyecto de ley en el siguiente periodo de sesiones, lo que exige aprobarlo de nuevo por ambas cámaras y presentarlo nuevamente al presidente para su firma. James Madison fue el primer presidente en utilizar el veto de bolsillo en 1812. Franklin D. Roosevelt fue el presidente que más vetos de bolsillo –y también ordinarios– protagonizó, toda vez que durante su por otra parte dilatada presidencia (1933-1945) llegó a vetar 635 proyectos de ley, 263 de los cuales merced a vetos de bolsillo. Le siguió Dwight D. Eisenhower, con 108, mientras que George W. Bush y Donald J. Trump han sido los únicos presidentes modernos que no usaron los vetos de bolsillo.

Tras analizar los dos principales tipos de veto presidencial, podemos añadir que su utilización queda a libre disposición de cada ocupante de la Casa Blanca, que es quien decide qué tipo de relación desea mantener con el Congreso. En este contexto, el veto es muchas veces un arma de doble filo, aunque todo depende de la capacidad negociadora de cada presidente.

Lo que se pretende con todas estas negociaciones a dos y tres bandas es llegar a un texto único de cada ley, es decir, una versión consensuada que se remita al presidente y que este ratifique para que pueda convertirse en ley. Por todo ello, la utilización del veto presidencial y su superación por el Congreso son aspectos de una importancia trascendental para el proceso legislativo de este país.

Por otro lado, existen más variables que hacen del veto presidencial un instrumento especialmente complejo. Por ejemplo, está el *de facto item veto*, un procedimiento bastante controvertido que consiste en que el presidente arremete contra la propuesta legislativa a pesar de haberla ratificado: de hecho, la firma, pero a la vez adjunta al proyecto de ley una declaración firmada con los denominados *signing statements*, en la que indica qué apartados de la propuesta legislativa considera defectuosos o inconstitucionales. En ocasiones, tales anotaciones no tienen más que una motivación retórica y no van dirigidas al Congreso, sino que son para "consumo interno", para su propio electorado, con el fin de que entiendan por qué el presidente ratifica esa ley pese a no estar conforme con ciertos detalles de la misma. Su primer uso se remonta a la presidencia de Franklin Delano Roosevelt, pero fue durante la del republicano Bush hijo cuando se empleó con mayor frecuencia, concretamente en su segundo mandato.

Esta opción tiene que ver con la inadmisibilidad del llamado *line ítem veto*, que existe en países como Brasil, Panamá o Filipinas, pero que pese a los denodados esfuerzos de algunos presidentes –como Ronald Reagan– porque así fuera, no está vigente en los Estados Unidos. Y que, allí donde existe, implica permite al presidente rechazar disposiciones particulares de un proyecto de ley aprobado por el legislativo sin por ello tener que vetar el proyecto de ley en su globalidad. Fue durante la presidencia de Bill Clinton cuando esta posibilidad quedó aprobada por el Congreso merced a la *Line Item Veto Act* de 1996 encaminada a permitirle al presidente eliminar de las leyes aprobadas por el congreso las apropiaciones de gasto que considerara desproporcionadas o innecesarias. Sin embargo la norma fue declarada inconstitucional por la Corte Suprema de Estados Unidos en un fallo de 1998 (*Clinton v. Nueva York City*) por entender que la misma violaba la llamada "*Presentment Clause*". No sin que antes del fallo, el presidente Clinton aplicara el *line ítem veto* a partidas individuales al presupuesto federal en 82 ocasiones. Desde entonces, la idea de concederle al presidente de los Estados Unidos un *line ítem veto* ha resurgido ocasionalmente; la más reciente cuando la Cámara de Representantes aprobó un proyecto de ley al respecto en 2012. Pero éste no fue respaldado en el Senado de los Estados Unidos, decayendo.

También ocurre en ocasiones que esas declaraciones firmadas tienen otro objetivo: servir como instrucciones para que las agencias federales que se ocupen de implementar la ley lo hagan con rigor y de forma adecuada. Este tipo de veto acompañado de una declaración en la que se deja constancia de la opinión presidencial se ha aplicado desde los tiempos de Reagan hasta hoy en día. Entre los mandatos del propio Reagan, el de Bush padre y los de Clinton se ha utilizado un total de 247 veces y, como se puede observar, se han servido del *de facto item veto* —esto es, declaraciones adjuntas a una ley ratificada por el presidente— tanto demócratas como republicanos.

Este procedimiento concreto, pese a no paralizar la ley en cuestión, no deja a nadie indiferente, sino que suele suscitar críticas fundamentadas sobre todo en la separación de poderes. Y es que se puede alegar que este tipo de declaraciones exceden en realidad los poderes de la Presidencia; es decir, el Ejecutivo puede ostentar un poder de modificación o de conformación alternativa cuando únicamente tiene en su mano la ratificación o no del proyecto de ley en cuestión, pero en ningún caso su interpretación o aclaración.

Por todo lo dicho, queda claro que la potestad del presidente de los Estados Unidos para emplear estos tipos de veto resulta fundamental en el sistema de separación de poderes norteamericano. Incluso la mera advertencia o amenaza de utilizar el veto ya puede influir en el proceso legislativo; si bien la Presidencia tiene muchas otras armas para ejercer esta influencia sobre, por ejemplo, las diferentes comisiones o comités del Congreso: distintas medidas de presión sobre los senadores y congresistas, el patrocinio, la negociación directa con los líderes de las dos cámaras etc. Como hemos visto, tales estrategias se pueden poner en marcha de manera directa o indirecta —a través de personal del equipo de la Casa Blanca designado específicamente para esta labor—.

Pero, en definitiva, el veto presidencial es una herramienta decisiva en el proceso legislativo de los Estados Unidos y, a la postre, fundamental en las relaciones entre Congreso y Presidencia. Ello no es, sin embargo, óbice para que conlleve cierto riesgo para ambas partes. En primer lugar, emplear el veto presidencial puede acarrear una pesada responsabilidad política para el presidente por la obstrucción que supone respecto al funcionamiento del poder legislativo. En otras palabras, sobre todo en periodos de gobierno dividido, durante los cuales las relaciones entre los poderes ejecutivo y legislativo son tensas y complejas, un obstáculo en forma de veto presidencial puede generar importantes problemas a la Presidencia en el campo de batalla que es la opinión pública; si bien es cierto que cualquiera de las dos instituciones puede ser señalada como culpable de esa parálisis legislativa.

En resumen, el uso del veto presidencial en sus distintas variantes puede traer consigo un fortalecimiento de la figura presidencial, como garante de la agenda legislativa nacional; pero también, si esta herramienta no es bien gestionada en cuanto a tiempo y forma, es posible que provoque el efecto contrario al deseado y que, en última instancia, al presidente le cueste la reelección o que perjudique al futuro de su partido, si es que está en su segundo mandato.

Finalizaremos este apartado señalando que en el sistema norteamericano no solo cabe vetar la ley: entre las opciones de la Presidencia respecto de un proyecto legislativo figura otra posibilidad, consistente en dejar transcurrir el plazo de diez días que se le otorga para la ratificación de la ley o la aplicación del veto. Cumplido tal plazo, el sistema marca que la propuesta se convierta en ley de forma automática. Cuando se enfrenta a una situación como esta, el presidente sopesa sus opciones:

- La aplicación de un procedimiento de veto presidencial, en cualquiera de las modalidades expuestas, podría ser contraproducente para sus relaciones con el Congreso, en especial cuando se vive un periodo de gobierno dividido y los vínculos con el poder legislativo son ya de por sí tensos. Ante un caso como este, el presidente podría optar por no aplicar el veto de forma directa y clara.
- Pero, asimismo, la no aplicación del veto podría interpretarse por parte de sus electores y de la opinión pública como un signo de debilidad y de cesión de la rama ejecutiva a la legislativa. La Presidencia quedaría entonces en una posición de inferioridad respecto a la otra institución.
- Así pues, la última opción, que permite en parte salvar los problemas que generan las otras dos, sería no ratificar la proposición legislativa pero no negándose, sino simplemente dejándola pasar. De este modo la Presidencia expresa su disconformidad con el proyecto legislativo, pero no llega a aplicar un veto de manera clara. En definitiva, esta sería una posición intermedia entre el veto presidencial y la ratificación de la proposición de ley. La Presidencia queda así salvaguardada de los inconvenientes de una y otra decisión.

Tanto el poder de veto presidencial como su superación por parte del Congreso llevan aparejados ventajas e inconvenientes. Es importante en este punto señalar que no siempre en la andadura democrática de los Estados Unidos el poder de veto presidencial se ha considerado una opción de presión o de negociación directa con el poder legislativo. De hecho, hasta la Guerra Civil no se empezó a entender como ahora; previamente era un instrumento de bloqueo para proyectos de ley que eran inconstitucionales o que contenían defectos insalvables que hacían necesaria la aplicación del veto presidencial. Es decir, se concebía tan solo en su procedimiento ordinario.

Para concluir, es posible afirmar que el veto presidencial es el instrumento más poderoso de que dispone la Presidencia respecto del poder legislativo, pero al mismo tiempo es un arma de doble filo. Las consecuencias positivas o negativas de emplearlo, para la Presidencia y en concreto para la figura del presidente, dependerán en gran medida de las condiciones en las que se produzca la aplicación del veto. Influyen diversos factores que en último término pueden resultar decisivos, desde el reconocimiento popular y de los propios votantes a la fuerza de la influencia presidencial sobre la agenda legislativa o su capacidad de negociación y de cesión con los líderes de la mayoría en el Congreso.

En concreto, a ojos de la opinión pública la aplicación del veto presidencial puede contribuir a reforzar y alargar una situación de bloqueo legislativo por la guerra soterrada entre el Congreso y la Presidencia. Esto sucede en casi todos los periodos de gobierno dividido, si bien es cierto que en las últimas décadas la polarización política y la división partidista han contribuido a que tales situaciones de parálisis legislativa sean cada vez más frecuentes y complicadas de resolver. El mejor ejemplo de ello es la reciente situación de bloqueo político y legislativo que sufrió el Congreso en sus relaciones con la Presidencia desde 2010 a raíz del resultado de las elecciones legislativas de medio mandato en la primera legislatura de Barack Obama.

Llegados a este punto, no sería procedente finalizar este análisis de la operatividad del veto presidencial sin antes aportar algunos datos numéricos[74] que ayuden a entender cual es la efectiva relación entre este y el gobierno dividido.

Históricamente, los presidentes que más vetos presidenciales han utilizado han sido Ulysses S. Grant, Grover Cleveland, Theodore Roosevelt, Harry S. Truman y Dwight D. Eisenhower. Los datos así lo demuestran.

Ahora bien, no todos tuvieron la misma fortuna al hacerlo: la superación del veto presidencial por parte del Congreso ha variado. Por ejemplo, en la presidencia de Franklin D. Roosevelt, que utilizó el procedimiento de veto presidencial en sus diferentes modalidades hasta en 635 ocasiones, solo en nueve el Congreso superó dicho veto. Otro ejemplo más es el de Grover Cleveland en sus dos mandatos no consecutivos, en los que utilizó el veto en 414 ocasiones, y solo fue superado por el Congreso en dos ocasiones. Por ello, es necesario destacar que el veto presidencial se puede ejercer y es ejercido por el presidente tanto en periodos de gobierno dividido como en periodo de gobierno unitario, pero su superación es mucho más probable en aquellos que en estos. Como ya hemos señalado la superación requiere de una mayoría reforzada en ambas cámaras. Recordamos que, en periodos de gobierno dividido, la mayoría recae en el partido de signo contrario al presidente; este partido se opondrá al presidente y su agenda legislativa. Pero en los periodos de gobierno unitario, su propio partido no entenderá que el Congreso desautorice al presidente. Puede llegar el caso en que algunos de sus senadores o congresistas se unan al partido minoritario en esa votación. Pero todo ello requerirá de una rebelión más que importante para poder llegar a la mayoría requerida.

De los datos obtenidos para el análisis de los presidentes que más vetos presidenciales han ejercido, se deduce una conclusión clara. En todas sus presidencias se han producido situaciones de gobierno dividido. Si bien no se han dado en todas las legislaturas que comprenden sus mandatos presidenciales, sí que han sufrido situaciones de división entre el Congreso y la Presidencia. Como hemos mencionado, la situación de gobierno dividido es influyente en la presentación de vetos, pero no decisiva. En situaciones de gobierno unitario, y dependiendo de las prioridades legislativas presidenciales, también se puede ejercer el veto presidencial. Como ejemplo en esta primera aproximación, nos encontramos con la presidencia de Theodore Roosevelt, en la que el Congreso contaba con mayoría republicana y la presidencia recaía en un republicano. No obstante, presentó la cantidad nada despreciable de 82 vetos presidenciales. Por ello, llegados a este punto, es necesario analizar en profundidad las presidencias que en el presente trabajo de investigación son enumeradas, que son las de Reagan, Bush padre, Clinton, Bush hijo, Obama y Trump. Estas últimas presidencias nos harán clarificar aún más cómo es la influencia del *divided government* en el instrumento presidencial del veto presidencial, tanto en períodos de gobierno dividido como en los de gobierno unitario.

Respecto de la presidencia de Ronald Reagan, podemos destacar lo siguiente:

- La mayoría de los vetos presidenciales de Reagan se producen en sus inicios y se corresponden con los años 1981, 1982 y 1983. En estos años existía una situación de gobierno dividido no solo entre la presidencia y el Congreso, sino también en el Congreso, pues el Senado tenía una mayoría republicana y la Cámara de Representantes una mayoría demócrata.
- Algunos de los vetos presidenciales anulados al presidente Reagan se producen en el final de su segundo mandato; más concretamente, en 1986 y 1988, se anulan dos vetos presidenciales. Es en la legislatura de 1987 a 1989 cuando no solo la Cámara de Representantes es de mayoría demócrata, sino que se le suma el propio Senado. La superación del veto presidencial requiere de mayorías reforzadas y no es posible sin la colaboración, en este caso, del propio Partido Republicano.

Se puede, pues, concluir que, en la presidencia de Reagan, el presidente utilizó más el veto presidencial al existir esta dificultad de entendimiento, en este caso, con la Cámara de Representantes. Y que ésta correspondió tratando de superar su veto cuando tuvo mayoría suficiente para ello.

Respecto de la presidencia de George H. Bush:

- Hay que destacar que, en relación con el propio presidente Reagan y sus ocho años de mandato, el presidente Bush padre vetó un total de 44 veces. Esto nos hace entender cómo era la situación o la relación entre el Congreso y el presidente. El presidente sufrió una situación de *divided government* en sus cuatro años de mandato. El Partido Demócrata controló ampliamente ambas cámaras legislativas.
- De los datos recogidos, la mayoría de los vetos presentados por el presidente se concentran en sus primeros años de mandato y, más concretamente, en los años de 1989 a 1991. Estos años coinciden con la primera legislatura del Congreso en su presidencia.
- Solo una vez pudo el Congreso superar su veto. Sucedió el 3 de octubre de 1992, cuando la *Cable Television Consumer Protection and Competition Act of 1992* fue confirmada por el Senado (74–25) y por la Cámara (308–114).

Podemos concluir que la relación de la utilización del veto presidencial en la presidencia del republicano Bush padre es evidente. Tenía un Congreso de mayoría demócrata amplia que no quería dejar margen de maniobra al presidente republicano. Sin embargo la eficacia de sus vetos supera a la de todos los presidentes de las ultimas décadas, ya que solo una vez su veto fue superado.

En relación con la presidencia de Bill Clinton:

- La presidencia del demócrata Clinton se inicia con una situación de gobierno unitario. De los datos se desprende claramente que el presidente no acude al veto presidencial sino cuando se produce un cambio en el color político del Congreso.
- La mayoría de los vetos presidenciales de Clinton se producen en los años 1995, 1996, 1997, 1998, 1999 y 2000. En estas legislaturas, tanto la Cámara de Representantes como el Senado cambian de mayoría y pasan a ser de dominio republicano.
- El Congreso supera el veto presidencial en dos ocasiones: en relación con la *Private Securities Litigation Reform Act* de 1995 y en relación con la *House Resolution* 2631, sobre que había interpuesto un *line item veto*.

Por ello, podemos concluir que el presidente Clinton recurre al veto presidencial como una manera de presionar y de marcar terreno legislativo durante sus dos mandatos.

Hay que recordar lo difícil de la situación, con un proceso de destitución y juicio político en marcha durante su presidencia. Con todo, su capacidad para imponerse el Congreso es también considerable, ya que éste apenas logra superar el veto presidencial en dos ocasiones (5%).

La siguiente presidencia para tener en consideración es la de George W. Bush:

- La presidencia de Bush hijo se caracteriza por un control más que relativo hacia el Congreso. El presidente republicano tenía enfrente un Congreso de mayoría republicana en ambas cámaras durante su primer mandato, pero también en la primera mitad de su segundo mandato. El gobierno dividido aparece en sus dos últimos años de presidencia.
- Precisamente por ello, Bush hijo hace un uso mas mesurado del veto (apenas 12 veces en todo su mandato) y la mayoría de los vetos interpuestos lo son en 2006, 2007, 2008 y 2009. En estos años, el dominio demócrata del Congreso obliga al presidente a presionar y marcar sus prioridades con el instrumento del veto presidencial.
- Pero Bush Jr. es también el presidente más ineficaz en el manejo del veto. Sólo en el año 2008 el Congreso logrará superar el veto presidencial hasta en tres ocasiones –en dos ocasiones en relación al *US Farm Bill* de 2008 y la en otra respecto al sistema de salud y protección conocido como *Medicare*– merced a la alianza entre el Partido Demócrata y miembros del Partido Republicano.

Podemos, pues, concluir que el veto presidencial también es más utilizado en el periodo de gobierno dividido que en el periodo más prolongado de gobierno unitario, que sí dominó la mayoría de la presidencia del republicano Bush hijo. Y de nuevo que su superación se produce solo bajo un gobierno dividido.

En lo relativo a la presidencia de Barack Obama:

- El demócrata Barack Obama sufrió las consecuencias del gobierno dividido en la mayoría del tiempo de sus dos mandatos. La situación de gobierno unitario solo se plasmó en sus dos primeros años de presidente. En las primeras elecciones legislativas de medio mandato, el Partido Demócrata perdió el control de la Cámara de Representantes. La situación era de un Senado de mayoría demócrata y una Cámara de Representantes de mayoría republicana. Esto se alargó hasta sus dos últimos años de mandato, cuando el Senado pasó a ser controlado por los republicanos.

- De los datos anteriores y de los datos de utilización del veto presidencial podemos deducir claramente que la utilización del veto presidencial por parte del demócrata se concentró en los años 2015 y 2016. Es en estos años en los que la mayoría republicana controla ambas cámaras del Congreso. También se dieron las circunstancias para un bloqueo legislativo y de parálisis sin precedentes en la historia reciente de los Estados Unidos.
- Sería solo en septiembre de 2016 cuando el Congreso llegaría a superar uno de sus vetos: el relativo a la *Justice Against Sponsors of Terrorism Act*, vuelta a aprobar por el Senado 97–1 y por la Cámara, 348–77.

Podemos concluir que el veto presidencial del presidente Obama es utilizado durante la situación de gobierno dividido, y que lo es con notaba eficacia. Durante esta situación y aún más durante el cambio de mayoría en el Senado, es cuando el presidente Obama, como única alternativa al bloqueo por el Congreso, utiliza el veto presidencial como arma de presión y de disconformidad.

En último lugar, tenemos la presidencia de Donald Trump:

- La presidencia de Donald Trump se caracteriza por una situación de gobierno unitario en sus dos primeros años de su único mandato. Es en las elecciones legislativas de 2019 cuando la Cámara de Representantes cambia de mayoría republicana a una mayoría demócrata con inmensas ganas de complicar la presidencia al controvertido presidente.
- La utilización del veto presidencial en la presidencia de Trump se concreta nuevamente en el periodo de gobierno dividido. Los vetos presidenciales son utilizados por el presidente en los años 2019 y 2020. Aquí vemos, pues, esa correlación, junto con una situación política y social más que dividida y polarizada por la presidencia del republicano y con un Partido Demócrata con inmensas ganas de buscar revancha a la humillación sufrida en las elecciones del 2016.

Solo una vez, y en relación a la *William M. (Mac) Thornberry National Defense Authorization Act for Fiscal Year 2021* seria el veto presidencial de Donald Trump superado por el Congreso.

Podemos entonces concluir que la correlación entre el veto presidencial y el gobierno dividido vuelve a quedar patente en este periodo presidencial del republicano Donald Trump. A mayor polarización y división, junto con un Congreso de mayoría contraria, se produce la utilización del veto presidencial desde la presidencia como forma de presión o de disconformidad.

2.6. Las consecuencias del gobierno dividido sobre la renovación del Tribunal Supremo

La renovación del Tribunal Supremo mediante la designación de sus nuevos jueces es una de las funciones constitucionales más relevantes de la Presidencia, pero también una en la que la colaboración con el Senado de los Estados Unidos resulta necesaria. El Tribunal Supremo de los Estados Unidos (*Supreme Court of the United States* o, como a menudo se le llama, SCOTUS) representa el poder judicial en su máximo nivel en la democracia más importante del mundo. Por tanto, la nominación de un candidato a juez (*Justice*) del Supremo es de las prerrogativas presidenciales más destacables, al igual que su posterior confirmación o no por parte del Senado lo es para esta cámara. En esta tarea, el poder ejecutivo y el legislativo están llamados a operar coordinada, y consecutivamente. Y aquí vuelve a entrar en juego el sistema de pesos y contrapesos que los padres fundadores idearon para su sistema constitucional.

Todos los actores de este proceso, demócratas y republicanos, presidentes y senadores, son conscientes de la importancia del Tribunal Supremo en su país; y saben que las decisiones de éste contribuyen a adaptar o modificar las que previamente se toman desde los poderes legislativo y ejecutivo. Por eso es fundamental la tendencia ideológica de sus miembros. Por tanto, es fácil intuir hasta la influencia que tendrá hallarnos ante una situación de gobierno dividido o de gobierno unitario, y cuan mayor será la incertidumbre sobre el desenlace del proceso de nominación en el caso de que la Presidencia proponga la candidatura de alguien con una inclinación ideológica afín a la suya y, en cambio, el Senado esté en manos del partido contrario.

La designación de un nuevo miembro del Tribunal Supremo se puede producir por muerte de uno de estos jueces, por jubilación voluntaria o por una incapacidad manifiesta y justificada médicamente. Es importante recordar que, tras su nombramiento, esta persona estará en el cargo de manera vitalicia, salvo que se den las situaciones mencionadas de incapacidad o jubilación no forzosa.

Como decíamos, una vez que el presidente elige al candidato que desea proponer —por lo general, tras haber realizado una primera selección de potenciales candidatos, y haberse decantado por el más idóneo de entre ellos— se produce su presentación pública: se convoca a los medios de comunicación en la Casa Blanca para exponer las virtudes de la persona elegida; dependiendo de su adscripción partidista, el presidente propondrá a alguien afín a sus ideas. Este punto será analizado con posterioridad.

En este momento entra en escena el Senado. En esta cámara, el comité judicial se encarga primeramente del proceso y el pleno solo votará al candidato una vez que dicho comité haya dado su visto bueno. Para ello, primero se remite a esta persona un cuestionario, informe o dosier para conocer en profundidad sus capacidades; las respuestas se hacen llegar al comité judicial para que sus miembros las analicen junto con el currículo del candidato: trayectoria en el sistema de justicia, publicaciones, etc.

Es importante señalar que los senadores miembros del comité de justicia suelen conocer también de forma personal al aspirante antes de la fase de audiencia pública. Esto se produce a través de las conocidas como "llamadas de cortesía", que permiten tener un contacto más estrecho con la persona a la que deberán, en última instancia, confirmar o no.

A continuación, interviene la American Bar Association (ABA) o comité permanente de la judicatura federal. Su informe ha de ser imparcial y contiene una serie de calificaciones sobre quien aspira a la plaza de juez del Tribunal Supremo. El presidente del comité permanente de la ABA suele ser el primero en declarar en la audiencia del comité judicial del Senado. Sin embargo, esta tradición se rompió en 2010 durante el proceso de nominación de la juez Elena Kagan.

El siguiente paso es la audiencia pública, la fase más mediática del proceso. Comienza en el comité judicial con un debate público que sirve para analizar las cualidades de la persona propuesta. Con este fin, los senadores del comité se preparan a fondo a partir de la información con la que cuentan sobre el candidato, para poder "interrogarle" de manera adecuada.

El presidente del comité judicial abre la sesión de la audiencia y a continuación los demás miembros llevan a cabo sus intervenciones. También la persona propuesta para la Corte Suprema puede hacer una breve exposición inicial. Después empieza la fase decisiva, con las preguntas de los miembros del comité judicial; el primero en intervenir es su presidente. La finalidad de esta fase es la aclaración de dudas sobre las capacidades y la trayectoria de la persona propuesta. Su relevancia es tal que es posible que el resultado de esta audiencia pública cambie el punto de vista de algunos miembros del comité y los lleve a votar a favor o en contra del nombramiento, cuando en principio iban a hacer lo contrario.

Finalizada la sesión de preguntas, es el turno de declaración de diversos testigos públicos, como el ya mencionado presidente del comité permanente de la ABA o algunos colegas de la persona propuesta —para que los senadores puedan comprender cómo trabaja en el ámbito judicial—. Es importante destacar que no todas las sesiones son abiertas; a veces se llevan a cabo a puerta cerrada para indagar sobre temas confidenciales.

Lo siguiente es que el comité debe informar al pleno del Senado acerca de su decisión, que puede ser favorable, desfavorable o neutra. Esta decisión también puede ser unánime (es decir, con los votos favorables de todos sus miembros), cuasi unánime (mayoritaria pero con los votos en contra de algunos de sus miembros), con los votos en contra de casi todos los miembros del partido de la oposición o, por último, con todos los miembros del partido de la oposición en contra. Esta situación se conoce como la "división partidista" y es la que se suele producir cuando hay gobierno dividido. En los últimos tiempos, por tanto, es la tendencia general en las nominaciones al Tribunal Supremo.

Cuando el comité judicial eleva su propuesta tras la votación, esta pasa al pleno del Senado. En ese momento, todos los senadores pueden votar a favor o en contra de la candidatura al Tribunal Supremo. Antes se necesitaba una mayoría reforzada de 60 senadores para aprobar un nombramiento, pero desde 2017, como veremos después, solo se requieren 51 votos a favor. Por tanto, se ha pasado de una amplia mayoría, que implicaba un pacto con el partido contrario, a una simple que el partido mayoritario suele tener. De este modo, el trámite del nombramiento se solventa con cierta facilidad.

Dicho esto, ¿en qué medida el gobierno fividido afecta a este proceso[75]. Intuitivamente podemos sostener que lo hace con intensidad, puesto que, recordemos, se trata de una situación en la que el Senado está controlado por el partido contrario al del presidente, y que es previsible que resulte mas reacio a dar su consentimiento que en el supuesto de compartir puntos de vista con el *chief executive*.

En cualquier caso, fue a partir de 1980 y de la presidencia de Ronald Reagan cuando las cosas cambiaron de forma sustancial respecto a la nominación y confirmación de candidaturas para juez de la Corte Suprema. Antes, los presidentes procuraban despejar de obstáculos este proceso nominando a candidatos moderados o centristas de una y otra tendencia (liberal/progresista y conservadora). Lo hacían sabiendo que el Senado nunca aceptaría a alguien que desequilibrara la composición de la Corte Suprema, más aún en los periodos de gobierno dividido. Por el contrario, con un gobierno unitario resultaba mucho más fácil conseguir la confirmación de la candidatura propuesta.

No obstante, Reagan se marcó durante su periodo presidencial el objetivo de que todos los nombramientos fueran de jueces conservadores, para lograr así reforzar dicha tendencia en la instancia judicial superior del país. En este sentido, y aunque vivió el rechazo de uno de sus nominados, se benefició claramente del apoyo de los congresistas sureños conocidos como "demócratas de Reagan". Gracias a ellos se produjo un giro conservador en el Tribunal Supremo, que le empezó a alejar de la era progresista vivida bajo la Presidencia del *Chief Justice* Warren.

También hay que tener en cuenta que la composición actual de la Corte Suprema es el resultado de que el Partido Republicano haya controlado durante mucho más tiempo el Senado y la Presidencia. Por ejemplo, el sucesor de Reagan, George Bush padre, se fijó las mismas metas que aquel, si bien solo estuvo un mandato en el poder y, por tanto, no ejerció la misma influencia en los nombramientos del Tribunal Supremo que su antecesor.

Junto con el cambio en la percepción que los presidentes han tenido de su papel en la regeneración del Supremo, también el cambio de reglas acerca de las mayorías necesarias en el Senado para confirmar a los candidatos a jueces del Tribunal Supremo ha resultado determinante. Hasta esa reforma, la influencia del gobierno dividido no era tan intensa como se podía esperar: solo se rechazó a tres nominados, en 1969, 1970 y 1987; los dos primeros durante la presidencia del republicano Richard Nixon y la última estando en el poder Ronald Reagan. Hubo otro posterior, en 2016, tras la designación por parte de Barack Obama del juez Garland. Pero en este caso no existió un rechazo del Senado, ya que la mayoría republicana ni siquiera llegó a autorizar el inicio del proceso y se mantuvo un bloqueo hasta pasadas las elecciones presidenciales de ese año.

En todo ese tiempo, cualquier candidatura para el Tribunal Supremo requería de una mayoría reforzada de 60 votos en el Senado, lo cual obligaba casi siempre a un pacto entre demócratas y republicanos en esta cámara, puesto que, salvo en contadas excepciones, ni un partido ni otro suelen contar con esa mayoría. Por lo tanto, como ya hemos dicho, los presidentes se veían obligados a proponer a candidatos moderados, o bien con una reputación y solvencia tales que al Senado le resultara del todo imposible rechazar ese nombramiento. Esto se debe a que, de darse tal situación, quedaría en entredicho el partido de la oposición, incluso hasta verse afectado desde el punto de vista electoral.

Conviene, sin embargo, matizar la referencia a los "pactos", puesto que el respaldo de la oposición casi nunca era unánime, aunque siempre se obtenían los votos necesarios para evitar el bloqueo y confirmar la nominación para el Tribunal Supremo.

Pero en el año 2013, y con el fin de evitar el "filibusterismo" por parte de los republicanos en el Senado, la mayoría demócrata en esta cámara utilizó a través de su líder, Harry Reid, la llamada "opción nuclear" para reducir la mayoría necesaria. Esto provocó la irritación del bando republicano, si bien tal situación en principio no afectó al proceso de nominación y confirmación para cubrir vacantes en el Tribunal Supremo.

Poco después, en 2017, la mayoría republicana en el Senado, liderada por Mitch McConnell, tuvo la oportunidad de devolver el golpe a sus rivales demócratas. Ese año quedó una vacante en el Tribunal Supremo. El presidente Trump propuso al juez Gorsuch y lo trasladó al Senado para su confirmación. Pero se da la circunstancia de que en la última década este órgano se ha ido volviendo más partidista. En otras palabras, los senadores cada vez siguen más las directrices de sus respectivos partidos y, por tanto, los resultados de las votaciones son más homogéneos entre demócratas, por un lado, y republicanos, por otro. Como consecuencia, en esa ocasión del año 2017 los demócratas lograron bloquear el nombramiento del candidato de Trump y el líder de la mayoría republicana activó la opción nuclear para rebajar la mayoría necesaria (que era hasta entonces de 60 senadores) a una mayoría simple de 51 votos.

En ese momento la influencia del gobierno dividido se empezó a sentir con mayor intensidad, a consecuencia de la falta de diálogo entre ambos partidos y entre la Presidencia y un Congreso con mayoría contraria.

Habíamos tenido un buen ejemplo de ello poco antes, cuando en marzo de 2016 el presidente Obama propuso al juez Garland para la Corte Suprema. Se vivía en ese momento un periodo de gobierno dividido caracterizado además por la falta de entendimiento absoluta del máximo mandatario con el Partido Republicano y una situación de bloqueo a todas las iniciativas presidenciales. El líder de la mayoría republicana, McConnell, consideró que al faltar poco más de siete meses para las elecciones presidenciales no era factible considerar la propuesta de Obama para el Tribunal Supremo. En su opinión, debía ser el nuevo presidente quien se encargase de llevar a cabo dicha nominación. Aunque el presidente insistió en que los republicanos considerasen su decisión, fue sin éxito. Y eso que su nominado pertenecía al grupo de los liberales moderados, como era de esperar según la tendencia previa en este proceso.

Aún ha habido una situación similar, más reciente, aunque de resultado contrario precisamente por hallarnos en una fase de gobierno unitario. Tras el fallecimiento de la juez Ruth B. Ginsburg en septiembre del 2020, a pocas semanas de las elecciones presidenciales, su vacante resultó cubierta por la Juez Amy Barrett en un tiempo récord ya que hasta el momento la media de días necesarios era de 43 (y este periodo se solía alargar si el candidato no era del agrado de la oposición en el Senado). Por consiguiente, el líder de la mayoría republicana en el Senado por aquel entonces, tuvo que desdecirse respecto a su discurso de 2016 e iniciar el proceso sin esperar a que el presidente Joe Biden llegara a tomar posesión en enero de 2021 y pudiera avanzar su propia propuesta[76].

A partir de lo dicho, podemos concluir lo siguiente:

- En los periodos de gobierno unitario, la nominación de jueces para la Corte Suprema y su aprobación por parte del Senado es más simple. Si bien hasta 2017 era necesaria una mayoría de 60 senadores, a partir de ese año resulta mucho más fácil obtener la confirmación del Senado, gracias a que dicha mayoría se ha reducido a 51, número de senadores que es más probable que sean afines al presidente.

- En cambio, en los periodos de gobierno dividido la confirmación de estas nominaciones se complica. Aunque desde 1946 hasta una época muy reciente solo hubo tres rechazos, estos siempre tuvieron lugar durante un gobierno dividido. De especial interés en este sentido es el caso posterior (de marzo de 2016) con la propuesta del presidente Obama que el Senado de mayoría republicana bloqueó por completo.

- Es de esperar que la situación se complicará aún más en los futuros periodos de gobierno gividido, debido a la fuerte polarización y división partidista existentes. Además, al rebajar el listón a una mayoría simple de 51 senadores se potencia esa división, puesto que la necesidad de 60 votos a favor obligaba al entendimiento de ambos partidos en el Senado.

Hemos visto, pues, que la situación de gobierno dividido influye enormemente en los nombramientos para el Tribunal Supremo. Resulta claro también que con el actual ambiente de polarización y fractura partidista, el gobierno dividido no contribuirá al entendimiento necesario entre rivales. Prueba de ello es que el último nombramiento, el de la juez Barrett, nunca se hubiera producido en un periodo de gobierno dividido con el Senado bajo control demócrata. Pero al estar dicha cámara en manos republicanas la confirmación no solo resulto fácil, sino también fue la más rápida de la historia reciente de los Estados Unidos.

2.7. El *impeachment:* su utilización en los Estados Unidos

El proceso de destitución o *impeachment* es una de las funciones que más destacan dentro de las que ostenta el poder legislativo en los Estados Unidos de América y, junto con el poder de veto, la que más capacidad de control otorga a una de las dos grandes instituciones nacionales sobre la otra. Mientras que, por un lado, y a modo de excepción del sistema de separación de poderes de los Estados Unidos, el veto constituye una herramienta de influencia de la Presidencia sobre la agenda legislativa que emana del Congreso, por otro lado, el proceso de destitución presidencial que el Congreso tiene la capacidad de impulsar constituye una herramienta de influencia del legislativo sobre la Presidencia. En todo caso, las paralelismos o los intentos de hallar simetrías entre una y otra facultad deberían acabar aquí, toda vez que se trata de mecanismos asimétricos en su finalidad y operatividad. Mientras que el veto presidencial es en buena medida superable, y de hecho suele serlo, por el Congreso, el *impeachment* constituye un instrumento definitivo, irreversible e inapelable, para cesar a un presidente de sus funciones y, por tanto, supone el máximo control que pueden ejercer las cámaras legislativas. [77]Y –como sabemos– no se halla correspondido por un derecho de disolución del legislativo, que es propio de sistemas parlamentarios, pero ajeno a la configuración constitucional de las instituciones estadounidenses.

El proceso de *impeachment* solo es susceptible de ser utilizado a fin de que el presidente sea "acusado y declarado culpable" de ciertos comportamientos gravemente delictivos –"traición, cohecho u otros delitos y faltas graves" es la dicción literal de la Secc. Cuarta del Artículo Segundo de la Constitución–, de manera que el procedimiento se emplea en contadas ocasiones: de hecho, a lo largo de la historia de este país solo se ha puesto en marcha en tres ocasiones y siempre en periodos de gobierno dividido, como reza el título del presente epígrafe.

Esto es así porque solo cuando el partido contrario al que ostenta la presidencia controla ambas cámaras parlamentarias es imaginable que el inicio del proceso tenga sentido, ya que si es el partido del presidente quien controla ambas –o incluso una sola de las– cámaras, es harto improbable que desee verse envuelto e un proceso en el que, amén del escarnio público que para el presidente pueda derivarse de las responsabilidades o los hechos presuntamente delictivos en que haya incurrido, es evidente que también su buen nombre y sus expectativas electores futuras van a quedar negativamente afectadas.

Es importante destacar que el proceso de *impeachment* en los Estados Unidos no es equiparable a una moción de censura o de pérdida de la confianza en los sistemas parlamentarios europeos. Es decir, en ningún caso cuando se procede a activar el *impeachment* se está hablando de una crítica al gobierno en su conjunto, como consecuencia de sus malas políticas o de sus errores de gestión, de modo que el voto a favor de la mayoría parlamentaria implique una mera pérdida de la confianza en la eficacia de su labor. Muy al contrario: en Estados Unidos nos hallamos ante un sistema de separación de poderes perfecto en el que la presidencia no depende, bajo ningún concepto, de la confianza o el respaldo del Congreso; y solo se somete al voto de confianza, en este caso de los electores, en los momentos de la elección y la reelección, es decir, cuando es candidato en primera instancia y candidato a la reelección cuatro años después. De ahí que el *impeachment* no sea tanto una crítica política como un enjuiciamiento criminal, con la particularidad de ser llevado a término en sede parlamentaria, y no ante un tribunal, y consiste en una destitución por parte del Congreso debida a que el presidente ha cometido algún tipo de delito grave que hace necesaria la intervención del órgano legislativo.

Por supuesto, solo se destituye al presidente de los Estados Unidos en caso probado, es decir, cuando la acusación esté fundamentada en hechos y argumentos jurídicos de peso. En ningún caso se puede hacer con base en sospechas o meras hipótesis. Tras seguir el procedimiento oportuno, un presidente de los EE. UU. puede ser destituido a causa de delitos como traición, cohecho u otros mayores o de índole penal. Ejemplos de estos últimos serían la obstrucción a la justicia o mentir en sede judicial, o bien ante un juez o un fiscal designados especialmente para el caso y que por ello estén investigando al presidente.

La relación del proceso de destitución presidencial con los periodos de gobierno dividido es clara. Como veremos más adelante, en los casos de *impeachment* iniciados hasta ahora y en algunos otros en los que simplemente se ha amenazado con su utilización, el Congreso siempre se encontraba controlado por una mayoría contraria a la del partido del presidente. Ahora bien, por supuesto, el hecho de que se dé un periodo de gobierno dividido no implica que se vaya a iniciar un proceso de destitución presidencial. Lo que ocurre es que en esos momentos se suelen dar las circunstancias óptimas para que la tensión y el enfrentamiento político estén en su máximo nivel. Todo ello provoca que este proceso sea a veces utilizado como un arma arrojadiza del Congreso contra la Presidencia.

El *impeachment* se caracteriza por ser llevado a cabo en su totalidad en el seno del Congreso. Este debe discernir si hubo o no un hecho delictivo grave, en el proceder del presidente en su cargo, que derive a su vez en la asunción de responsabilidades políticas por parte de aquel. Un proceso como este tiene como finalidad preservar la democracia y la separación de poderes en los Estados Unidos, y si se lleva a término y el presidente es cesado de su cargo, abriéndose en consecuencia el proceso constitucional de sucesión y siendo sustituido en el puesto por quien en esos momentos ejerza el cargo de vicepresidente.

El proceso de destitución presidencial debe seguir dentro del Congreso un procedimiento reglado que requiere de una serie de votaciones, mediante las cuales se alcanza (o no) el resultado esperado, esto es, la destitución del presidente. El primer paso lo da el comité judicial del Congreso, que debe emitir una resolución que a su vez pasará a ser objeto de votación. Este comité es el encargado de iniciar formalmente el procedimiento, pero deberá aguardar para emitir una resolución favorable al *impeachment* hasta que disponga de fundamentos adecuados para ello, lo que exige que previamente se haya producido una investigación rigurosa y la recopilación de pruebas irrefutables que demuestren que el presidente ha cometido alguno de los delitos señalados con anterioridad.

El nombramiento de un fiscal o juez especial para el caso es una práctica habitual; esta figura se encarga de recabar todas las pruebas posibles a través de las fuerzas de seguridad, de modo que se pueda desvelar la posible trama presidencial o el/los delito/s cometido/s por el máximo mandatario. Este conjunto de pruebas se presentará luego al comité judicial para que las analice. La resolución que se alcance en dicho comité se deberá fundamentar en tales pruebas.

El siguiente paso es que la Cámara de Representantes someta al voto de sus miembros la resolución del comité judicial del Congreso. En sus manos queda la determinación de si existen suficientes pruebas y argumentos de peso para iniciar el proceso de *impeachment*.

Si la votación en la Cámara de Representantes da como resultado una resolución positiva, se procede a efectuar la acusación formal contra el presidente por parte del Congreso. Es precisamente en este punto donde más veces se ha detenido el proceso, al no lograr la investigación convencer a un número suficiente de representantes como para ganar la votación. En tal caso, el *impeachment* sencillamente decae por la falta de una acusación formal sobre la cual proceder a su enjuiciamiento. En cambio, en otras ocasiones el *impeachment* ha logrado avanzar más allá de ese punto y hasta su segunda etapa, en la que interviene el Senado. Para ello se requiere de mayoría absoluta a favor en la votación de los miembros de la Cámara de Representantes, es decir, 218 votos afirmativos.

Es importante señalar que, tras llegar a esta cámara el informe del comité judicial, se votan uno a uno los artículos que conforman el *impeachment* y donde se describen los delitos de los que se acusa al presidente. En este momento es cuando cobra una especial importancia la existencia o no del gobierno dividido, ya que una mayoría en el Congreso del partido contrario al del presidente puede apoyar con mayor facilidad un *impeachment* que otra de su mismo color político. Por supuesto, siempre tomando como punto de partida unas bases y argumentos adecuados; si no, el coste político para unos y otros puede ser demasiado alto.

Esta primera votación en la Cámara de Representantes suele estar ligada a una pérdida previa de la mayoría del partido del presidente en dicho órgano legislativo, como ya hemos señalado. Lo cual no es óbice para que se pudiera llevar a cabo un proceso de este tipo en periodos de gobierno unitario cuando haya un delito flagrante o se desvelen conductas que pongan en peligro la seguridad o la estabilidad del país, o las del partido al que pertenece el presidente; si bien esto último suele ser muy poco frecuente.

Regresamos al momento en que la acusación formal contra el presidente llega a la segunda cámara que conforma el Congreso. En realidad, el *impeachment* propiamente dicho se lleva a cabo en el Senado: allí se celebra un juicio con los senadores actuando en el papel del jurado en el que se dirimen los cargos que pesan contra el presidente. Este órgano se convierte para la ocasión en un tribunal encabezado por el presidente del Tribunal Supremo —la más alta institución judicial del país, como hemos visto en el apartado previo—, lo que es indicativo de la tremenda importancia del proceso que se está llevando a cabo.

Ya en el Senado y constituido éste como tribunal, se realiza una exposición formal de los cargos de los que se acusa al presidente, cargos que previamente han sido recogidos en el informe de *impeachment* por el comité judicial de la Cámara de Representantes y después aprobados en votación por mayoría absoluta y uno a uno en dicho órgano legislativo. En este proceso contra él, al presidente de los EE. UU., igual que a cualquier acusado en un proceso judicial normal, se le asignan abogados defensores. Habitualmente los escoge él mismo de acuerdo con sus intereses particulares y el modo en que quiera afrontar su defensa.

Vemos, pues, como en este proceso se da una relación entre el poder legislativo y el judicial. La intervención de este último como máximo garante de la neutralidad y la justicia en el ámbito nacional se concreta en la dirección del tribunal especial, que está a cargo del presidente del Tribunal Supremo. Así mismo, las dos cámaras que conforman el Congreso participan en el *impeachment*: el órgano de representación popular (la Cámara de Representantes) es el encargado de iniciar el procedimiento de destitución mediante su comité judicial y posteriormente a través de la acusación formal al presidente. Pero el órgano de representación territorial (el Senado) es el que en realidad lleva a cabo el proceso de destitución; es decir, juzga al presidente con la ayuda del poder judicial y juega, por tanto, un papel muy relevante.

Para prosperar en esta y definitiva instancia, el *impeachment* deberá obtener en la cámara alta el apoyo de una mayoría cualificada, toda vez que según la Secc. Tercera del Artículo 1 de la Constitución: "A ninguna persona se le condenará si no se alcanza un voto de dos tercios de los miembros presentes".

De darse esta exigente e inusual mayoría, y en virtud de lo dispuesto en la Cláusula 7 de ese mismo artículo, el presidente quedará destituido e inhabilitado "para ocupar y gozar de cualquier empleo honorífico, de confianza o remunerado en los Estados Unidos". Además de que: "será responsable de sus actos y quedará sujeto a acusación, juicio, sentencia y sanción con arreglo a las leyes".

Una vez analizado el largo y complejo proceso de *impeachment*, consideramos necesario describir los casos que se han producido a lo largo de la historia de los Estados Unidos. Es básico resaltar que, salvo el primero, siempre se ha dado con la Presidencia "moderna", es decir, tal como funciona hoy en día, con su amplitud de funciones y poderes; ya que tanto el escándalo Watergate como el proceso contra el presidente Clinton se dieron en pleno siglo XX, y aun en presente siglo en el caso de los dos más recientes procesos de *impeachment*, ambos durante la presidencia de Donald Trump; el primero, desencadenado tras la pérdida de las elecciones de medio mandato y por el escándalo de la ayuda a Ucrania, y el segundo debido a la responsabilidad, achacada al presidente saliente, sobre el asalto al Capitolio en enero de 2021.

El primer proceso de destitución en la historia de los Estados Unidos se produjo durante la presidencia de Andrew Johnson, decimoséptimo presidente de los Estados Unidos, [78]cuyo mandato se extendió entre 1865 y 1869. [79]Johnson, un demócrata sureño procedente de Carolina del Norte pero arraigado en Tennessee, había accedido al cargo tras el asesinato del presidente Lincoln, por lo que inició su mandato con la convulsión del trágico final de su predecesor y arrastrando también otras circunstancias adversas como el reciente final de la Guerra Civil y la situación de un país dividido entre norte y sur. El recién llegado presidente concedió a los oficiales confederados del sur una amnistía en pro de la reconciliación después del desgarro que había supuesto la contienda, al tiempo que adoptaba otras medidas para cerrar las heridas del conflicto y acelerar la reintegración del Sur.

Por tanto, Johnson asumió la presidencia en medio de una situación política convulsa y tomó decisiones que no satisficieron a todos. Sin ir más lejos, la mencionada amnistía provocó la ira de los republicanos radicales, que en aquella época eran acérrimos defensores del legado de Lincoln y de los estados industriales del norte, que tanto habían sufrido para vencer a los confederados. No olvidemos que estos últimos eran apoyados en ese momento por el Partido Demócrata en su defensa de la esclavitud y la segregación racial.

Impulsadas, obviamente, por la mayoría republicana en el Congreso, las acusaciones que se formularon contra Andrew Johnson con ocasión de su *impeachment* fueron las de abuso de poder y falta de ética.

El proceso avanzó sin obstáculos e la Cámara, y de ahí pasó al Senado con la constitución del tribunal que debía decidir si destituir o no al presidente. Y en ese punto fue donde fracasó el *impeachment* al presidente Andrew Johnson, aunque lo hizo por un solo voto de diferencia, de modo que Johnson no fue destituido de su cargo. Su defensa se basó en la idea de que había sido víctima de un proceso de persecución política sin fundamento por parte del Congreso, en concreto de los republicanos más fanáticos, que se habían opuesto con firmeza a sus medidas de amnistía, entre otras razones.

No obstante, ese primer proceso de *impeachment* se sigue considerando legítimo, ya que existían en aquel momento importantes discrepancias acerca de cómo organizar el Gobierno reconocido constitucionalmente y de cómo integrar en él a la figura de Johnson, que recordemos que accedió al cargo desde la vicepresidencia. En realidad, fue elegido vicepresidente por el Partido Republicano por haber sido de los pocos senadores del sur en oponerse con firmeza a la guerra y a las demandas de los confederados. Es buen momento también para recordar que la elección de presidente y vicepresidente mediante ticket electoral no se puso en marcha hasta varias décadas más tarde.

Pero el presidente Andrew Johnson se opuso firmemente a la política centralizadora y de refuerzo del Gobierno Federal que tras la Guerra de Secesión y durante la presidencia del republicano Lincoln se empezó a poner en marcha. Otro de los puntos de conflicto con la mayoría republicana, en especial con la más radicalizada del Congreso, fue su negativa a reconocer la igualdad de derechos civiles de los esclavos liberados tras el fin de la guerra; se oponía, pues, a la decimocuarta enmienda, en la que se reconocían tales derechos[80] y que fue aprobada el 9 de julio de 1866.

Ya en este primer caso queda clara la estrecha relación entre la existencia de un gobierno dividido y el inicio de un proceso de destitución. Sucedió que, tras las elecciones legislativas y la radicalización de la mayoría republicana, el proceso contra el presidente se reanudó con más fuerza. A ello hay que sumar la actitud presidencial, caracterizada por la falta de diálogo y la escasez de cesiones, todo lo cual condujo a un enfrentamiento directo entre el Congreso y la Presidencia. Pero también resulta meridianamente claro que en este primer ensayo del *impeachment* el proceso tuvo menos que ver con la comisión de delitos graves por parte del presidente que con la existencia de fuertes discrepancias políticas entre éste y un Congreso de signo político contrario. En otras palabras: que asistimos a una suerte de adulteración de la figura, convertida más en una censura política encubierta –y frustrada– que en un enjuiciamiento criminal. Una sombra que se proyectará de manera constante sobre los siguientes procesos de impeachment.

El siguiente proceso de destitución se haría esperar nada menos que un siglo entero; y –en realidad– no llegaría ni siquiera a sustanciarse: nos referimos al proyectado sobre el controvertido Richard Nixon, 37º presidente de los EE. UU. Antes de entrar en detalle sobre él, es necesario recalcar que en puridad el *impeachment* no se llegó a desarrollar, ni se verificaron ninguna de las dos etapas que lo configuran, ya que Nixon dimitió en vísperas de que la Cámara de Representantes iniciase el proceso propiamente dicho. No obstante, se cree que si hubiera seguido adelante casi con toda seguridad se habría producido la destitución del presidente a causa de la gravedad de los cargos que se le imputaban y la solidez de las pruebas que los avalaban y que –a fin de cuentas– persuadieron incluso al propio presidente de la conveniencia de renunciar al cargo. [81]En efecto, la investigación había finalizado y el Congreso se disponía a iniciar el proceso de *impeachment*, que solo fue abortado por la dimisión de Nixon, que quiso con ella evitar el escarnio público de llegar incluso a una detención de su persona en la Casa Blanca. Estamos hablando de una personalidad compleja como la de este presidente, que en gran medida provocó que lo que ganó con rotundidad en las urnas, por sus éxitos en política exterior y su capacidad de negociación con los demócratas que controlaban el Congreso, lo perdiera por su obsesión con las filtraciones de la Casa Blanca y el escándalo Watergate, que supuso un final indigno y poco justo para quien las encuestas de opinión y el respaldo electoral de su reelección demostraron que era un buen presidente.

Como es bien sabido, el caso que suscitó el *impeachment* sobre Nixon no fue otro que el archiconocido escándalo Watergate. Sus orígenes deben ser buscados en la decisión de crear, por parte de la Presidencia, una división especial para la investigación de sus adversarios denominada Unidad de Fontaneros. Esta unidad contaba con un despacho propio en el sótano de la Casa Blanca y se encargaba de las acciones encaminadas a eliminar las posibles filtraciones hacia el exterior de información sensible de la Administración Nixon. Como ya hemos señalado, esta era una obsesión personal del presidente. Entre los encargos que cumplió la Unidad de Fontaneros figuró el asalto a la oficina del Partido Demócrata en el edificio Watergate, en el centro de Washington DC.

Según todos los indicios, fue el propio presidente Nixon quien ordenó esa incursión. El edificio Watergate era la sede del Comité Nacional Demócrata en vísperas de las elecciones presidenciales en las que Nixon obtendría a la postre una victoria aplastante —resultado lógico teniendo en cuenta que en ese momento el escandalo aún no había estallado—. Así y todo, tras publicarse la información sobre lo sucedido en el edificio Watergate, el presidente se vio obligado a seguir el camino de la dimisión abierto por sus asesores, principales artífices del entramado de la Unidad de Fontaneros, después de que el máximo mandatario se hubiera quedado completamente solo en su obsesión y en el proceso de su defensa pública.

Volvamos, pues, al asalto por parte de la Unidad de Fontaneros al edificio Watergate. Su objetivo era obtener información sobre la campaña electoral y las futuras acciones del Partido Demócrata contra el presidente Nixon. Tal información era, por supuesto, valiosísima para el presidente y su equipo de confianza. El allanamiento fue detectado por la Policía de Washington y se produjo la detención de los asaltantes. Como consecuencia, toda la trama de la Unidad de Fontaneros salió a la luz, descubriéndose la intervención directa de la Casa Blanca. Ello no fue obstáculo para que uno de los grandes diarios nacionales, el *Washington Post*, iniciase por su cuenta una investigación sobre el tema, que a la postre fue la que provocó el escándalo y la dimisión de Nixon, asediado por los medios de comunicación y con la amenaza real y efectiva del Congreso de iniciar el proceso de *impeachment* contra él.

Aun así, la situación se desbordó el 8 de agosto de 1974, día en el que finalmente Nixon presentó su dimisión. Pero antes de llegar a ello ya estaba en marcha una investigación judicial, según el patrón que se sigue en todos los procesos de destitución: bien un fiscal o un juez, especialmente designado para el caso, emprende las pesquisas. En este caso al presidente Nixon se le requirió la entrega de ciertas grabaciones, pero él se negó a hacerlo. Al final, tras mucha presión y ante el temor de ser acusado de obstrucción a la justicia, cedió y las entregó, aunque al ser analizadas se descubrió que habían sido alteradas en ciertas partes esenciales para la investigación. Como consecuencia, el Congreso no solo exigió la dimisión de Nixon, sino que al tiempo inició los trámites para el proceso de *impeachment*. Las dimisiones en la

Administración Nixon se sucedían y en el Partido Republicano empezaron a ver como todo eso los podía hundir electoralmente por muchos años. La historia culminó con la dimisión de Nixon y la entrada en el cargo del hasta ese momento vicepresidente Gerald Ford. Que, a su vez, concedió a Nixon el indulto inmediato, en una decisión muy cuestionada por la opinión pública y por el Partido Demócrata.

El siguiente caso de *impeachment* fue el que afectó al presidente Bill Clinton. Este proceso de destitución supuso un auténtico trauma fuera del país, aparte de un caso en el que las verdades y mentiras políticas dieron paso a la venganza y el revanchismo, dando con ello lugar a que lo más granado de ambos partidos se conjurase para desterrar de la presidencia a Clinton. A ello contribuyó de manera especial el propio presidente, con una actitud personal poco digna y claramente inadecuada para el máximo representante de la primera potencia mundial.

En el proceso de destitución de Bill Clinton se dio una combinación de factores —algunos de ellos de índole privada— entre los que se contaban el sexo, las mentiras y los vínculos entre la vida privada y la vida pública del presidente, que hizo tambalearse la presidencia demócrata en 1998[82].

Pero es necesario remontarse a las circunstancias concretas que lo originaron todo: Clinton llegó a la presidencia en 1992, gracias a la victoria frente a un débil y denostado Bush padre. No obstante, la radicalidad de sus políticas y la debilidad de su liderazgo generó ya en 1994 una hecatombe para el Partido Demócrata en el Congreso con la pérdida de su mayoría tras más de dos décadas de control sobre esta institución. En aquel momento, además, emergió la figura de Newt Gingrich como el rival a batir por parte del lado republicano. Sin embargo, un factor fundamental seguiría jugando a su favor: la buena marcha de la economía nacional tras cuatro años de nefasta presidencia (desde el punto de vista económico) de Bush padre y su incapacidad de control o reorganización de la primera economía mundial. Hasta el punto de que probablemente fuera la buena marcha de la economía lo que permitió que la opinión pública inclinase la balanza de su juicio hacia el presidente Clinton, y así lo hicieran también quienes debían resolver su *impeachment*.

El proceso se inició con la pertinente investigación previa y el caso se centró en unos presuntos encuentros de carácter sexual con la becaria M. Lewinsky. Pero no se juzgaban esos encuentros, sino la posible falsedad del presidente al negarlos cuando declaró ante el Gran Jurado que evaluó dicho caso, además de algunas otras cuestiones. El caso es que Clinton fue el segundo presidente de la historia de los Estados Unidos que llegó a ser acussado formalmente por la Cámara de Representantes gracias al informe previo del comité judicial de este órgano legislativo.

El *impeachment* contra Clinton se fundamentó concretamente en cuatro acusaciones o "artículos":

- Mentir a la justicia bajo juramento; en concreto ante el gran jurado de K. Starr, que le preguntó acerca de si existió una relación personal e íntima con la mencionada becaria de la Casa Blanca. Este artículo del *impeachment* fue aprobado por la Cámara de Representantes —controlada en ese momento por el Partido Republicano. Vemos, pues, como la división que se dio de manera general en el caso llegó a la propia cámara, puesto que no se logró una mayoría aplastante contra el presidente.

- Obstrucción a la justicia. Es el artículo que más se repite en los procesos de destitución. En el caso del presidente Clinton se fundamentaba en el hecho de que había dado a su secretaria instrucciones precisas sobre cómo debía declarar en lo referente a su relación personal con la becaria Lewinsky. Por tanto, se le acusaba de haber influido en su secretaria para alterar los hechos que se pretendían probar. Este artículo fue también aprobado por la Cámara de Representantes.

- Perjurio en relación con la investigación sobre su relación con otra de sus –supuestas– amantes, Paula Jones. No obstante, este artículo no estaba suficientemente fundamentado y fue rechazado en la Cámara de Representantes. Se demuestra así la importancia de que cada artículo llegue a la Cámara bien argumentado y probado, para que pueda seguir adelante como parte del proceso.

- Abuso de poder, por negarse Clinton a responder, o no hacerlo de manera adecuada, a 81 preguntas que le había formulado el comité judicial de la Cámara de Representantes que investigaba su caso. Este artículo fue rechazado por la Cámara, por una mayoría superior a la anterior. Lógicamente la prueba de ello era más compleja de argumentar que en las otras acusaciones.

A la postre, al presidente Clinton se le acusó únicamente de mentir bajo juramento y de obstrucción a la justicia en la investigación llevada a cabo para esclarecer su relación con la becaria de la Casa Blanca. El proceso siguió su curso y fue remitido al Senado. Allí se constituyó el pertinente tribunal, presidido por el juez W. Rehnquist. El presidente contrarrestó las acusaciones mediante el trabajo de sus abogados defensores y finalmente el Senado, viendo cuál era la situación de apoyo al presidente por parte de la opinión pública, acabó absolviéndolo.

De nuevo, el resultado de la votación en la cámara alta reveló la solidez sin fisuras en el Partido Demócrata, en agudo contraste con las dudas en las filas republicanas: los 45 demócratas del Senado votaron "no culpable" en ambos cargos, mientras que cinco republicanos votaron "no culpable" por el cargo de perjurio; y diez se inclinaron por el veredicto de "no culpable" por el cargo de perjurio. Que esta diferencia de posición –férreamente en contra en el caso del partido del presidente censurado, mayoritaria pero dubitativamente a favor en el partido de la oposición– fuera específica de este caso, o marcara una línea constante será algo que se confirmará en los siguientes procesos de *impeachment*.

Por su parte, el Partido Republicano no tuvo más remedio que replantear su estrategia de acoso y derribo al presidente al ver que las encuestas lo reforzaban; eso además de otra serie de factores, alguno de los cuales ya hemos mencionado, como la buena marcha de la economía. Pero hubo otra cuestión clave: la salida en su defensa de Hillary Clinton. El papel de la exprimera dama (y posteriormente candidata a la presidencia) siempre se ha considerado fundamental para que la opinión pública se decantara a favor del presidente. Finalmente, los senadores republicanos decidieron no seguir adelante con el proceso de *impeachment* por temor a sufrir un sonoro correctivo electoral en las siguientes citas, presidencial y legislativa.

Los dos últimos procesos de *impeachment* son los que afectaron a Donald Trump, 45º presidente de los Estados Unidos, y único en la historia de este país que fue sometido a este proceso no en una, sino en dos ocasiones. Su primer proceso de destitución [83] se inició en un periodo de gobierno dividido y se enmarcó en un escándalo en buena medida imprevisto. Todo hacía esperar que los demócratas trataran de destituirlo a causa de la denominada "trama rusa", la presunta ayuda recibida de Rusia en las elecciones presidenciales de 2016 en las que el candidato republicano se impuso a la demócrata Hillary Clinton. En cambio, el proceso de *impeachment* se materializó finalmente a consecuencia del caso que se conoce como *Ucraniagate*: la utilización de la posibilidad de prestar o denegar ayuda militar a Ucrania para favorecer la investigación por parte de este país de los negocios del hijo del antagonista demócrata de Trump, Joe Biden, evidenciado durante una conversación telefónica entre aquel y su homólogo ucraniano Zelensky.

El presidente Trump disfrutaba de una situación de gobierno unitario cuando accedió al cargo, pero perdió esta posición de ventaja a raíz de las elecciones de medio mandato de noviembre de 2018. Aunque durante este tiempo no dejó de padecer desaires por parte de su propio partido, el proceso de *impeachment* arrancó con la victoria demócrata en las legislativas, a raíz de las cuales este partido consiguió arrebatar a los republicanos el control de la Cámara de Representantes, no así del Senado, lo que a la postre sería determinante para la resolución del proceso de *impeachment* contra el presidente Trump.

No obstante, como hemos mencionado, la situación dio un giro a mediados de 2019. En primer lugar, la investigación del fiscal especial Mueller sobre la "trama rusa" concluyó sin indicios claros que permitieran acusar al presidente. Pero después del verano se produjo el incidente entre Trump y el presidente ucraniano. Según lo descrito por un asistente, en la llamada telefónica el presidente de los Estados Unidos exigió a su homólogo que, a cambio de ayuda militar, abriesen en su país una investigación sobre un hijo del candidato demócrata Joe Biden, Hunter, que había trabajado como asesor en una empresa en Ucrania.

Se da la circunstancia de que el exvicepresidente Biden destacaba en ese momento en las encuestas y suponía una seria amenaza para la reelección de Trump. El asistente que escuchó la conversación telefónica lo filtró a la prensa y estalló el escándalo. La trama *Ucraniagate* ya estaba en marcha y los demócratas no podían retrasar más el inicio de un proceso prematuro y en una situación de gobierno dividido que afectaba al propio Congreso, ya que, como hemos señalado, la Cámara de Representantes tenía mayoría demócrata y el Senado era controlado por los republicanos.

Así, en septiembre de 2019 el Partido Demócrata dio comienzo al proceso en la Cámara de Representantes. Los diversos comités prepararon sus informes, que fueron enviados al comité de justicia de esta cámara con el fin de que este redactase los cargos del *impeachment* contra el presidente Trump. El 31 de octubre de ese año la Cámara de Representantes aprobó las normas que regirían el proceso para que no hubiera duda acerca de su limpieza. El motivo de ello era que el Partido Republicano y la Presidencia los habían acusado de iniciar el proceso de manera ilegal, o al menos poco clara, con el único fin de perjudicar al presidente. A pesar de ello, todo siguió su curso y el 19 de diciembre la *speaker of house* anunció de forma oficial que se procedería a acusar formalmente a Trump.

La Cámara de Representantes acusó al presidente de dos delitos: con 230 votos a favor y 197 en contra, de abuso de poder. Y con 229 votos a favor y 198 en contra, de obstrucción al Congreso.

Este último artículo del *impeachment* tenía que ver con la actitud del presidente, pues frente a las citaciones ante el comité de justicia de la Cámara de Representantes dio instrucciones a sus funcionarios y cargos federales para que no ayudaran de ningún modo ni acudiesen a prestar declaración. Los demócratas, pues, consideraron que Trump había actuado en contra del Congreso en el ejercicio de sus funciones constitucionales.

Es importante destacar, llegados a este punto, dos datos. El primero es que en esta tesitura ambos partidos se comportaron exactamente del mismo modo: apoyando unánimemente el *impeachment* en el caso de los demócratas, y oponiéndose con idéntica contundencia a él los republicanos, siendo marginales los votos discrepantes en una y otra formación. La segunda es que los demócratas pospusieron en lo posible el traslado de la acusación al Senado, de mayoría republicana, en donde sabían que la votación les seria adversa y el efecto propagandístico de la medida se diluiría. Se trata de una muestra de cómo esta situación concreta de gobierno dividido definió las posiciones de ambos partidos.

No obstante, tras la aprobación de los artículos del *impeachment* contra Trump, en enero de 2020 el trámite hubo de pasar necesariamente al Senado. En esta cámara, el entonces líder de la mayoría, Mitch McConnell, hizo unas declaraciones en las que afirmó que ni el Partido Republicano ni sus senadores aceptarían las acusaciones; lo que garantizaba que el presidente sería absuelto. Recordemos que el Senado actúa en estos procesos como jurado, el presidente designa a su equipo de defensores y la Cámara de Representantes a quienes actuaran como fiscales. En esta ocasión, el Senado se constituyó en corte encabezada por el presidente del Tribunal Supremo, el *chief justice* John Roberts.

Con el Senado en plena deliberación sobre los cargos del *impeachment*, tuvo lugar el discurso sobre el estado de la Unión, que por lógica se desarrolló en medio de una fuerte tensión y en el que quedó patente que el gobierno dividido había impulsado el cuarto proceso de *impeachment* de la historia de los Estados Unidos. Al final, el Partido Republicano cerró filas en torno a su presidente con la misma radicalidad con la que el Demócrata se había posicionado en su contra, con lo que el mandatario fue absuelto por sendos votos de 48-52 en un caso, y 47-53 en el otro. únicamente el senador –y antiguo contrincante de Donald Trump por la nominación Presidencial republicana– Mitt Romney sumó su voto al de los demócratas, y tan solo en el primero de los cargos. Hay que recordar que 2020 era año electoral, con las presidenciales en noviembre, y que el partido no podía permitirse ningún error con tan escaso margen antes de la cita con las urnas.

Una de las realidades que dejó claras la absolución de Trump fue, una vez más, que la polarización y el partidismo juegan un papel cada vez más importante en la política estadounidense: todo el proceso de *impeachment* se vio condicionado por la situación de gobierno dividido. Además, senadores y congresistas son progresivamente más partidistas, es decir, se identifican más con su partido y este ejerce un mayor control sobre ellos.

Por último, el más reciente proceso de *impeachment* es el que, casi sin solución de continuidad con el anterior, planteó nuevamente la mayoría demócrata en la Cámara de Representantes contra el ya expresidente Donald Trump por su supuesta implicación en el lamentable espectáculo del asalto al Capitolio de los Estados unidos el 6 de enero de 2021[84].

Pese a haber sobrevivido al primer intento de destitución, ya mencionado, entre finales de 2019 y principios de 2020, Trump fracasó en su apuesta por lograr la reelección en las elecciones presidenciales de noviembre de 2020, en las que fue ampliamente superado por el candidato demócrata Joe Biden. Pese a ello, el aun presidente se negó en redondo a reconocer su derrota, planteando todo un rosario de recursos ante las más diversas instancias judiciales, e incitando también a sus partidarios a no reconocer el resultado de las urnas. Todo ello generó un clima de división y polarización inédito en la historia reciente de los Estados Unidos. De hecho, incluso después de la confirmación de los resultados electorales por parte del Colegio Electoral, y la derrota de sus pretensiones en los tribunales, Trump siguió alimentando la teoría del fraude electoral y negándose a aceptar su derrota. Esta situación dio lugar a diferentes altercados y, finalmente, al mencionado asalto al Capitolio.

En medio del clima de tensión descrito, el 6 de enero de 2021 el Congreso se reunió para confirmar los resultados avanzados por los medios y ratificar, por tanto, la victoria de Joe Biden. Esa mañana, desde la explanada frente a la Casa Blanca, el presidente se dirigió a sus seguidores y, en un discurso que se puede calificar de incendiario, los animó a marchar sobre el Capitolio. Este extremo se produjo y los manifestantes –convertidos en asaltantes– accedieron al interior del edificio. Tanto senadores como congresistas fueron evacuados de urgencia, y también el vicepresidente, Mike Pence, ya que se temía incluso por su integridad física. Sobre el vicepresidente recaía la responsabilidad de revertir los resultados, según Trump, puesto que él era el encargado de presidir la sesión en el Congreso. En el asalto fallecieron dos policías del Capitolio y también algunos manifestantes. Estas consecuencias confirman la gravedad de los hechos y lo histórico e insólito, a la par que alarmante, de los sucesos de esa jornada.

Mientras sucedía todo esto, el presidente seguía animando a la protesta con una serie de tuits desde su propia cuenta. Solo después, ante la gravedad de los incidentes, y tras escuchar las súplicas de su partido, Trump accedió a grabar un vídeo que fue difundido en redes sociales y medios de comunicación, animando a sus seguidores a retornar a sus hogares. No obstante, Trump rehusó condenar de forma enérgica el asalto, y llegó incluso a calificar a los asaltantes como personas leales, cercanas y "queridas".

Tras los mencionados acontecimientos, y una vez resuelta la situación de emergencia y el asalto al edificio institucional, el Congreso ratificó los resultados electorales. Y, persuadido del papel activo del ya expresidente en el asalto, decidió el inicio de un nuevo proceso de *impeachment*.

Así, los congresistas demócratas dieron comienzo al proceso de manera insólitamente veloz y acusaron al presidente Donald Trump de insurrección contra el Congreso. En la votación en el pleno de la Cámara de Representantes se unieron a la mayoría demócrata los votos de diez congresistas republicanos. Este punto concreto hace ver la importancia de este juicio político en los Estados Unidos, ya que el proceso se puede calificar como bipartidista al contar con el apoyo no solo de los demócratas, sino también de algunos republicanos.

Siguiendo con ese ritmo vertiginoso, el 9 de febrero de 2021 el proceso se trasladó al Senado, cámara en la que –detalle en extremo importante– el Partido Republicano acababa de perder el control, por lo que pasó a ser minoría en ella. De hecho, el proceso podría haberse desarrollado con mas rapidez incluso de no ser porque los demócratas querían dar tiempo a que el Senado confirmase los cargos de la nueva Administración Biden. Ello llevó a un pacto para que el proceso se retrasase y, por tanto, diera comienzo siendo ya Trump expresidente. Y este punto es fundamental, porque en el Senado se discutió la cuestión clave de si podían juzgar a un expresidente. En la votación se decidió que sí, por 55 votos a favor y 45 en contra. Así, a la mayoría de 50 senadores demócratas se unieron 5 republicanos.

El proceso siguió entonces sus cauces habituales. En este caso, el tribunal constituido en el Senado fue encabezado por el presidente *pro tempore* y no por el del Tribunal Supremo. La razón es que se juzgaba, como hemos dicho, a un expresidente y no a un presidente en ejercicio. Finalmente, el Senado absolvió a Donald Trump. No obstante, la votación la ganaron los partidarios de condenarlo: el resultado fue de 57 votos de culpabilidad y 43 de inocencia, lejos de la mayoría de dos tercios constitucionalmente requerida.

Resulta esencial analizar este extremo. En primer lugar, se trata de una condena basada en 48 votos demócratas (la totalidad de senadores de este signo) más dos independientes (exdemócratas ambos), a la que se sumaron 7 republicanos. Se trata, por tanto, de la votación más bipartidista vivida en un proceso de impeachment, toda vez que no menos de un 14% de los senadores republicanos abandonaron al que había sido su presidente y discreparon de la línea política del partido. Y también es un resultado que desmiente la presunción antes aventurada de que en los procesos de *impeachment* el partido que apoya al presidente censurado se posiciona con más rotundidad en contra del *impeachment* delo que el partido que acusa a éste se posiciona a su favor. La tesis de que el partido que defiende a "su" presidente tiene mas que perder de lo que el partido que acusa tiene que ganar, se trunca en un caso como éste en el que Trump estaba no solo deslegitimado sino ampliamente amortizado, y en el que poner distancia respecto de su ejecutoria resultaba políticamente más seguro que seguir apoyándola.

Con todo, tras finalizar la votación, el líder de la minoría republicana, senador McConnell, tomó la palabra en el pleno y condenó el asalto dirigiendo una clara reprimenda al expresidente por su actitud. Es decir, este senador republicano confirmó que había sido Trump el responsable de desencadenar el asalto al Capitolio. Sin embargo, a continuación sostuvo que no se le podía condenar, al tratarse de un expresidente; el Senado, en su opinión, carecía de la facultad para hacerlo y deberían ser los tribunales ordinarios los encargados de tal proceso. McConnell hizo referencia a las múltiples causas penales que se prevé puedan llevarse a cabo en los próximos meses o incluso años, muchas de ellas fundamentadas en investigaciones que se han sucedido en los cuatro años de presidencia de Trump.

Este proceso de *impeachment* a Trump es histórico por varias razones. En primer lugar, por los hechos que se juzgan, una insurrección alentada por el propio presidente contra el Congreso. En segundo lugar, por ser el segundo *impeachment* contra un mismo presidente, circunstancia que nunca se había dado en la historia de los Estados Unidos, ni en un mismo mandato ni tan seguido en el tiempo. En tercer lugar, por tratarse de un juicio político a un expresidente, si bien iniciado siendo presidente.

Como hemos tratado a lo largo de los epígrafes precedentes, la relación entre el *impeachment* y los periodos de gobierno dividido resulta evidente. En los cinco casos analizados, que resultan ser todos los verificados hasta la fecha, el Congreso se encontraba, al menos en parte, bajo el control del partido contrario al del presidente cuestionado: en el de Johnson era el Partido Republicano; en el de Nixon, el Demócrata; en el de Clinton volvía a ser el Republicano, y en los de Trump, el Demócrata en la Cámara de Representantes y el Republicano en el Senado en el primer proceso, pero no en el segundo, en el cual el Partido Demócrata había recuperado el control del Senado. Es cierto que en el caso del presidente Nixon y el escándalo Watergate no se llegó a culminar el proceso de destitución, como sí sucedió en los restantes; aun así, es conveniente su estudio, debido a que fueron precisamente el inicio del proceso de destitución y la presión política y mediática que ello provocó las causas que en última instancia llevaron a la dimisión del presidente Nixon. Por tanto, aunque el gobierno dividido no es sinónimo de que los errores del presidente vayan a acabar en un *impeachment*, sí que se puede afirmar que el gobierno unitario sí es sinónimo que este no se va a verificar. En otras palabras, cabe argumentar que para proceder a un *impeachment* es imprescindible que se den cuatro condiciones: una fuerte polarización política, un grave error de juicio por parte del presidente., la acreditación de éste por parte de la correspondiente investigación judicial y la existencia de una mayoría suficiente para que al menos pueda iniciarse el proceso.

De modo que incluso cuando se den los tres primeros, la falta de este último requisito, propio de los periodos de gobierno unitario, abortará desde el inicio la posibilidad de un *impeachment*.

En suma, la puesta en marcha de un proceso de destitución presidencial en los Estados Unidos de América depende en gran medida de las circunstancias políticas, económicas y judiciales del momento, así como de la personalidad y el talante negociador del presidente. Pero la clave suele ser en la mayoría de los casos la situación política interna, más o menos radicalizada, del partido que ostente la mayoría en el

Congreso. Todos estos factores son determinantes para el inicio de un proceso de *impeachment*, junto con la existencia de indicios serios y pruebas claras de que el presidente haya cometido alguna ilegalidad en su actuación como tal, suficientes para justificar que sea apartado de su cargo. Sin esto último, el proceso carece de sentido en su vertiente judicial, si bien en la política es factible que se inicie, aunque con escasas probabilidades de tener éxito, es decir, de que culmine con la dimisión o con la destitución del presidente.

CAPÍTULO III
La influencia del *Divided Government* en la presidencia de los Estados Unidos

CAPÍTULO III LA INFLUENCIA DEL *DIVIDED GOVERNMENT* EN LA PRESIDENCIA DE LOS ESTADOS UNIDOS

En este capítulo final trataremos de llevar a cabo un análisis del modo en que la institución del gobierno dividido ha operado en las últimas presidencias de los Estados Unidos. Echando la vista atrás, tomaremos en consideración para nuestro propósito lo sucedido durante los mandatos de Ronald Reagan, George Bush sénior, Bill Clinton, George Bush júnior, Barack Obama y Donald Trump; una etapa dilatada en el tiempo, de casi medio siglo de duración, que comprende un elenco de presidentes numeroso y diverso –en el que se cuenta tanto con gobernantes demócratas como con mandatarios republicanos– cuyo análisis permitirá calibrar con mayor exactitud cuál ha sido la influencia del gobierno dividido en sus respectivas presidencias, y cómo ha variado éste en función de la personalidad de los mandatarios, la correlación de fuerzas en el Congreso, el clima político del país y el trasfondo ideológico del debate político.

3.1. La influencia del gobierno dividido sobre la presidencia de Ronald Reagan

La influencia del gobierno dividido en la presidencia del republicano Ronald Reagan se extendió durante todo su periodo como máximo mandatario de los Estados Unidos. Reagan ocupó la Casa Blanca durante dos mandatos consecutivos: el primero, que se extendió de 1981 a 1985 se correspondió a dos legislaturas del Congreso, la de 1981-1983 y la de 1983-1985, en las que los demócratas ostentaron el control de la Cámara de Representantes y los republicanos el del Senado. En el segundo mandato de Reagan se repitió la situación en la legislatura 1985-1987, e incluso se agravó para el presidente republicano cuando con ocasión de las elecciones legislativas de 1987 se produjo un vuelco aun mayor hacia la izquierda y los demócratas pasaron a controlar también el Senado.

Volvamos al primer periodo presidencial de Reagan: como resultado de las elecciones de medio mandato de 1983, el Partido Republicano sufrió una importante pérdida de escaños en la Cámara de Representantes –pasando de 192 a solo 166 escaños–, no así en el Senado, que logró retener con un pequeño incremento incluso de su ventaja (de 53 a 55 senadores). De todos modos, la situación de gobierno dividido era ya patente y se fue sosteniendo en las siguientes legislaturas del Congreso —hasta culminar con el total control del Congreso por la oposición demócrata en 1987, cuando mantuvieron su ventaja en la Cámara (258 a 177) y revirtieron la mayoría republicana en el Senado (55 a 45). Para un análisis más profundo sobre el reparto de escaños en ambas cámaras durante la presidencia de Ronald Reagan, recomendamos la tabla numero 1 en el final del presente punto.

Vemos, pues, como durante la presidencia de Reagan hubo un Congreso de mayoría demócrata en la Cámara de Representantes (en las cuatro legislaturas de sus dos mandatos) y republicana en el Senado (en tres de estas cuatro legislaturas). Por ello el talante y la capacidad negociadora del presidente Reagan serían a la postre fundamentales para establecer sus prioridades, su agenda legislativa y sus iniciativas más destacadas.

El conservadurismo de Reagan se afianzó en su segundo mandato tanto como su ventaja en las prioridades electorales de los americanos: la nueva victoria que obtuvo en las elecciones de noviembre de 1984, esta vez frente al demócrata Walter Mondale, confirmó su hegemonía como gran presidente conservador, así como su revolución de corte derechista; esta se había iniciado en buena medida con Nixon, pero Reagan supo culminarla durante sus dos etapas al frente del Gobierno de los Estados Unidos.

La presidencia de Reagan también trajo consecuencias en el funcionamiento del Congreso y, sobre todo, en la manera de obrar de ambos partidos en las cámaras legislativas. En aquel periodo se produjo una serie de reformas con una tendencia clara hacia una mayor coordinación y jerarquía dentro de los partidos políticos en el Congreso; en especial en el Partido Demócrata, por motivos que se analizarán posteriormente en este mismo epígrafe.

A su vez, esto hizo que los grupos políticos del Congreso salieran reforzados (en cuanto a coordinación y acción conjunta) tras los primeros años de presidencia de Reagan. Todo ello dotó a los líderes de cada partido en el Congreso de un mayor control y más autoridad en la toma de decisiones para con sus congresistas y senadores. En concreto, en lo referido a la Cámara de Representantes las reformas llevaron a que los éxitos legislativos del presidente decayesen tras su primer año de mandato y sobre todo después de las primeras elecciones legislativas de medio mandato.

Esta reforma, desarrollada en especial en el seno del Partido Demócrata, se debió principalmente a la existencia de un gobierno dividido en aquella primera legislatura (1981-1983), cuando la Cámara de Representantes era de dominio demócrata y el Senado republicano. No obstante, el presidente Reagan fue capaz durante su primer mandato de sortear tal situación con éxito y sus propuestas triunfaron en campos como el presupuestario o la defensa.

¿A qué se debió esta "prosperidad" del nuevo presidente en un ambiente que se esperaba contrario a sus intenciones? Claramente, al apoyo de un grupo de congresistas del sur, los denominados "demócratas conservadores sureños". Estos representantes, liberales en lo económico –como Reagan– y también tradicionalistas en cuanto a los derechos civiles –como los republicanos– y el reconocimiento de las minorías, se alinearon con las tesis del presidente y lograron que muchas de las propuestas legislativas de Reagan (sobre todo las de carácter presupuestario) salieran adelante en la Cámara de Representantes y pasaran al Senado, donde la mayoría republicana era más sólida.

Reagan supo aprovechar las debilidades existentes en las filas del partido rival para establecer una alianza entre republicanos del norte y el medio oeste, junto con el estado California, y demócratas conservadores sureños algunos de los cuales se dejaron arrastrar por la ola de conservadurismo de esa zona de los Estados Unidos[85].

Y es que los distritos electorales de los que procedían estos congresistas eran, históricamente, distritos de tendencia conservadora. De este modo, alineándose con el presidente Reagan, que gozaba de gran popularidad y respaldo en los estados del sur más tradicionalistas, pensaron que lograrían mantener sus escaños tras las elecciones legislativas de medio mandato, en 1983. Es fácil detectar que en esta cuestión el Partido Demócrata sufrió un serio problema de orden y disciplina, con quiebra de la unidad de estrategia y de "relato político" que el presidente aprovechó para empezar su mandato de forma segura, con lo que consiguió que tanto sus primeros presupuestos como sus medidas de reforma económica fueran aprobados de forma contundente.

En aquel primer presupuesto federal hubo un recorte drástico en las partidas sociales y destinadas a las instituciones gubernamentales, y un aumento en defensa para contrarrestar a la otra gran potencia del momento, la Unión Soviética. El presidente Reagan defendía en general, como ya se ha dicho, la reducción del gasto administrativo y social en favor del liberalismo económico y del incremento de la seguridad de los Estados Unidos frente a amenazas externas.

Por lo tanto, aquel periodo inicial de gobierno dividido no fue un obstáculo para que el nuevo presidente aplicase a los presupuestos las deseadas restricciones. A ello hay que sumar un plan de reducción de impuestos para favorecer a la ciudadanía estadounidense, lo que trajo consigo un aumento del déficit público, que no dejaría de crecer durante los dos mandatos de Reagan.

Tras esos dos primeros años llegaron las elecciones legislativas para la conformación del Congreso de 1983 a 1985, que estuvieron marcadas por la práctica desaparición de los demócratas sureños, así como por la irrupción de un sector de liberales dentro del Partido Demócrata que se oponían con firmeza a las citadas políticas de Reagan. Al tiempo, los demócratas reformaron sus reglas internas en el Congreso, con lo que dotaron de mayor autoridad a sus líderes y *whips*. Esta mejora en la coordinación desembocó en un frente común contra el presidente Reagan y sus políticas, que estaban llevando a una situación en la que el déficit público aumentaba sin control.

Así, en el primer mandato de Reagan (de 1981 a 1985) se puede distinguir entre dos periodos de influencia, de distinta intensidad, del gobierno dividido: el primero se correspondió con la legislatura inicial del Congreso (1981-1983) y gracias a la influencia de los demócratas sureños no existió la inestabilidad que sería habitual esperar en un periodo de gobierno dividido —por ejemplo, prosperó el proyecto de ley ómnibus, relacionado con la reestructuración del gasto público ya mencionada—. También de ese primer periodo es la Ley para la Recuperación Económica. Dicha ley propugnaba la bajada de impuestos con el claro objetivo de que el país lograse remontar económicamente y evitar así el aumento del desempleo. Pero la propuesta no partió de los congresistas republicanos —que eran minoría—, sino que fue impulsada desde la Casa Blanca por el propio Reagan a través de dos senadores: Jack Kemp y William Roth. Lógicamente, cualquier iniciativa en este sentido debía ser llevada al Senado, pues en esa cámara era donde el Partido Republicano contaba con una mayoría holgada y más posibilidades de prosperar.

Así pues, la realidad del gobierno dividido obligó a Reagan a impulsar su agenda legislativa a través del Senado, ya que en la Cámara de Representantes tenía escasas posibilidades de avanzar. El presidente se sirvió incluso de una aparición en los medios de comunicación para ejercer presión sobre congresistas y senadores con la intención de que aprobasen su Ley de Recuperación Económica. En total, de 48 demócratas que votaron a favor, 35 eran sureños; todo esto permite ver con claridad de qué manera el presidente republicano consiguió hacer mella en las filas demócratas en sus dos primeros años al frente del Gobierno. Al mismo tiempo, supo conjugar firmeza y ciertas pequeñas concesiones a los demócratas a la hora de firmar las leyes. Esos "regalos" no hicieron más que reforzar la división en el seno demócrata, que Reagan supo aprovechar muy bien.

Las dos leyes mencionadas implicaron recortes de miles de millones, por ejemplo, en programas de ayuda social y bienestar, como la seguridad social y otros proyectos de carácter público y ámbito nacional. Esto provocó una grave crisis en el seno del Partido Demócrata, que siempre se había considerado defensor de una Administración federal mesurada pero garante de la justicia social y el reparto equitativo entre los ciudadanos. Tal circunstancia colocó a los demócratas en una situación complicada que, si no se atajaba a tiempo, podía llevarlos a perder muchos votantes.

Pero, como ya hemos señalado, el partido reaccionó y llevó a cabo una serie de reformas que se implantaron en la segunda mitad del primer mandato del presidente Reagan, coincidente con la legislatura 1983-1985 del Congreso.

Coincidió con ello un retroceso importante de los demócratas sureños y la mencionada irrupción de los liberales demócratas, muy contrariados con la política del partido hasta el momento en su relación con el presidente republicano. Un buen ejemplo de que el control sobre los congresistas y senadores se reforzó es que dos terceras partes de la legislación aprobada en dicho periodo no tenía nada que ver con las prioridades del presidente en su primer mandato; posteriormente, en su segundo periodo de cuatro años como inquilino de la Casa Blanca, esta tendencia se consolidó e incluso se intensificó.

En resumen, en los dos primeros años de Reagan como presidente éste potenció y se benefició largamente de la coalición entre republicanos y demócratas sureños. Ello llevó a que sus iniciativas legislativas, tanto presupuestarias como sociales y del ámbito de la defensa nacional, fueran aprobadas sin mayores complicaciones por el Congreso. Por tanto, las repercusiones del gobierno dividido en aquel periodo no fueron tan notables como en lo sucesivo. A ello hay que sumar el control republicano en el Senado, que siempre favorecía los intereses del presidente.

Un importante factor a tener en cuenta en lo que respecta a la influencia del gobierno dividido durante el mandato de Reagan es el de su popularidad; esta fue alta e incluso muy alta a lo largo de sus dos periodos como presidente. Sus victorias electorales, primero frente a un presidente en ejercicio —el demócrata Jimmy Carter— y después frente al exvicepresidente Walter Mondale, supusieron un espaldarazo tanto para él como para su partido. Ahora bien, dicha supremacía electoral en las presidenciales no se tradujo en más asientos en el Congreso, como ya hemos visto.

Se podría esperar que gracias a su fortaleza electoral y popularidad la influencia del gobierno dividido en la agenda legislativa del presidente fuese escasa o menos pronunciada. Pero no fue así y, exceptuando los primeros dos años, el éxito presidencial entre la opinión pública no se tradujo en ascendiente sobre congresistas y senadores demócratas. En concreto, a partir de la reforma interna y de la irrupción de los liberales demócratas, se plantó cara de manera decidida a las políticas conservadoras de Reagan, con lo cual sus restantes seis años de mandato fueron muy complejos. Todo esto le obligó a usar una de las prerrogativas constitucionales existentes en este país, y analizada previamente en este trabajo de investigación: la capacidad de veto presidencial.

En cualquier caso, el presidente sabía que su popularidad le serviría para poner a la opinión pública a su favor, así que se valió de apariciones públicas estratégicamente calculadas para defender los proyectos de ley que pretendía impulsar; por ejemplo, durante la tramitación de la Ley de Recuperación Económica, de la que defendió públicamente su utilidad. En definitiva, el factor popularidad presenta una doble vertiente:

- Por un lado, favorece las relaciones del presidente con el Congreso en caso de gobierno dividido. Si aquel goza de una alta estima ciudadana, congresistas y senadores pueden pensar que si no allanan el camino a determinadas iniciativas suyas la opinión pública los considerará obstruccionistas de la agenda presidencial.

- Por otro lado, le refuerza frente a la sociedad y puede conducir a la victoria de su partido y, por tanto, a acabar con la situación de gobierno dividido. Sin embargo, esto no ocurrió en los mandatos de Reagan; al contrario, el panorama se puso más difícil para los republicanos en las dos cámaras a raíz de las últimas elecciones legislativas con Reagan como presidente.

Llegamos ahora a las primeras elecciones legislativas de medio mandato para este presidente republicano. En ese momento lo esperable era obtener un incremento de escaños para el Partido Republicano en ambas cámaras. Pero lo cierto es que existe una regla no escrita, aunque fundamental, en estas elecciones en los Estados Unidos: los electores casi siempre castigan al partido del inquilino de la Casa Blanca. Y así sucedió en este caso también.

Los resultados de las elecciones de medio mandato de noviembre de 1982 —para la legislatura 1983-1985 del Congreso— se presentan en una tabla numero 1 al final del presente punto. En ellas los demócratas aumentaron su ventaja frente al Partido Republicano en cuanto al número de escaños en la Cámara de Representantes. Por su parte, en el Senado los resultados apenas variaron respecto a la legislatura previa; únicamente los republicanos obtuvieron un asiento más. Por tanto, en el segundo periodo del primer mandato presidencial de Reagan, este se enfrentó a una mayoría reforzada demócrata en la Cámara de Representantes[86].

En ese momento se dio un punto de inflexión en la presidencia del republicano Reagan: la situación de gobierno dividido se volvió más dura y los liberales demócratas lograron paralizar la mayor parte de las iniciativas presidenciales, de modo que Reagan tuvo que sustituir su estrategia de consenso con los demócratas sureños por una de confrontación con el legislativo, y recurrir en numerosas ocasiones al veto como forma de ejercer presión sobre el Congreso y, en especial, sobre la Cámara de Representantes.

Pero dicha situación no solo se vivió en aquel periodo. Otro momento que también marcó la presidencia de Reagan fue su reelección como máximo mandatario de los Estados Unidos, en noviembre de 1984. El republicano volvió a tomar posesión del cargo en enero de 1985 tras su contundente victoria sobre el impopular Walter Mondale. La fecha de noviembre de 1984 no es baladí, porque junto con las elecciones presidenciales tuvieron lugar las legislativas para 1985-1987. Ya que Reagan venció al demócrata Mondale, se podría esperar que su partido tomase el control de la Cámara de Representantes; pero, nuevamente, no sucedió así.

La clara victoria presidencial, cargada además de refuerzo hacia la persona de Reagan, no acabó con el periodo de gobierno dividido. De hecho, los demócratas conservaron el dominio en la Cámara de Representantes y mejoraron de forma tímida sus resultados en el Senado. Tal situación se repitió posteriormente, agravándose, de hecho, en las elecciones de noviembre de 1986. Por tanto, en el segundo mandato de Reagan se acentuó la situación de gobierno dividido.

En la tabla numero 1 en la finalización del presente punto, se puede observar que en esas últimas elecciones legislativas los demócratas consiguieron más congresistas en la Cámara de Representantes. Pero no solo eso: un golpe mayor para el Partido Republicano fue la pérdida de la mayoría en el Senado. Debido a este vuelco los republicanos pasaron a ser minoría en ambas cámaras. En cambio, el Partido Demócrata vio reforzada su posición y continuó en la línea de acción seguida desde 1983.

Así pues, el segundo mandato de Reagan se caracterizó por una agudización de la situación de gobierno dividido; la influencia de la Casa Blanca en la agenda legislativa y las iniciativas políticas presidenciales le obligaron a recurrir hasta en una docena de ocasiones al veto: lo aplicó en más de 32 proyectos de ley que se le presentaron provenientes del Congreso para ratificarlos con su firma. Por ejemplo, el presidente utilizó este veto para frenar dos leyes relativas al gasto público durante su segundo mandato y también la Ley de Derechos Civiles, que el Congreso había impulsado con la reticencia clara de los republicanos.

No obstante, la Cámara de Representantes, gracias a la mayoría de dos tercios requerida, logró en tres ocasiones la superación del veto: en las cuestiones de gasto público —que pretendían entre otras cosas una subida de impuestos para cuadrar las cuentas de gastos en defensa— y también en la mencionada Ley de Derechos Civiles; en este caso con el apoyo de los republicanos más moderados, que en el último periodo legislativo de Reagan como presidente se sumaron a los demócratas por temor a perder sus asientos en el Congreso.

Todo ello provocó la desautorización y hasta una cierta humillación pública del presidente. Quizá el mejor ejemplo de la situación alcanzada en este periodo es la citada *Ley Grove City* —denominada en castellano Ley de Restauración de los Derechos Civiles—, impulsada por el Partido Demócrata. Este tipo de leyes chocaban de frente con la ley de equidad impulsada por Reagan en su primer mandato, ya que esta implicaba un importante recorte al *medicare* (el seguro sanitario), posteriormente reformado durante el mandato de Obama. También los recortes en los programas de bienestar social habían sido una constante en la agenda de Reagan, con lo cual la desigualdad social aumentó de forma alarmante durante sus años al frente del Gobierno.

La reacción demócrata, por tanto, y sobre todo a partir de la pérdida del Senado por parte de los republicanos, pretendía revertir esas políticas conservadoras en lo social. Claro está, con la firme oposición del partido rival —que, no lo olvidemos, pretendía reducir de forma drástica la acción del Gobierno federal— y también de una parte de la sociedad estadounidense, que siempre ha visto con buenos ojos el establecimiento de límites y el mantenimiento de un adecuado control de la Administración federal.

Así pues, las leyes de carácter social protagonizaron el segundo periodo legislativo del último mandato de Reagan como presidente. La situación de gobierno dividido en ese periodo se puede calificar como de confrontación total entre el Congreso —de mayoría demócrata en ambas cámaras— y la presidencia republicana de Reagan. Es claro que el presidente no supo rentabilizar en favor de su partido la popularidad de la que gozaba su figura ni sus dos victorias electorales. En cambio, el Partido Demócrata sí aprovechó la oportunidad de controlar la iniciativa legislativa de Reagan centrando la agenda del Congreso en aspectos sociales y de bienestar de la población.

Por tanto, esta segunda etapa de la presidencia de Reagan supuso un cambio respecto a la primera, en la que sí le fue posible negociar gracias a su alianza ideológica y programática con los demócratas sureños. Pero la reacción del Partido Demócrata justo antes de las elecciones legislativas de 1982 y la aparición tras ellas de los demócratas liberales obligaron al presidente a recurrir muchas veces al veto y a enrocarse en sus posiciones. A esto hay que sumar que en las legislativas de 1987 se produjo la pérdida de la mayoría republicana en el Senado, que hasta entonces había servido al presidente para introducir sus iniciativas en el Congreso con la esperanza de poder negociarlas y obtener ciertos acuerdos con la mayoría demócrata de la Cámara de Representantes. En cualquier caso, incluso antes de la pérdida del Senado solo una pequeña parte de la legislación que emanaba del Congreso era del agrado de Reagan, lo cual demuestra que esa institución impuso su agenda legislativa, de carácter fundamentalmente reformista, al margen de los objetivos y prioridades de la presidencia de Reagan.

Por otra parte, efectuaremos a continuación una recapitulación sobre la influencia del gobierno dividido en la presidencia de Ronald Reagan. Para ello enumeraremos las principales cuestiones que esta figura provocó en tal periodo, que abarca sus dos mandatos al frente del Gobierno de los Estados Unidos:

- La "Era Reagan" comienza con una alianza entre republicanos y demócratas sureños, gracias a la cual durante sus dos primeros años de presidencia su agenda presupuestaria y de rebajas fiscales prosperó en gran medida. Esta alianza no fue, sin embargo, perfecta, y la gran mayoría de las leyes aprobadas en dicho periodo fueron iniciativa del Congreso y no impulsadas por los objetivos prioritarios del presidente.

- Hasta las elecciones legislativas de 1987, el Senado permaneció bajo el control republicano. Esto favoreció el hecho de que el presidente utilizase a los senadores de su partido y a la propia cámara para introducir las propuestas legislativas que consideraba fundamentales.

- La reforma en el seno del Partido Demócrata incrementó su coordinación y cohesión interna, sobre todo respecto a sus líderes en el Congreso y el resto de sus congresistas y senadores. Ello se debió a la irrupción de los demócratas liberales, que se oponían de manera frontal a las reformas e iniciativas del presidente Reagan.

- Este vio paralizadas, pues, muchas de sus propuestas y ello le llevó en ocasiones a recurrir al veto como arma de presión y control de la labor del Congreso, dominado ya en los dos últimos años por el Partido Demócrata.

- En paralelo, durante la presidencia de Reagan se dio un incremento importantísimo del gasto en defensa, con el objetivo de contrarrestar la influencia de la Unión Soviética; como consecuencia de ello y de la reducción de impuestos se produjo un aumento del déficit público.

- De todo esto se deriva el hecho de que, de las 32 leyes aprobadas durante el primer mandato de Reagan, solo 12 fuesen prioridades u objetivos personales del presidente republicano.

- El uso del veto presidencial obligó a su vez al Congreso a intentar superarlo en cada ocasión, y de hecho así sucedió sobre todo en el segundo mandato de este presidente, hasta en tres ocasiones: fue el caso de dos leyes de carácter presupuestario y de otra sobre derechos civiles impulsada por los demócratas.

- Por tanto, la situación de gobierno dividido tensó en esa época las relaciones entre Congreso y Presidencia, y ello sucedió de forma constante y progresivamente más intensa desde las elecciones legislativas de 1982 hasta el final del mandato de Reagan.

- Los dos últimos años de Reagan como presidente se produjo un efecto parecido al del movimiento de los demócratas sureños, pero en ese caso en las filas republicanas: con las siguientes elecciones presidenciales y legislativas en el horizonte, los republicanos más moderados se aliaron con los demócratas para impulsar medidas más progresistas o de carácter social, en detrimento de la agenda conservadora y liberal de Reagan.

- Así pues, se generó un enfrentamiento del presidente con un sector de su partido y con el Congreso; para el Partido Republicano, Reagan se convirtió tras su reelección —y en especial en sus dos últimos años en el poder— en lo que en la jerga política estadounidense se conoce como un "pato cojo".

Por tanto, se puede afirmar que la situación de gobierno dividido se dio con plenitud a partir del tercer año de Reagan como presidente, si bien de manera simultánea en la Cámara de Representantes y el Senado no tuvo lugar hasta las elecciones legislativas de 1986, momento en el que el Partido Republicano perdió la mayoría en el Senado. Los republicanos no supieron (o no pudieron) aprovechar lo suficiente uno de los factores que en mayor medida pueden atenuar o incluso superar la situación de gobierno dividido: la popularidad presidencial[87].

En primer lugar, un presidente de los Estados Unidos con altas cotas de popularidad en periodos de gobierno dividido puede favorecer la remontada de su partido en las siguientes elecciones legislativas de medio mandato. Durante los años de gobierno de Reagan hubo dos elecciones de este tipo (en 1982 y 1986) y dos presidenciales y legislativas (1980 y 1984). En ambas presidenciales la victoria de Reagan fue incontestable y, sin embargo, no se tradujo en un mayor peso republicano en ambas cámaras del Congreso; al contrario: en la Cámara de Representantes nunca lograron una mayoría y en el Senado solo en los primeros años y con un margen muy escaso sobre el partido rival.

Además, en las primeras elecciones legislativas de medio mandato que vivió Reagan en el poder (correspondientes a la legislatura 1983-1985), se dio la norma no escrita de que el electorado castigue al inquilino de la Casa Blanca, con lo cual no hubo recuperación republicana en la Cámara de Representantes, aunque sí lograron retener su ajustada mayoría en el Senado. Esto demuestra que no siempre la popularidad del presidente va ligada al éxito de su partido en el Congreso.

Se vio también con claridad en noviembre de 1984 que en Estados Unidos se distingue entre las elecciones presidenciales y las legislativas, puesto que en las primeras la victoria de Reagan fue contundente y, sin embargo —como se expone de forma más detallada en la tabla numero 1 en la conclusión del presente punto—, no hubo correlación entre ese resultado y el del número de congresistas republicanos en la Cámara de Representantes; tampoco respecto al Senado, donde incluso perdieron escaños en comparación con el periodo anterior.

Por tanto, la situación de gobierno dividido se prolongó y en las últimas elecciones legislativas de la presidencia de Reagan incluso se agravó: nuevamente los electores castigaron a su partido y además se dio una circunstancia nueva, la pérdida del control republicano en el Senado. Esto quiere decir que la situación de gobierno dividido se extendió a las dos cámaras del Congreso, con el Partido Demócrata como grupo dominante en ambas. A partir de ese momento el enfrentamiento fue total entre el Congreso y la Presidencia: sin concesiones y sin posibilidad de negociación, cualquier iniciativa presidencial fracasó en el Congreso.

Hemos visto, pues, cómo la situación de gobierno dividido provoca en general la polarización de las posturas de Presidencia y Congreso, lo cual, a su vez, perjudica a la agenda legislativa de unos y otros.

Legislatura	Cámara de Representantes		Senado	
	Republicanos	Demócratas	Republicanos	Demócratas
1981-1983	192	243	53	46
1983-1985	166	269	55	45
1985-1987	181	254	53	47
1987-1989	177	258	45	55

Tabla 1. Secuenciación de partidos mayoritarios y minoritarios durante la presidencia de Ronald Regan. Elaboración Propia

3.2. La influencia del gobierno dividido sobre la presidencia de George H. W. Bush.

El mandato de George Bush padre se inició tras la victoria de este en las elecciones presidenciales de noviembre de 1988; el nuevo presidente juró su cargo en enero de 1989, por un periodo de cuatro años que se extendería, por tanto, hasta enero de 1993. Beneficiado claramente por la popularidad que le generó su condición de vicepresidente y por el apoyo explícito de Ronald Reagan –del que era "sucesor natural"– a su postulación, Bush ganó con facilidad las elecciones de 1988. Por si ello fuera poco, se enfrentaba a un candidato demócrata que se había visto envuelto en acusaciones de "mano blanda" frente al crimen, el exgobernador de Massachussets Michael Dukakis. Así, pese a que el Partido Demócrata controlaba ya ambas cámaras del Congreso desde 1987 —y lo siguió haciendo tras las legislativas del 89—, la hegemonía demócrata en el legislativo no se trasladó a la presidencia del país.

Con todo, Bush Sr. acabó siendo un *"one-term President"*. El mandato del republicano se caracterizó por una fuerte polarización y una situación de gobierno dividido muy clara; esto llevó a una guerra total con el Congreso, a que la labor de Bush como presidente se estancara y a que perdiese en las siguientes presidenciales, las que hubieran supuesto su reelección, frente al joven y hasta entonces desconocido exgobernador de Arkansas, el demócrata Bill Clinton.

Así, el periodo de gobierno de George Bush sénior se caracterizó por el intento de preservar a toda costa el *statu quo* alcanzado por Reagan, así como de frenar las intenciones del Congreso demócrata de revocar las políticas conservadoras y liberales de su predecesor en el cargo. Para ello, Bush se vio obligado a recurrir al veto como herramienta de presión[88] y arma disuasoria en aquellas iniciativas que consideraba más progresistas de las contenidas en la agenda del Congreso. Y el panorama no era nada halagüeño para él: como ejemplo, durante su único mandato no se aprobó ninguna ley lanzada a propuesta suya. Por supuesto, este hecho tuvo importantes consecuencias sobre su tarea de gobierno y se tradujo finalmente en la imposibilidad de lograr la reelección en el cargo.

Lo que se observa en este caso es una institución presidencial con falta de liderazgo por parte de su máximo representante, así como una escasa o nula influencia del mismo en la agenda legislativa federal. En muchos casos la estrategia del presidente fue sumarse a las iniciativas del Congreso y luego intentar moldearlas o adaptarlas a sus intereses; pero casi siempre las concesiones fueron mínimas y acabó optando por la amenaza de veto como medida de presión.

Veremos a continuación cuáles eran las posiciones de partida[89] de demócratas y republicanos durante el periodo de Bush sénior al frente del Gobierno. Por un lado, los demócratas iniciaron ese mandato con la idea de "marcar territorio" y no dejar al presidente ni un atisbo de impulso de su agenda política. Esto fue una respuesta sobre todo a la campaña, ya mencionada, que orquestaron los republicanos en contra del candidato demócrata, Michael Dukakis, al que se acusó de manera intensa en los medios de comunicación de ser excesivamente blando en la lucha contra el crimen durante su época de gobernador. Además, se criticó de él su escaso esfuerzo en pro de la preservación medioambiental, que como sabemos es uno de los pilares de la ideología demócrata.

Esta destructiva campaña provocó las iras de los demócratas, de modo que una vez consumada la derrota de su candidato –la tercera derrota consecutiva en unas presidenciales– buscaron la posibilidad de volcar su venganza en el nuevo presidente empleando la supremacía en el Congreso para frenar cualquier iniciativa por parte de Bush o su partido. En definitiva, la victoria del republicano fue un caramelo envenenado, puesto que trajo consigo ponerse en contra a las dos cámaras del Congreso.

En la tabla numero 2 en la finalización del presente punto, se pueden consultar los resultados exactos (en cuanto a número de asientos de uno y otro partido en cada cámara) de las elecciones legislativas de 1988 y 1990. Respecto a estas últimas, se observa que los demócratas apenas percibieron la presencia republicana en la Presidencia, ya que su tendencia al alza se consolidó en las legislativas de medio mandato, celebradas en noviembre de 1990.

Tras dichas elecciones legislativas, y ante la escasez de respaldo obtenido por el Partido Republicano, los demócratas acusaron al presidente Bush de falta de autoridad en sus políticas y respecto a su agenda legislativa. Se le calificó de "débil" y carente de capacidad política y moral para encauzar la economía y, en general, al país. Según los demócratas, el presidente republicano debió haber sabido sacar partido a su posición de influencia al frente del Gobierno para aumentar el número de escaños republicanos en ambas cámaras, pero como no lo hizo quedó en evidencia su escaso respaldo popular.

A este enfrentamiento constante entre Congreso y Presidencia en los dos últimos años de mandato de Bush padre hubo que añadir la crisis económica que estalló en ese periodo: el aumento del déficit público, unido a la subida del paro y la incapacidad presidencial para imponer una agenda de medidas adecuada para frenar la recesión condujo directamente a que la ciudadanía percibiese a su presidente como incapaz de resolver los principales problemas del país.

El reto número uno del republicano George Bush en su etapa como presidente estaba claro: gestionar la mayoría demócrata en el Congreso y tratar de negociar con ellos; dicha mayoría, además, estaba mucho más cohesionada y era más obediente hacia su partido que aquella a la que se había enfrentado Reagan en sus primeros años en la Casa Blanca. Además, este Partido Demócrata era más agresivo en cuanto a sus propuestas liberales y progresistas, frente a un presidente que pretendía mantener la herencia de su antecesor en lo económico y también en lo social.

No obstante, el presidente no fue el único responsable del fracaso de su administración y de la posterior debacle electoral republicana que cedió ante el empuje de Bill Clinton. De hecho, los inicios de su mandato se caracterizaron por constantes intentos de negociación y por una actitud pragmática en su relación con la mayoría demócrata del Congreso[90]. Bush padre comenzó intentando cooperar de manera estrecha y establecer pactos con sus rivales, ya que no olvidaba los últimos años de Reagan en el poder, marcados por el agrio enfrentamiento con el Congreso.

Pero con el paso de los meses la situación inicial de cooperación derivó hacia la utilización, por parte del presidente, de su principal arma en estos casos: la figura del veto, que le permitía forjar una barrera casi infranqueable ante cualquier proyecto legislativo impulsado desde el Congreso. Pero esto a su vez condujo a una situación prácticamente constante de bloqueo legislativo. Los datos son bastante ilustrativos en este sentido: de las 46 amenazas de veto lanzadas por el presidente Bush, 45 se convirtieron finalmente en veto. Esto da fe de la magnitud de su política de bloqueo a las iniciativas demócratas que no fueran negociadas mínimamente con la Presidencia, en especial las que suponían un aumento del gasto público o las que iban en contra de los principales puntos de la agenda conservadora del Partido Republicano.

En definitiva, las consecuencias del gobierno dividido en la presidencia de Bush sénior fueron no solo marcadas, sino profundamente destructivas, y además se estima que resultaron un factor clave, junto a la crisis económica, para la posterior derrota de éste frente al demócrata Clinton en las presidenciales de 1992.

Ahora bien, hubo también ciertas situaciones durante el gobierno de Bush que no generaron enfrentamiento con los representantes demócratas en el Congreso, sino con el ala más conservadora de su propia organización. Nos referimos a algunas de las cesiones de Bush hacia el Partido Demócrata, que provocaron un rechazo total en los sectores más a la derecha del Partido Republicano, defensores del liberalismo económico extremo y de los valores más tradicionales de la nación. Evidentemente, esta circunstancia perjudicó aún más las posibilidades de reelección de un presidente que necesitaba el apoyo de su partido para ello, y no que se le considerase un "pato cojo".

Los miembros de dicho sector, que se puso en contra de Bush, defendían a capa y espada las medidas impulsadas por el anterior presidente, Reagan, sobre todo respecto a la bajada de impuestos, y veían cualquier retroceso en los ámbitos presupuestario y fiscal como una derrota inasumible para el Partido Republicano. De modo que las concesiones a las que se vio obligado el presidente —centradas justo en la subida de impuestos con el objetivo de cuadrar las cuentas públicas y también de reasignar un mayor gasto a partidas sociales y menos a defensa— provocaron un duro enfrentamiento entre la facción republicana más conservadora y su presidente.

No hay que olvidar que las acciones de Bush en este ámbito supusieron la ruptura de algunas de sus promesas electorales —no más impuestos, no al aumento de la presión fiscal—, lo que generó descontento e incomprensión entre los miembros más conservadores de su partido. Se acusó al presidente de incumplir su palabra, pero a Bush no le quedaba otro remedio que ceder —como en cualquier negociación, y más aún en una situación tan extrema de gobierno dividido— para poder poner en práctica a cambio otras medidas y que así su programa político, con el que había concurrido a las elecciones presidenciales, no resultara un completo fracaso.

En resumen, por un lado y por otro Bush recibió presiones para posicionarse más cerca de los demócratas o de los republicanos, por lo que su situación llegó a ser muy delicada. En paralelo, la primera Guerra del Golfo marcó un punto de inflexión tras su primer bienio como presidente; en aquella ocasión, el mandatario no supo aprovechar para el avance de su agenda política domestica los altísimos niveles de popularidad que le proporcionó su papel como comandante en jefe y, por tanto, su intervención directa en ese conflicto bélico con Irak. Cosa que habría que decir también en relación con la definitiva desaparición del viejo adversario soviético, acaecida a finales de 1991, y por lo tanto durante su mandato. Evidentemente, su problema fue no saber trasladar esos éxitos en política internacional a la política nacional y así eclipsar las iniciativas legislativas demócratas. Con ello perdió una oportunidad única para fortalecer su posición e influir de una manera más decisiva en la agenda legislativa del Congreso.

Este constante enfrentamiento entre Presidencia y Congreso condujo a que la etapa de Bush padre como presidente haya sido calificada como una de las menos exitosas[91] del último medio siglo en Estados Unidos, en términos legislativos y de la importancia del papel presidencial en la aprobación de las leyes.

Como ya hemos visto, la amenaza del veto se convirtió en la única arma de Bush capaz de arrancar a los demócratas ciertas concesiones, y aun así las únicas iniciativas legislativas que salieron adelante en ese periodo fueron demócratas. En definitiva, el mandato de Bush sénior al frente de los Estados Unidos resultó bastante decepcionante para su propio partido.

Además, de las catorce principales leyes aprobadas durante su mandato, solo dos corresponden a los dos primeros años que Bush estuvo al frente del Gobierno; los más fructíferos, por tanto, sobre todo el primero. Y esto gracias a las concesiones y pactos ya mencionados con los demócratas, además de la estela de popularidad que obtuvo tras su elección y que le sirvió al menos de impulso inicial hasta las legislativas de medio mandato.

Un ejemplo de ley que en parte se puede atribuir al apoyo presidencial es la del salario mínimo: si bien fue iniciativa del Partido Demócrata, Bush también demostró su buen hacer en el desarrollo de la misma. Mediante esta ley se intentaba mejorar la situación de los trabajadores autóctonos menos cualificados y de escalas más bajas. Pero la que se puede calificar de auténtico éxito personal de este presidente es la llamada Ley del Ahorro, o de Rescate.

El propósito de dicha ley era reforzar la capacidad del Departamento del Tesoro para salvaguardar los fondos y depósitos bancarios de los ciudadanos estadounidenses mediante la dotación de una partida presupuestaria específica para eventualidades, así como a través del establecimiento de mecanismos de control más estrictos para la regulación del sistema financiero y bancario del país. Es decir, la Ley del Ahorro fue la única excepción a la tendencia general legislativa de ese periodo, caracterizado por la influencia de un Congreso de mayoría demócrata. Pero, de manera general, la estrategia de Bush consistió, como hemos dicho, en recurrir al veto. Esta herramienta, aunque puede resultar útil de manera puntual, también es un arma de doble filo, porque dibuja al presidente ante la opinión pública como un obstáculo para el desarrollo legislativo, es decir, como un obstruccionista. Aun así, Bush sénior utilizó el veto presidencial (o la mera amenaza del mismo) en numerosas ocasiones.

Y es que, ante una situación generalizada de falta de rédito legislativo presidencial, no hay otra salida para el máximo mandatario que intentar sacar provecho a la agenda del partido rival. Así, desde el equipo de Presidencia en la etapa de Bush se intentó que éste hiciera suyas determinadas iniciativas demócratas. Un buen ejemplo es la Ley de Discapacidad y contra la Discriminación, que tenía el objetivo de proteger a las personas con discapacidad (*Americans with Disabilities Act of 1990*), colectivo aún discriminado en muchos ámbitos de la vida. Esta ley se centraba también en la mejora del acceso a los servicios públicos por parte de estas personas; es decir, en la garantía de unos servicios públicos accesibles y no diferenciados respecto al resto de la ciudadanía.

Pero, de forma general, el George H. W. Bush fracasó en el intento de hacer propias estas iniciativas y siguió apareciendo ante la opinión pública como una figura débil, incapaz de llevar adelante propuestas propias e incluso de establecer acuerdos con sus rivales. Tal visión se intensificó tras las elecciones legislativas de medio mandato, momento en el cual el presidente quedó ya deslegitimado popularmente. Las mínimas concesiones del Partido Demócrata no pudieron siquiera ser utilizadas por él ni por su equipo de comunicación como estandarte de los logros de su periodo presidencial.

La insistencia en el uso del veto llevó a Bush padre a convertirse en el primer presidente de los Estados Unidos en paralizar una ley de derechos civiles; no por estar en contra de su existencia, sino para poder presentar como alternativo su propio proyecto de ley. Este es un caso en el que la influencia del gobierno dividido se percibe con claridad: el presidente trató de hacer valer su proyecto frente a la propuesta del Congreso —que había surgido, claro está, de la mayoría demócrata y que, por tanto, poco tenía que ver con el propio—. En la mayoría de los casos de este tipo se establece un juego de presiones y concesiones encaminado a imponer el criterio presidencial por encima del sostenido por el Congreso.

No obstante, fue finalmente la Ley de Derechos Civiles impulsada por el Congreso la se aprobó en 1991 como consecuencia sobre todo de la falta de apoyo suficiente en sus órganos para la alternativa patrocinada por el presidente. Eso no había sido obstáculo en otras circunstancias —como el caso ya mencionado de Reagan, que logró una coalición con los demócratas sureños—, pero durante su periodo como presidente el republicano Bush sénior se topó con una cohesión interna demócrata casi desconocida hasta la fecha y producto, en parte, de lo sucedido durante el gobierno de Reagan.

En definitiva, la Ley de Derechos Civiles demócrata iba mucho más allá que la republicana en aspectos como la prohibición de cualquier discriminación por razón de sexo, etnia, religión o nacionalidad. Era lógico que fuera así, ya que otro de los pilares de la ideología demócrata es la lucha contra la discriminación de las minorías, sean del origen que sean.

Al final, el presidente Bush no halló los mecanismos adecuados para hacer valer su posición y acabó ratificando la *Civil Rights Act of 1991,* que poco tenía que ver con su propuesta.

Así, con esa sucesión de batallas perdidas en el campo legislativo, la lealtad del Partido Republicano hacia su máximo representante empezó a decaer; se le veía débil e, incluso, entre los más conservadores, como un traidor a las tesis más tradicionalistas del partido y alguien que había incumplido su palabra por pactar con los demócratas ciertas subidas de impuestos en vez de aplicar los recortes previstos, más lógicos para un mandatario republicano. En resumen, sus compañeros de partido acusaron a George H. W. Bush de ceder al rival demasiado espacio legislativo y, por tanto, de reforzarlo de cara a las elecciones legislativas de medio mandato y posteriormente a las presidenciales.

Pero es que Bush se enfrentaba a una situación delicada sobre todo en el campo presupuestario: si quería evitar el cierre de la Administración por falta de fondos, era imprescindible pactar con los demócratas los presupuestos federales. En tal estado de debilidad parlamentaria y legislativa, un cierre de la Administración se podría atribuir precisamente a la inacción del presidente.

Vistos globalmente, aquéllos fueron unos presupuestos restrictivos, pero menos de lo esperado por el ala más conservadora del Partido Republicano. Por ejemplo, se recortaba la partida económica para el programa médico estatal, el *Medicare,* pero no en los términos que los republicanos hubieran deseado. En cualquier caso, esta medida concreta fue aceptada a regañadientes por los demócratas, que la consideraban simplemente una concesión para evitar el veto presidencial. Por otro lado, Bush se vio obligado a subir determinados impuestos especiales, como los del tabaco, el alcohol, la gasolina y los billetes de avión, para así hacer frente al gasto público sin otros recortes, previstos pero no aplicados, y controlar mejor un déficit público que se había desbocado y que, unido a la recesión económica, podía ser mortal para el país.

Pero en general ni demócratas ni republicanos quedaron satisfechos en el ámbito presupuestario, debido precisamente a la situación de gobierno dividido, que suele obligar a ambas partes a negociar y ceder en algún grado. Desde la perspectiva del ala más conservadora del Partido Republicano, el presidente Bush cedió demasiado a los demócratas y así estos marcaron la línea a seguir en la política presupuestaria durante su mandato.

Un ejemplo de esta línea es la propuesta demócrata de aumento de los impuestos, lógicamente centrada en las clases más adineradas del país, en contraposición a la bajada generalizada que pedían los republicanos con independencia del nivel de renta. Esto, como hemos dicho, supuso a la postre un duro golpe a la credibilidad presidencial, ya que durante la campaña electoral había prometido no subir los impuestos. Después, y a raíz de la pérdida de las legislativas de medio mandato (para la legislatura 1991-1993), [92] el Partido Republicano responsabilizó a su presidente de dicha derrota a causa de su incoherencia legislativa en cuestiones económicas.

Como hemos visto, los recortes afectaron al *Medicare* —predecesor del llamado "Obamacare"—, una de las tradicionales obsesiones programáticas de los republicanos; pero no solo a él, también a otros programas sociales, si bien el Partido Demócrata salió victorioso ante la opinión pública al lograr que los recortes previstos en el programa presidencial, mucho más intensos, se redujeran considerablemente en la práctica. Y este fue uno de los aspectos que le reprocharon a Bush desde las filas republicanas: no saber gestionar un empate y, por tanto, convertirlo en una derrota legislativa a ojos de la ciudadanía.

En resumidas cuentas, la presidencia de Bush padre resultó bastante frustrante para él y bastante compleja en lo tocante a la producción legislativa y la colaboración de poderes. El avance de la agenda liberal progresista de los demócratas, por un lado, y su incapacidad para contrarrestar ese empuje en el campo legislativo, por otro, le llevaron a recurrir demasiado al veto presidencial —lo empleó, de hecho, cuatro veces más que Nixon— y a ser visto por la opinión pública como un obstruccionista.

Por su parte, los demócratas hallaron en esta coyuntura el escenario ideal para sus intereses electorales: un presidente acorralado en lo legislativo, sin capacidad de reacción política, con un liderazgo débil y acosado popularmente, que presagiaba un cambio de rumbo en las inminentes elecciones presidenciales. La agenda demócrata no encontró freno, el presidente tuvo que transigir con la aprobación de muchas medidas de carácter social para evitar perder aún más popularidad, y todo ello acabó de persuadir a una buena parte del electorado de que era deseable volver a una situación de gobierno unitario con la mayor celeridad posible.

Además, en ese periodo los representantes demócratas volvieron la vista a sus circunscripciones electorales como nunca antes lo habían hecho: se tomaron medidas encaminadas a satisfacer a sus electores sin temor a ser castigados por ir en contra del presidente —cuya popularidad, no lo olvidemos, había crecido tras la Guerra del Golfo. Porque, a la postre, la recesión económica combinada con la incapacidad presidencial para impulsar su agenda legislativa en su último bienio de mandato hizo inútil dicha popularidad y lo llevó a perder la reelección de forma clara ante Bill Clinton.

En resumen, la presidencia de George Bush padre se puede definir como de un bloqueo constante, de un enfrentamiento continuo con el Partido Demócrata y, sobre todo, de una influencia enorme (y desde el minuto uno) del gobierno dividido, lo que generó unas relaciones muy incómodas entre los poderes legislativo y ejecutivo, o, lo que es lo mismo, entre el presidente republicano y el Congreso de mayoría demócrata.

Es posible afirmar, pues, que desde un principio la presidencia de George Bush padre estuvo marcada por una fuerte influencia del gobierno dividido, lo cual impidió avanzar la agenda legislativa presidencial y, por ende, republicana. En los inicios de su mandato hubo ciertos intentos de acercamiento y negociación con un Congreso de mayoría demócrata que había logrado una alta cohesión interna. Pero todos venían de una campaña presidencial marcada por las acusaciones hacia el candidato demócrata, lo cual no favoreció en absoluto tales negociaciones. Si añadimos a ello la falta de habilidad del presidente Bush para aprovechar su popularidad a raíz de acontecimientos como la Guerra del Golfo y su carencia de empuje en ciertos ámbitos legislativos, se puede entender perfectamente que su periodo como máximo mandatario de los Estados Unidos fuera desde el comienzo una etapa de bloqueo y de confrontación entre el Congreso y la Presidencia.

Legislatura	Cámara de Representantes		Senado	
	Republicanos	Demócratas	Republicanos	Demócratas
1989-1991	175	260	45	55
1991-1993	167	267	44	56

Tabla 2. Secuenciación de partidos mayoritarios y minoritarios durante la presidencia de George H. Bush. Elaboración Propia

3.3. La influencia del gobierno dividido sobre la presidencia de Bill Clinton

La llegada al poder del demócrata Bill Clinton se produjo como consecuencia de su victoria en las presidenciales de noviembre de 1992. El joven exgobernador de Arkansas llevaba consigo un programa de cambio e ilusión que frustró la reelección del presidente en ejercicio, George Bush padre. Éste, como se ha expuesto en el epígrafe anterior, afrontó su presidencia en medio de un contexto de gobierno dividido que no le puso las cosas nada fáciles. Ese y otros factores (de índole económica, fundamentalmente: recuérdese el archiconocido "*It's the Economy, stupid!*") facilitaron a los demócratas recuperar la Casa Blanca después de más de una década en la que había estado ocupada por el Partido Republicano, mientras mantenían su ya dilatad control del Congreso. Así pues, los comienzos de Bill Clinton como presidente se caracterizaron por una diferencia fundamental respecto a su antecesor: no existía una situación de gobierno dividido. Y es que las elecciones de noviembre de 1992 produjeron de forma simultánea a la elección del candidato demócrata a la Presidencia una mayoría demócrata obtuvo tanto en la Cámara como en el Senado, cuyos detalles pueden consultarse en la tabla numero 3[93] en la conclusión del presente punto.

Así las cosas, se podría esperar una primera mitad de mandato plácida para el flamante nuevo presidente. Pero la realidad fue que a Clinton le iba a costar, y mucho, entenderse con su propio partido. [94]Esto se debió sobre todo a que basó su campaña en la presunción de que se trataba de un *outsider*, que iba a establecer un mayor control sobre el *establishment* de Washington, posición que ha sido empleada en diferentes momentos por otros candidatos presidenciales de ambos partidos y que resulta mucho más útil para lograr ser elegido que para gobernar con tranquilidad. Por este motivo empezó a ser pronto visto con suspicacia dentro de las filas demócratas, de una parte por los sectores más conservadores del partido, que lo veían como excesivamente renovador; y por otro lado por la facción más a la izquierda de su partido, que lo percibía como poco ambicioso en materia social.

Un claro ejemplo del fracaso de Clinton a manos de su propio partido fue su ansiada reforma del sistema sanitario, una de las controversias más relevantes entre demócratas y republicanos, y que se repite elección tras elección, legislatura tras legislatura y mandato tras mandato de sus diferentes presidentes. La reforma se truncó en la votación de un Congreso dominado por los demócratas, lo que demuestra la complejidad de un sistema sanitario que divide a la ciudadanía: para unos la garantía de atención sanitaria pública es un despilfarro y para otros su única posibilidad de salvación frente al libre mercado de los seguros privados. Los demócratas siempre lo habían percibido como un sistema pendiente de reformar y ampliar para dar cobertura a las clases más bajas. Y este presidente en concreto estaba muy concienciado al respecto y presentó una agenda de cambio ambiciosa y, sobre todo, con la promesa de cumplirla. Pero su iniciativa se dio de bruces con la realidad, lo que resulta más complejo de entender teniendo en cuenta que el control del Congreso lo ejercía su propio partido.

Así pues, tras dos años de gobierno teóricamente unitario marcados por la fracasada reforma del sistema sanitario y de todo el sistema de precios, llegaron las elecciones legislativas de medio mandato en noviembre de 1994. En ellas, y pese a la aceptación general de la que gozaba Clinton, se volvió a cumplir la regla no escrita según la cual la popularidad presidencial no va ligada a lo que ocurra con su partido en el Congreso: los resultados fueron una pérdida de escaños demócratas en la Cámara de Representantes, suficiente para que esta pasara a estar controlada por los republicanos tras más de cuatro décadas de signo demócrata dominante. El *Contrato con América* del republicano Gingrich impulsó el legado de la revolución conservadora de Reagan. En el Senado sucedió lo mismo, regresó el poder republicano. El detalle de estos resultados está incluido en la tabla numero 3 en la finalización del presente punto.

Aquel vuelco electoral volvió a otorgar el control total del Congreso al Partido Republicano, con lo cual los Estados Unidos regresaron una vez más a la situación de gobierno dividido, caracterizada esta vez por el empuje republicano gracias a su *Contrato con América*;[95] este contenía una serie de reformas legislativas para implementar de forma inmediata y que hicieron saltar la alarma en la Casa Blanca.

Se podía esperar que en la legislatura 1995-1997 el presidente demócrata sufriera una situación similar a la vivida por su antecesor republicano. Pero en realidad la capacidad negociadora y la inteligencia política de Clinton fueron mayores que las de Bush.[96] En cualquier caso, la ola conservadora devastó al Partido Demócrata, que se vio superado por un programa republicano muy cohesionado, que contenía reformas que los electores norteamericanos llevaban años demandando. Y, sobre todo, surgió el fuerte liderazgo del congresista Newt Gingrich, que llegaría a convertirse en una suerte de primer ministro en su cargo de presidente de la Cámara de Representantes, y que en ocasiones llegó a eclipsar al mismísimo presidente de los Estados Unidos. En cambio, la situación no se extendió al Senado, órgano que presenta unas reglas de funcionamiento basadas más bien en la unanimidad o, cuando menos, la búsqueda de consensos sustanciales.

Así, aunque en una primera etapa de la presidencia de Bill Clinton éste no se enfrentó a una situación de gobierno dividido, la convivencia política fue ciertamente difícil, con la salvedad de ciertos aspectos —como los presupuestarios y fiscales o los de bienestar social— en los que había coincidencia y acuerdo entre el presidente y su partido. A partir de 1995, ya con el Partido Republicano hecho fuerte en el Congreso y con Clinton pendiente de poner en práctica gran parte de sus promesas electorales —algunas muy ambiciosas y de gran calado—, el vuelco que trajo consigo el *Contrato con América* generó nuevamente un gobierno dividido de especial intensidad. Volvamos otra vez con brevedad sobre este programa político, ya descrito en capítulos anteriores.

Aunque el *Contrato con América* se introdujo con fuerza y muy rápidamente en la Cámara de Representantes gracias a su impulsor, Gingrich, se topó no obstante con la reticencia del Senado, tanto por parte de su líder como de los senadores republicanos. Y también, por supuesto, con la oposición y el freno de la Casa Blanca. El presidente Clinton no podía consentir que le fueran marcadas las líneas de actuación desde un Congreso republicano y, para evitarlo, se valió de instrumentos y acciones políticas más audaces que las empleadas por Bush.

En primer lugar, aprovechó su popularidad para intentar apropiarse de muchas de las medidas republicanas, adelantándose a ellos en algunos casos y negociando en otros. Todo esto con la finalidad de ser considerado un centrista, un político moderado capaz de llegar a acuerdos con sus adversarios. Pero algo así habría sido imposible sin contar con una unidad demócrata en ambas cámaras del Congreso. La misión fundamental del Partido Demócrata era entonces demostrar que la agenda republicana era extremista o radical, y que no beneficiaría ni a las clases medias ni a las populares del país, sino que los haría regresar a la era de la desigualdad de Reagan.

Sin embargo, no todo fueron buenas palabras y relaciones cordiales entre el presidente demócrata y su partido. Para algunos el problema fueron las medidas impulsadas por Clinton con el consentimiento del partido en el Congreso. Una de las más controvertidas fue la de dejar servir en el ejército a las personas homosexuales; esto llevó a muchos demócratas de corte conservador a virar su posición hacia el apoyo a candidatos del Partido Republicano, logrando con ello que el Partido Demócrata perdiera parte de su electorado más conservador. Otra propuesta legislativa de Clinton que contó con el apoyo de su partido durante la etapa de gobierno unitario fue el denominado Tratado de Libre Comercio de América del Norte (conocido como TLC por sus siglas en castellano, o NAFTA por sus siglas en inglés). Se trataba de una apuesta personal del presidente por potenciar el intercambio comercial con sus vecinos del norte y del sur, Canadá y México. Pero provocó que los republicanos más conservadores lo vieran como una apertura de su país a los productos más baratos de esas otras naciones que desprotegía a los productores estadounidenses. Ya la ratificación del tratado fue uno de los principales retos del Gobierno de Clinton, e incluso más recientemente su renegociación fue un problema para la presidencia de Trump.

Ya en el segundo bienio de su primer mandato, y también en el segundo periodo de cuatro años como presidente de los Estados Unidos, Clinton convivió con el gobierno dividido y tuvo que relacionarse mucho con el congresista Gingrich; este tenía una relación especial con él y lo consideraba un gran adversario y un fuerte rival a batir para recuperar la presidencia para los republicanos, puesto respecto del que Gingrich no ocultaba sus intenciones, y al que a la postre se acabaría postulando, sin éxito. El *Contrato con América* que Gingrich impulsó se basaba en los siguientes puntos:

- Un presupuesto equilibrado, fin que se perseguía desde los tiempos de la presidencia de Reagan. El déficit público no era un tema menor para el Partido Republicano y, en su opinión, el control y la reducción del gasto del Gobierno federal resultaban fundamentales para minimizarlo en un país como Estados Unidos, la primera economía del mundo.

- La reducción de las subvenciones orientadas al mantenimiento del Estado del bienestar y su sustitución por sistemas privados, desde su punto de vista más eficientes y controlados por la Administración. Una de las prioridades republicanas suele ser que la actividad privada supla a la Administración de manera más económica y eficiente.

- En línea con el resto de la reforma presupuestaria y fiscal, la bajada de los impuestos. Este sigue siendo tema central para los republicanos, como demuestra la reciente reforma fiscal de Trump. Según las líneas del *Contrato con América*, solo unos impuestos bajos podían hacer crecer la economía del país —a través del fomento del empleo y la inversión de las empresas, por ejemplo— y lograr que la ciudadanía gastase más. Esto, unido a la reducción de gastos del Gobierno federal, reduciría el déficit público.

- Una de sus medidas más controvertidas era la que tenía que ver con la lucha contra la delincuencia y, en particular, contra el crimen organizado, sobre todo en aquellos distritos con altos índices de delitos. Las acciones previstas en este sentido eran el aumento de las detenciones, la eliminación de ciertos derechos de los detenidos y la imposición de penas más duras, garantizando así en su opinión que el crimen estuviera más perseguido y más castigado. Es lo que se conoce como "mano dura" al crimen organizado, como única alternativa al aumento de efectivos policiales o a los intentos de negociación.

La velocidad que imprimió Gingrich al *Contrato con América* nunca antes se había visto en el Congreso de los Estados Unidos. Las propuestas legislativas eran aprobadas una tras otra en la Cámara de Representantes, pues era fundamental para ellos no traicionar la palabra dada a sus electores; de hacerlo, serían considerados un partido poco fiable y lo más probable era que los castigaran en las siguientes elecciones, que además coincidían con las presidenciales, su gran objetivo. No obstante, Gingrich se topó no solo con la oposición del presidente, sino también con la de sus propios compañeros de partido en el Senado. Esto se debió, aparte de a lo ya mencionado —un funcionamiento de este órgano basado en la unanimidad—, al hecho de que, como también se dijo en capítulos anteriores, cada senador representa los intereses de su estado respectivo y en esa ocasión no entendían las prisas y frenaron muchas de las leyes hasta obtener un proyecto más detallado que pudieran modificar, en ocasiones en colaboración con otros senadores demócratas. Adicionalmente, el líder republicano de esta cámara tampoco veía con buenos ojos algunas de las medidas contempladas en el *Contrato con América*.

Ante esa situación, el presidente Clinton puso en marcha en un primer momento la estrategia básica de cualquier presidente enfrentado a un gobierno dividido, esto es, el acercamiento al *speaker of the House* y los intentos de negociación. Pero los republicanos se sentían fuertes y con poder suficiente para marcar al presidente el camino legislativo. De este modo, las discrepancias en temas presupuestarios —sobre todo los referidos a recortes en programas sociales y a la reducción de impuestos— fueron insalvables y la situación desembocó en dos cierres de la Administración por la incapacidad de ambas partes para ponerse de acuerdo en los presupuestos federales.

Por tanto, la estrategia[97] seguida por el presidente Clinton fue más acertada que la de su antecesor en el cargo, George Bush sénior. El demócrata utilizó también en ocasiones el veto (o su mera amenaza) para fomentar la negociación y arrancar a los republicanos ciertas concesiones. Así, consiguió que las reducciones de los programas sociales fueran menores, pero a cambio tuvo que admitir la bajada de los impuestos; una de las consecuencias fue que el déficit no se redujo en los parámetros a que aspiraban los republicanos.

Otro de los instrumentos empleados por Clinton fue algo muy básico, pero a la vez muy astuto: adelantar a su adversario político en la iniciativa legislativa. Es decir, asumir como propias algunas leyes que el Congreso pretendía aprobar y, de este modo, lograr ser visto como un buen jefe de Estado, garante del entendimiento en el sistema bipartidista de los Estados Unidos.

Pero, aun con tales estrategias en marcha, la realidad no fue como la Presidencia esperaba: de las 14 leyes más relevantes aprobadas en ese periodo, solo cinco podrían ser calificadas como prioridades presidenciales. Por tanto, su agenda legislativa no se pudo implementar ni como él hubiera querido ni a la velocidad adecuada de cara a la reelección.

No obstante, Clinton hizo de la necesidad virtud y sacó todo el partido posible a su cargo y a lo aprendido de sus antecesores. En este sentido, admitió varias propuestas del controvertido *Contrato con América* con el objetivo de hacer suyos determinados aspectos de las mismas y adaptarlos a sus propios fines legislativos, como ya se ha dicho. Ante el caos que supone el cierre de la Administración —que se produjo, no lo olvidemos, dos veces en ese periodo—, la estrategia de Clinton fue clara: ganarse a la opinión pública. Para ello, una vez que logró ser percibido como la víctima del obstruccionismo republicano, hizo una declaración solemne en la que solicitó al Congreso unos presupuestos equilibrados, justo en la línea de lo defendido por sus rivales. De este modo dejó al otro partido sin iniciativa política y forzado a una negociación en la que él contaba con el apoyo de la sociedad estadounidense.

En medio de este proceso de negociación la Presidencia y el Partido Demócrata ofrecieron un recorte considerable en numerosas partidas a cambio de que se mantuviera el incremento presupuestario en educación y medioambiente. A los republicanos no les quedó otro remedio que aceptar, con la salvedad de que consideraban que la contabilidad presentada por los demócratas no era del todo fiable. No obstante, la presión general, tanto del partido rival como de la institución presidencial y de su propio partido ante la pérdida de la batalla de la opinión pública, les hizo ceder y acabar aceptando esos presupuestos.

Otro de los puntos de conflicto del gobierno dividido durante los dos mandatos del demócrata Clinton fue el del Estado del bienestar. Durante sus primeros dos años como presidente no pudo aprovechar la situación favorable que le otorgaba el gobierno unitario para llevar a cabo las medidas previstas en este sentido. No fue hasta el discurso del estado de la Unión pronunciado tras su segundo año de mandato —y ya ante un Congreso de mayoría republicana— cuando mencionó esta reforma como una de sus prioridades políticas.

Previamente, Clinton había vetado hasta en dos ocasiones las iniciativas republicanas en este campo, contenidas en el *Contrato con América*, al no considerarlas adecuadas para la línea demócrata. Finalmente se produjo un pacto, como ya hemos señalado, que implicaba recortes en ciertas partidas pero que mantenía otras de modo que las clases más desfavorecidas no se vieran afectadas.

Esta reforma del Estado del bienestar se consideró una victoria tanto para el presidente Clinton como para el Partido Republicano, si bien los recortes que el primero consiguió frenar fueron percibidos dentro del partido rival (en especial por su facción más conservadora) como una concesión demasiado grande al presidente demócrata y, sobre todo, como una traición a los valores más tradicionales defendidos por este partido, que recordemos que siempre aboga por el autocontrol privado y la oferta individual como ejes fundamentales de la sociedad del bienestar.

Pero la situación de gobierno dividido se dejó sentir también en esa etapa de forma intensa en la agenda legislativa nacional, ya que, al igual que le sucedió anteriormente al republicano Bush sénior, el demócrata Clinton se mantuvo en general al margen de las iniciativas impulsadas por el Congreso. Algunas de estas propuestas legislativas –especialmente centradas en materias medioambientales– fueron:

- La Ley de Pesticidas, que regulaba su uso por parte de los agricultores; esta ley es de gran importancia en un país donde la agricultura, sobre todo en el centro, es un motor económico y de empleo fundamental.
- La Ley para la Regulación de las Aguas Potables: en determinados estados, como California, el agua potable es escasa y por tanto un bien muy preciado. La reutilización y la desalación están a la orden del día en muchos de estos territorios, que también en gran parte son de dominio público.
- La Ley de Telecomunicaciones y del Sector Audiovisual.

No obstante, como decíamos, el presidente Clinton puso en práctica también la estrategia de absorber o hacer suyos ciertos elementos del *Contrato con América*, en especial aquellos que satisfacían a su electorado más conservador y al mismo tiempo no comprometían su popularidad entre los centristas o incluso los más progresistas. Buen ejemplo de ello son estas dos medidas:

- La relativa al control o rendición de cuentas del Congreso. Este es uno de los grandes problemas nacionales para muchos ciudadanos estadounidenses: el Congreso se considera un gran agujero de dinero público, por lo que de manera constante se reclama una reforma de esta institución que lleve a un mayor control de los gastos de personal, de senadores y congresistas y sobre todo de los *lobbies*. En la estrategia de Clinton figuraba el movimiento anti *establishment* iniciado por el independiente Ross Perot; en la actualidad podemos observar propósitos similares en el movimiento que aupó a Trump a la presidencia, y en un pasado reciente en el *Tea Party*, también dentro del Partido Republicano. La reforma del Congreso figuraba, pues, asimismo en el *Contrato con América* y Clinton supo aprovechar la inquietud de la opinión pública al respecto para hacerla suya.
- La de reforma de las misiones de las Naciones Unidas, de modo que el reparto de la carga fiscal o de financiación de las mismas fuera más equitativo. Se trata de otro de los tradicionales "puntos calientes" de reclamación de la ciudadanía, junto con la contribución de este país a la OTAN.

Por otra parte, hubo también ciertas propuestas del presidente Clinton que fracasaron ante el muro republicano del Congreso; fue el caso de la tradicional reforma migratoria, con la que pretendía la regularización de miles de inmigrantes ya asentados en el país y con descendencia nacida en los Estados Unidos. Desde la presidencia de Clinton esta cuestión ha resurgido en cada periodo legislativo, y es que para los demócratas es una prioridad, en parte debido a que la población hispana es uno de sus graneros de votantes y, por tanto, un apoyo a sus posibles victorias futuras.

Clinton presentó ante el Congreso un plan migratorio y se encontró con la frontal oposición del Partido Republicano, lo que llevó a esta iniciativa a fracasar con estrépito; únicamente logró ciertas concesiones que los republicanos consideraban necesarias también, como el refuerzo de las patrullas fronterizas o la construcción de tramos de muro en la frontera con México. Es curioso que este tipo de medidas, que en la actualidad son un tema candente, se iniciaran durante el mandato de un presidente demócrata.

La situación se prolongó también tras la reelección de Clinton para un segundo mandato en noviembre de 1996. En aquellas elecciones, pese a la victoria demócrata, el partido no recuperó el control del Congreso. Los resultados exactos obtenidos por cada partido en los diferentes comicios celebrados durante la presidencia de Bill Clinton se pueden consultar en la tabla numero 3 en el final del presente punto.

Así pues, la situación de gobierno dividido se prolongó y asentó durante el segundo periodo[98] de Clinton en el poder, desde 1997 hasta 2001. Y a estas dificultades provocadas por la convivencia entre un presidente demócrata y una mayoría republicana en el Congreso hay que añadir el dato adicional del profundo enrarecimiento del clima político estadounidense como consecuencia del escándalo de la becaria de la Casa Blanca y el posterior intento de *impeachment* a Clinton —ya analizado en el capítulo correspondiente del presente trabajo de investigación—. Esto no favoreció en absoluto las relaciones entre Presidencia y Congreso, si bien el escándalo y la frustrada destitución presidencial reforzaron la figura de Clinton frente al líder republicano en la Cámara de Representantes, Newt Gingrich, que había visto en esa situación una magnífica oportunidad para quitarse de en medio a su rival.

Por tanto, debido a la influencia del gobierno dividido durante seis de sus ocho años como presidente de los Estados Unidos, el demócrata mantuvo posturas ambiguas ante ciertas iniciativas legislativas ajenas a su programa e impulsadas por el Congreso. Así, por ejemplo, en cuanto a la iniciativa republicana de reforma agraria, que incluía recortes en los subsidios destinados a este sector, los demócratas no pudieron impedir su aprobación, pero prometieron derogar la ley republicana si recuperaban el control del Congreso en las siguientes legislativas. De este modo se ganarían el favor de la población de los estados centrales del país, cuya economía se basa de forma importante en la agricultura.

Por otro lado, como ya se ha visto a lo largo de este punto, el Partido Republicano logró la casi total implementación de las medidas del *Contrato con*

América, sobre todo en su primer año de existencia y en gran parte gracias a la celeridad de la Cámara de Representantes. No obstante, hubo algunos casos en los que las iniciativas se atascaron en el Senado debido a las reticencias de los propios senadores republicanos y de su líder en este órgano. En cualquier caso, el *Contrato con América* logró materializarse casi al completo, a excepción de una enmienda constitucional, lo cual es lógico teniendo en cuenta que para que esta llegue a producirse se requieren mayorías reforzadas y cualificadas, no alcanzables por los republicanos sin el apoyo demócrata. Y, por supuesto, estos últimos no estuvieron por la labor de dar ese apoyo, en gran medida como mecanismo de castigo por el ninguneo al que habían sido sometidos en el Congreso y el que había sufrido su presidente al presentar ciertas propuestas legislativas.

Clinton, por su parte, utilizó el veto, así como las revisiones y anotaciones de disconformidad, como ya hemos expuesto, en leyes que tenían que ver con temas presupuestarios, de bienestar y medioambientales; de este modo consiguió ciertas concesiones del lado republicano que pudo vender como logros legislativos propios, además de conseguir que se le viera como un presidente capaz de llegar a acuerdos con el partido rival. En este sentido es muy importante la estrategia de ratificar una ley aclarando que no se comparten ciertos aspectos de su contenido, pues sirve (sobre todo de cara al propio electorado) para que el presidente no aparezca como alguien débil, sino que mantiene su criterio y sus principios y es solo en pro de la estabilidad y el no obstruccionismo por lo que procede a la firma de la ley.

En un contexto como aquel, se podría esperar que los demócratas se vieran tentados a traicionar a su presidente y alinearse con los republicanos en ciertas medidas que beneficiasen a sus respectivos distritos electorales. Pero hubo un factor clave para que las deserciones no se produjeran —como en cambio sí sucedió en las filas republicanas durante la presidencia de Bush padre—, y este fue la unidad demócrata alcanzada tras la reforma interna del partido llevada a cabo en la era Reagan. Aun así, una minoría apoyó a los republicanos, si bien esto no alteró de forma sensible los resultados: se trató del grupo denominado *Blue Dog*, formado por demócratas sureños proclives a aceptar la agenda del *Contrato con América* y que actuaron sobre todo en las sesiones cercanas a las elecciones legislativas.

En cuanto a la alta popularidad alcanzada y mantenida por Clinton durante sus ocho años en el poder, ésta no benefició por extensión a los senadores y congresistas demócratas, de modo que ni les sirvió en muchos casos para conseguir la reelección en sus distritos electorales ni impidió que la mayoría republicana en el Congreso se afianzara durante seis de esos ocho años. En cambio, la figura presidencial salió reforzada tras la reelección y en especial tras el cierre de la Administración. Clinton es recordado no solo por el proceso de *impeachment* que vivió —y del cual salió también fortalecido al lograr evitar que llegase a la votación en el Senado—, sino también como quien consiguió reflotar la economía de los Estados Unidos tras la recesión iniciada durante la presidencia de Bush padre y que este no supo reconducir. Esto, unido a su imagen de centrista y reformador, hizo que saliera sorprendentemente airoso del escándalo sexual de la becaria y fuera reelegido en medio de una gran aceptación popular. Por supuesto, esta decayó en parte a lo largo de esos ocho años de mandato, si bien la entonces primera dama y ahora excandidata a la presidencia, Hillary Clinton, jugó un papel central al defender la honorabilidad de su esposo.

Legislatura	Cámara de Representantes		Senado	
	Republicanos	Demócratas	Republicanos	Demócratas
1993-1995	176	258	43	57
1995-1997	230	204	51	48
1997-1999	226	207	55	45
1999-2001	223	211	55	45

Tabla 3. Secuenciación de partidos mayoritarios y minoritarios durante la presidencia de Bill Clinton. Elaboración Propia.

3.4. La influencia del gobierno dividido sobre la presidencia de George W. Bush

La presidencia de George W. Bush, o Bush júnior se caracterizó por algo que no hemos tratado hasta este momento: un periodo de ocho años —y, por tanto, de dos mandatos completos— con solo los dos últimos en situación de gobierno dividido. Como se puede observar en la correspondiente tabla del apéndice I, el Partido Republicano gozó de mayoría en el Congreso durante tres legislaturas de las cuatro por las que se extendió el doble periodo presidencial de Bush hijo. Eso sí, en el Senado tales mayorías fueron más ajustadas y por tanto la situación requería un mayor margen de negociación y cesión por su parte. Así pues, solo en esos últimos dos años la influencia demócrata sobre la agenda legislativa regresó y al presidente se le empezó a considerar un "pato cojo" que perdía fuerza como referente dentro de su partido.

Pese a la breve etapa de gobierno dividido, la del segundo Bush no dejó de ser una presidencia particular y muy marcada por el carácter de su mandatario. Estamos ante un presidente que tuvo que hacer frente a los atentados terroristas del 11 de Septiembre y que, como consecuencia, desarrolló la lucha contra el terror que derivó en las guerras de Irak y Afganistán. A ello hay que sumar la crisis económica y financiera vivida en sus dos últimos años de mandato, la mayor en los Estados Unidos desde el crack del 29 y la Gran Depresión de la década de los 30 del siglo XX. Además, este presidente también se enfrentó a catástrofes naturales con importantes consecuencias políticas e incluso legislativas, como fue el caso del huracán Katrina. Por tanto, una presidencia que *a priori* en lo legislativo podía parecer apacible no lo fue en absoluto en todo lo demás.

El mandato de George Bush júnior se inició con una decisión, no exenta de polémica, por parte del Tribunal Supremo: la declaración de la victoria del candidato republicano tras las elecciones presidenciales de noviembre del año 2000. Se había producido un caos en el recuento de votos populares en el estado de Florida, lo que llevó al recurso de los candidatos y a que el caso llegase al mismísimo Tribunal Supremo de los Estados Unidos; este, tras largas deliberaciones, concedió la victoria al candidato republicano, dándole así el relevo tras dos periodos de presidencia demócrata[99]. El hecho de que la resolución del proceso electoral fuera en última instancia determinado por un órgano judicial como Tribunal Supremo, que lo fuera en medio de una complejísima controversia jurídica en la que se entrelazaron cuestiones de derechos fundamentales, de competencias estatales y federales, y hasta de carácter técnico, y que a la postre emergiera como vencedor quien había sido derrotado en términos de votos populares, dejó a la presidencia Bush lastrada, al menos ante los ojos de una importante sector de la opinión pública, desde el primer momento.

En este contexto, por lo tanto, las relaciones con el Partido Demócrata empezaron siendo tensas, puesto que existía la sensación de que Bush le había "robado" la presidencia al candidato Al Gore.[100] Pero, además, en las paralelas elecciones legislativas se renovó la mayoría republicana en la Cámara de Representantes, aunque solo por un estrecho margen, mientras que en el Senado hubo un empate técnico entre ambos partidos. Esta situación obligó a Bush a tomar importantes decisiones acerca del rumbo inicial de su presidencia: debía optar, bien por la cooperación bipartidista para rebajar la tensión poselectoral derivada de la decisión del Tribunal

Supremo, o bien por marcar su propia agenda y utilizar la exigua mayoría republicana en la Cámara de Representantes como palanca de apoyo a sus iniciativas legislativas. La disyuntiva era clara y si elegía pactar con los demócratas debía ser rápido, puesto que a partir de su segundo año al frente de la Casa Blanca la cercanía de las elecciones legislativas de medio mandato haría imposible cualquier tipo de acuerdo que no fuese urgente para el país.

Pero volvamos a ese periodo inicial: el presidente Bush impulsó gracias al apoyo del Congreso su propia agenda de cambios, [101] que pretendía revertir algunas de las medidas de su antecesor demócrata. Por ejemplo, inició una reforma fiscal en los años 2001 y 2002 aprobando la bajada de los impuestos, con el fin de potenciar la economía de las familias para hacer frente a la incipiente recesión económica. Como contrapartida, aplicó recortes en partidas sanitarias como el *Medicare* y el seguro de medicamentos; en este caso se aprobó la reducción de la oferta de medicamentos que se encontraban bajo el amparo del seguro público nacional. Y como consecuencia se topó con la previsible oposición del Partido Demócrata.

Otro de los puntos fundamentales fueron las reformas sociales, a las que el presidente dio un giro conservador en aspectos como la regulación del aborto o la prohibición de la investigación con células madre. Incluso en este caso llegó a vetar una ley de su propio partido que pretendía la investigación con óvulos sobrantes del proceso de fecundación artificial; en esta ley se contemplaba que las parejas podían donar dicho material genético para fines de investigación. Este veto presidencial fue el único de Bush en sus primeros seis años de mandato. Por otra parte, endureció las medidas contra la interrupción voluntaria del embarazo, lo que provocó la frontal oposición de ciertos sectores de la sociedad civil y de la facción más a la izquierda del Partido Demócrata, aunque pese a ello el presidente continuó en la misma línea. La educación pasó a ser una prioridad y hubo cuestiones en las que chocó tanto con el ala más progresista del Partido Demócrata como con la más conservadora de su propio partido. Algunos observadores le consideraron una suerte de Tony Blair en versión texana, debido a que en muchas ocasiones contó con el apoyo demócrata en la aplicación de medidas de carácter social necesarias, en su opinión, para el avance de los Estados Unidos.

Pero esos primeros seis años de mandato de Bush no solo se caracterizaron por las reformas sociales y del ámbito presupuestario o fiscal; la llamada "guerra contra el terror" y las leyes derivadas de ella fueron un punto de inflexión en el poder legislativo de los Estados Unidos. Los atentados del 11 de septiembre de 2001, acontecidos al poco de empezar el mandato de George W. Bush, marcaron de forma trágica y determinante el resto de su presidencia. A partir de entonces, y con la complicidad total del Congreso durante más de un año, el presidente inició su particular cruzada contra el terrorismo, sobre todo a través de la formulación de nuevas leyes de seguridad nacional. En paralelo, reforzó las facultades de la CIA y el FBI y derribó las barreras de comunicación existentes hasta entonces entre las agencias de inteligencia y los cuerpos de seguridad.

Uno de los principales hitos de esta época fue la formulación de la llamada *Patriot Act,* firmada por el presidente apenas el 26 de octubre de 2001, que incluía una serie de reformas orientadas a evitar atentados en suelo norteamericano, así como a perseguir y eliminar a los terroristas islámicos en todo el mundo. De este modo Bush puso en marcha, con el consentimiento del Senado, una guerra con Afganistán y posteriormente la invasión de Irak. Esta, cuyos efectos son perceptibles aún hoy día, supuso en su momento el mayor despliegue militar y económico de los Estados Unidos desde los tiempos de la Guerra de Vietnam, y tuvo consecuencias similares a las de aquella, aunque sin suponer tal derrota.

En un principio los demócratas apoyaron estas intervenciones militares y, de hecho, muchas de las medidas adoptadas por Bush fueron posteriormente continuadas por su sucesor, Obama. No obstante, tras ese primer año de pasividad del Congreso, empezaron a surgir voces discrepantes con las políticas del presidente. Al tiempo, la cruzada contra el terrorismo en Irak y también en Afganistán se enquistó hasta el punto de que la magna inversión económica y en tropas no se traducía ya en resultados. El gran objetivo presidencial en política exterior era la pacificación de Oriente Próximo, pero quedó truncado por la realidad imperante y el surgimiento, más adelante, del Estado Islámico.

Dentro de sus fronteras, la estrategia de Bush en esos seis años fue intentar que la opción demócrata fuese vista por los americanos como radical y antipatriota, si bien por otro lado sus rivales, apoyados por grupos de la sociedad civil, lo convirtieron a él en el presidente más estigmatizado de las últimas décadas. La crisis económica y la previa reducción de impuestos provocaron que el déficit se disparase; a la vez tuvo lugar el rescate de la banca y aumentó el paro. Adicionalmente, a Bush se le consideraba ya un mandatario que abusaba de las órdenes ejecutivas, y es que basó buena parte de sus acciones militares como comandante en jefe en este tipo de órdenes, algunas de ellas restrictivas de los derechos de los ciudadanos en suelo nacional. Por ello fue tildado de autoritario y engolatra.

Bush pretendía, además, dejar como legado una reforma de la seguridad social que supusiera un mayor control de gastos en programas como el *medicare* y otros de carácter social. No obstante, sus intentos en este ámbito fracasaron. Mientras tanto, en política exterior la guerra en Oriente Medio seguía sin avanzar. Todo ello llevó a que el presidente obtuviera, al finalizar su mandato, los índices de popularidad más bajos registrados en décadas en este país[102].

Aun así, tal vez por haber sido consecuente con su agenda legislativa durante el primer periodo en la Casa Blanca, tal vez por su política de mano dura frente a los enemigos externos de los Estados Unidos, tal vez por la percepción de que en tiempos tan complejos no era oportuno introducir un cambio de rumbo en el país, lo cierto es que W. logró la reelección presidencial en las elecciones de noviembre de 200, haciéndose acreedor de un segundo mandato frente al senador demócrata por Massachussets John Kerry. Esa victoria sí fue incontestable y le sirvió de justificación para continuar con sus líneas de gobierno internas y externas. Además, en las paralelas elecciones legislativas de ese año hubo un "efecto arrastre" y aumentó la mayoría republicana tanto en el Senado como en la Cámara de Representantes. Los resultados detallados se pueden consultar en la tabla numero 4 en la finalización del presente punto.

Hemos visto, pues, cómo en la primera etapa de gobierno de Bush el Partido Republicano, sobre todo a partir de las elecciones legislativas de 2002, fue simplemente una polea de transmisión de las políticas presidenciales. Por supuesto, el presidente no legisló por sí mismo ni marcó directamente la agenda nacional, pero sí lo hizo de forma indirecta a través de sus senadores y congresistas. En esos primeros momentos, y salvo en lo relativo a las iniciativas de lucha contra el terrorismo, no hubo pactos con el partido rival, sino que fue la mayoría republicana en el Congreso la que impulsó la mayor parte de la legislación y el presidente la firmó y ejecutó, como es de esperar en periodos de gobierno unitario, en los que la relación entre partido y presidente funciona como una maquinaria bien engrasada. Pese a ello, la agenda social de Bush —inédita en la época del presidente conservador por excelencia, Reagan— chocó con la línea tradicional republicana de reducción de impuestos y recortes en ese tipo de partidas, lo que le generó enemigos en el seno de su partido.

Por tanto, es posible dividir la presidencia de George Bush hijo en dos etapas diferenciadas: [103]por un lado, sus primeros seis años de mandato —es decir, su primer periodo presidencial al completo y la mitad del segundo tras su reelección– coincidente en el tiempo con tres periodos legislativos de mayoría republicana incrementada incluso en las elecciones de 2004, coincidiendo con las presidenciales; y por otro, la etapa posterior a las legislativas de 2006, ya de gobierno dividido. A partir de ese momento el Partido Demócrata consiguió tras más de una década arrebatar al Republicano la Cámara de Representantes y en el Senado se produjo un empate técnico que más tarde se inclinaría hacia el lado demócrata por alguna deserción republicana y el apoyo de ciertos senadores independientes.

Bush, como líder del Partido Republicano, asumió la derrota tras las legislativas de 2006, derrota que se interpretó como un rechazo total a la agenda política y legislativa del presidente en sus seis años previos de mandato. En realidad, los demócratas plantearon aquellas elecciones como un plebiscito Bush sí-Bush no. En ese momento las guerras de Irak y Afganistán se habían estancado y los primeros coletazos del crack financiero asomaban en el horizonte, aunque la situación empeoraría en 2007 y sobre todo en 2008.

El Partido Demócrata nombró presidenta de la Cámara de Representantes a Nancy Pelosi y líder de la mayoría en el Senado a Harry Reid; si bien el presidente de esta cámara siguió siendo el vicepresidente del país, Dick Cheney, figura clave en los primeros años de mandato presidencial, cuyo voto era decisivo en caso de empate. [104] A partir de entonces fue fundamental la forma en que ambos líderes afrontaron las relaciones, tirantes y complejas, con un Bush que los había ignorado de forma continua, salvo por las excepciones ya mencionadas de pactos con algunos senadores demócratas. Tanto Pelosi como Reid eran líderes –entonces– sin experiencia, ya que su partido no había gozado de mayoría en el Congreso durante más de una década y muchos de los senadores o congresistas en su última mayoría no estaban ya en esta institución. Así pues, la mentalidad de minoría y la estrategia de obstrucción al presidente debía dejar paso al impulso de una agenda reformista y contrarreformista que reparase las medidas adoptadas en la etapa de Bush hijo; eso era, en esencia, lo que esperaban muchos de los recientes votantes demócratas.

El presidente, sabiendo de esas intenciones de enfrentamiento partidista y deseando tener unos postreros años de mandato más tranquilos, propició contactos y reuniones con los nuevos líderes demócratas, con la idea de lograr un entendimiento bipartidista y, sobre todo, entre el Congreso y la Presidencia en la recién iniciada etapa de gobierno dividido. En una situación así, el reto demócrata era no ser vistos como defensores de una agenda legislativa muy agresiva, ni tampoco como radicales y vengativos en su enfrentamiento con el presidente. Por su parte, este corría el riesgo de ser percibido por la opinión pública como obstruccionista si vetaba muchas leyes. Era necesario, pues, cierto equilibrio entre ambos lados, en un momento crucial en el que las miras de los dos partidos estaban puestas ya en las elecciones presidenciales de 2008.

En aquel entonces, en las filas demócratas —y en especial entre los recientes presidentes de comités y subcomités de ambas cámaras— se empezaba a hablar de investigaciones relacionadas con operaciones de la CIA que afectaban al vicepresidente; incluso la gestión del desastre provocado por el huracán Katrina fue un fracaso mayúsculo para la administración Bush y le costó parte de su crédito político interno. En cualquier caso, estos temas se trataban con prudencia para que aquello no pareciera una caza de brujas respecto al legado presidencial y, en general, republicano. Tampoco querían los demócratas levantar falsas expectativas sobre su propia agenda reformista, debido a la limitación que suponía el hecho de que la presidencia estuviera en manos de un republicano, que siempre podía ejercer su derecho de veto como último recurso.

Durante los primeros cien días de aquella legislatura, el Partido Demócrata dio a conocer sus prioridades:

- El aumento del salario mínimo, reivindicación tradicional en el programa demócrata.
- Algunas reformas en el programa *Medicare*, en concreto en lo relativo a los precios de determinados medicamentos que suponían un obstáculo importante para el acceso a ellos de las clases medias y bajas del país.
- En el ámbito educativo pretendían aplicar una reducción de los intereses en los préstamos universitarios. Su objetivo era que dichos intereses no fuesen una pesada carga para los estudiantes y fomentar así la formación superior.
- Superar el veto presidencial a la investigación con células madre e impulsar dicho campo de estudio.

Los demócratas se enfrentaron no solo al posible veto del presidente ante proyectos de ley de corte más progresista, sino también al ala más conservadora de su propio partido, alineada en muchas ocasiones con las políticas de Bush. En este sentido, el trabajo de la "novata" (en términos de liderazgo de la mayoría) Nancy Pelosi fue crucial para la unión demócrata. También hay que tener en cuenta la importante labor del líder de la mayoría en el Senado, Reid, puesto que en ese momento los nombres de otros senadores sonaban ya con fuerza como posibles candidatos a la presidencia: Obama o Hillary Clinton por el lado demócrata y McCain o Hagel por el republicano. Esto hacía prever que la campaña de primarias presidenciales se extendería tras el primer año al propio funcionamiento interno del Senado.

Uno de los primeros puntos de conflicto en aquel periodo fue el denominado "Plan Bush". [105]En él, el presidente preveía un equilibrio de las cuentas federales a alcanzar en el año 2012, lo que suponía un objetivo a largo plazo. Sus presupuestos incluían la previsión de un control del gasto público mediante medidas de contención en todos los departamentos. En especial, los recortes se aplicarían a la seguridad social a través de dos programas, el *Medicare* y el *Medicaid.* Esto chocaba frontalmente con las intenciones demócratas de aplicar recortes en otras áreas. El presidente pretendía emplear tales recortes para hacer frente al aumento del gasto en los departamentos de Defensa e Inteligencia: las guerras de Irak y Afganistán habían lastrado las cuentas de la Administración Bush y era poco probable que los demócratas se atrevieran a limitar dichas partidas en pleno proceso de guerra contra el terrorismo, tal como sucedió décadas atrás con la Guerra de Vietnam.

Precisamente la estrategia militar de Bush le condujo a otro importante enfrentamiento con los demócratas. En 2006 el presidente presentó dicha estrategia tras un retraso importante. El Partido Demócrata había prometido durante la campaña de las legislativas la celebración de sesiones privadas y públicas para rediseñar la maniobra a adoptar en ambas guerras, que se encontraban enquistadas y sin un fin a la vista a corto plazo. Pero, prueba de que ellos mismos estaban divididos, la iniciativa no llegó a cristalizar y el presidente pudo aprobar su propio plan sin mayor oposición.

En su último tramo al frente del Gobierno federal, el presidente Bush hijo debió hacer frente a los inicios de la crisis financiera y el mayor declive económico de su país desde la Gran Depresión. Pero cualquier plan de rescate o intervención financiera había que consensuarlo con la mayoría demócrata en el Congreso; en un momento además muy delicado por la cercanía de las elecciones presidenciales, lo que hacía que entrasen en juego los intereses electorales de ambos partidos. Finalmente, la crisis estalló en el otoño de 2008, en pleno tramo final de la presidencia de Bush y, por tanto, ya en los meses de interinidad previos a que de las elecciones presidenciales saliera el nombre de su sucesor.

Poco antes, en agosto, el Departamento del Tesoro y la Reserva Federal de los Estados Unidos se vieron obligados a intervenir en la economía del país, con el objetivo de salvar a entidades crediticias del sistema hipotecario, que corría serio peligro de colapso; ello hubiera supuesto un crack económico sin precedentes para la primera potencia mundial. De este modo, se intervino sobre Fannie Mae y Freddie Mac, entre otras firmas. Poco después, el 14 de septiembre, tuvo lugar la caída de Lehman Brothers, acontecimiento que marcó el punto de inflexión e hizo que la crisis financiera se volviera crisis económica y que se propagara por todo el mundo occidental; a Europa llegó transformada y hoy en día perviven sus secuelas en muchos países del viejo continente. En contraposición a la caída de Lehman Brothers, el Gobierno federal sí salvo a Merrill Lynch y a algunas grandes empresas automovilísticas del cinturón del acero del país, en la zona en torno a los grandes lagos.

Ante esta terrible crisis, el presidente Bush no tuvo otra salida que establecer una acción coordinada con el Congreso en vísperas de las elecciones presidenciales. Ambas instituciones elaboraron de forma conjunta un plan de rescate durante dos semanas de aquel intenso otoño, el último de Bush como inquilino de la Casa Blanca. Se acordó intervenir sobre los llamados "activos tóxicos" o "hipotecas basura" de las entidades financieras rescatadas, y el monto global de la operación alcanzó un valor nunca antes visto en la historia de los Estados Unidos: 750.000 millones de dólares.

En cuanto a la responsabilidad del presidente Bush en que se llegara a esa situación límite, las opiniones varían según vengan de la izquierda o de la derecha. Lógicamente, para el ala más progresista del Partido Demócrata, Bush y su Administración conservadora fueron los únicos responsables de desencadenar la mayor crisis financiera de la historia de los Estados Unidos. Para ello partían de la base de que la autorregulación del sistema financiero había demostrado fracasar de forma estrepitosa. Además, este sistema defectuoso se salvó con el dinero del Gobierno federal y, por tanto, de los contribuyentes. Los demócratas consideraban que las políticas de la Administración Bush orientadas a desarticular los controles a las entidades financieras habían sido las culpables de que estas empezaran a invertir en el sector inmobiliario mediante la figura de las hipotecas *subprime* o "hipotecas basura". Al estallar la crisis económica, lógicamente el stock de activos financieros resultó del todo insostenible en los balances de las entidades crediticias del sistema hipotecario y financiero de los Estados Unidos. También en opinión de los demócratas, los excesos de Wall Street habían sido consentidos e incluso alentados desde la Administración Bush en sus primeros seis años de mandato, con el cheque en blanco que suponía el gobierno unitario, sobre todo a partir de 2002.

En cambio, para el ala más conservadora del Partido Republicano, el presidente había vuelto a demostrar ser un centrista con ciertos tintes progresistas y no adecuarse a las directrices de un Partido Republicano heredero de la era Reagan. Por tanto, consideraban que había puesto a su partido a los pies de los caballos en plena campaña electoral de las presidenciales de noviembre. Para este sector del partido, el plan de rescate acordado por la Presidencia y el Congreso de mayoría demócrata supuso el punto y final de su relación con el presidente republicano; era, en su opinión, la gota que colmaba el vaso de un ataque sistemático hacia un sistema de libre mercado que debía ser sagrado para cualquier conservador que se preciase de serlo. Se estableció, pues, una pinza entre las facciones más a la izquierda y más a la derecha de ambos partidos, y Bush se vio atrapado en medio[106].

En cualquier caso, la negociación para el rescate financiero no fue fácil: el presidente debió actuar contrarreloj en sus conversaciones con los líderes demócratas del Congreso para implementar su plan antes de que la economía nacional entrase en clara recesión y el paro aumentara de forma desmedida, lo que necesariamente habría lastrado todo el sistema económico del país y habría afectado de forma muy importante al proceso electoral en ciernes.

Se puede observar, pues, que la presidencia de George Bush hijo estuvo marcada por los avances de su agenda legislativa nacional durante los primeros seis años en que estuvo como presidente, así como por la negociación con el Partido Demócrata y las concesiones en los dos últimos, tras unas elecciones legislativas en 2006 gracias a las cuales los demócratas recuperaron el control del Congreso y obligaron al presidente a dejar de usar las cámaras legislativas a su antojo; esto había llegado a ser así sobre todo después de las elecciones presidenciales y legislativas del año 2004, en las que la mayoría obtenida por el Partido Republicano y la reelección de Bush motivaron a este a seguir implementando sus medidas conservadoras y, a la vez, algunas de corte más social que le generaron cierta incomprensión en los sectores más radicales de los dos partidos mayoritarios de los Estados Unidos.

Resulta claro que la influencia del gobierno dividido en la presidencia de George Bush hijo fue mucho menor que en las de sus antecesores inmediatos —los republicanos Reagan y Bush sénior y el demócrata Clinton—, ya que de facto esta situación solo se dio durante dos de sus ocho años al mando del país. La mayoría republicana en el Congreso, presente los seis primeros años en que fue inquilino de la Casa Blanca, beneficiaron claramente la agenda del presidente, que logró implantar muchas de las medidas que llevaba en su programa de gobierno. Además, las particularidades de su periodo presidencial —durante el cual se produjeron los mayores atentados terroristas sufridos en este país y la posterior lucha contra el terrorismo— fueron un factor de distensión y acercamiento con sus rivales; como también lo fue en cierto modo la crisis económica y financiera que estalló al final de su mandato y que obligó a demócratas y republicanos a unirse para hacerle frente.

En los siguientes esquemas se resumen estos dos periodos diferenciados de Bush hijo al mando del Gobierno de los Estados Unidos. En el primero se presenta la etapa inicial de este presidente, que abarca, como hemos dicho, sus seis primeros años en la Casa Blanca; el segundo recoge los puntos principales de la segunda etapa de la presidencia de Bush hijo, tras ser reelegido en 2004, pero sobre todo con posterioridad a sus últimas elecciones de medio mandato (2006), momento en el que se inició el periodo de gobierno dividido.

Legislatura	Cámara de Representantes		Senado	
	Republicanos	Demócratas	Republicanos	Demócratas
2001-2003	220	213	50	50
2003-2005	229	205	51	48
2005-2007	233	201	55	44
2007-2009	202	233	49	49

Tabla 4. Secuenciación de partidos mayoritarios y minoritarios durante la presidencia de George W. Bush. Elaboración Propia.

3.5. La influencia del gobierno dividido sobre la presidencia de Barack Obama

El periodo presidencial de Barack Obama, 44º presidente de los Estados Unidos, puede ser calificado como uno de los más polémicos de los últimos cuarenta años; y no por haber sido el primer presidente afroamericano en un país en el que la población de color ha tenido que hacer históricamente frente a un sinfín de obstáculos para su plena –y aun incompleta– integración social y en el que todavía hoy padecen de limitaciones que afectan a su participación política, sino sobre todo porque llegó al cargo envuelto en una ola de ilusión popular y cambio que dio paso en muchos casos a la decepción, y al pragmatismo en otros. Para acceder a su primer mandato (2009-2013) el líder demócrata tuvo primero que imponerse en unas reñidas primarias a la favorita para la nominación presidencial de su partido, la todopoderosa Hillary Clinton; y más tarde, en las elecciones presidenciales de noviembre de 2008, hacerlo frente al correoso rival republicano, el Sen. John McCain, arrastrando en su favor el 53% de los votos frente al 47 % de su contrincante. [107]Pero tras esas dificultades, Obama se encontró al llegar al cargo con un Congreso de mayoría demócrata, reforzada por esa ola de cambio en las legislativas del mismo año, solo que esta situación favorable le acompañó apenas durante el primer bienio de su mandato, para diluirse cuando en 2010 el Partido Demócrata la Cámara de Representantes (en una derrota histórica) y desaparecer por entero en 2014, cuando ya en su último tramo como presidente, los demócratas perdieron también el Senado.

Fue durante su presidencia, y a modo de reacción conservadora ante su agenda liberal, cuando eclosionó ese movimiento republicano más escorado hacia el fundamentalismo que conocemos como el *Tea Party*, lo que dio lugar a una legislatura convulsa y más radicalizada. Bajo la Administración Obama se aprobaron leyes tan polémicas como el "Obamacare" o la reforma sanitaria, pero al mismo tiempo se produjo también un bloqueo histórico en el ámbito legislativo: la Administración federal estuvo a punto de suspender pagos y se dieron dos cierres de la misma, debidos precisamente a la falta de entendimiento entre demócratas y republicanos en el Congreso.

Se pasó, por tanto, de una primera campaña electoral presidida por el famosísimo lema *"Yes, we can"*, a un segundo periodo presidencial más complejo, en el que según muchos analistas, se llegó a temer por la reelección y además el Partido Demócrata sufrió un retroceso histórico, no solo en el Congreso, sino también en los comicios legislativos estatales, lo que se refleja en el número de gobernadores obtenidos. La ola roja de republicanismo se empezó a extender por el centro y sur del país, de modo que Obama dejó como legado demócrata solo las costas este y oeste y sus feudos más tradicionales: los estados de California y Nueva York. Así, la imagen de los Estados Unidos se convirtió en una especie de bocadillo azul relleno de rojo.

Y es que si algo caracterizó la presidencia de Obama fueron los extremos. [108]Por supuesto, este presidente sufrió los ataques del ala más conservadora del Partido Republicano, pero con el transcurso de los meses los problemas empezaron a proceder también de la facción más a la izquierda del Partido Demócrata, quienes lo consideraban poco ambicioso y en algunos casos lo acusaron de traicionar sus promesas y las expectativas que había creado en la ciudadanía[109].

La presidencia de Obama se inició con un triunfo rotundo —que le convirtió en un presidente fuerte en cuanto a respaldo popular— y vino acompañado de una mayoría demócrata holgada tanto en la Cámara de Representantes como en el Senado. Sus dos opciones estratégicas[110] eran las mismas que había tenido su antecesor en el cargo, George Bush hijo: por una parte, relacionarse exclusivamente con su partido, arrinconando a los republicanos, que al fin y al cabo representaban a la otra mitad del electorado; por otra, iniciar una cooperación con el partido rival de cara a llegar a un consenso respecto a la agenda legislativa.

Tanto los demócratas —a través de su líder en la Cámara de Representantes, Nancy Pelosi— como el presidente consideraban en ese momento la propia agenda de reformas como la más ambiciosa de la historia y no veían a los republicanos por la labor de sumarse a ella ni tampoco con la capacidad de frenar dichos cambios. De modo que, en los primeros meses de Obama en el poder, la actitud demócrata fue la de ignorar las demandas del partido rival e implementar a toda costa —en forma de rodillo legislativo— su agenda progresista y liberal.

Solo en el primer mes como presidente de los Estados Unidos, Obama y la mayoría demócrata en el Congreso impulsaron varias medidas legislativas, algunas de ellas correctoras de la anterior etapa, la de la Administración republicana de Bush. Con este fin no solo aprobaron distintos proyectos de ley, sino que —como suele ser habitual cuando el nuevo inquilino de la Casa Blanca es de signo contrario al anterior— Obama promulgó numerosas órdenes ejecutivas para desmontar parte del legado legislativo de su antecesor. En este sentido, la investigación con células madre fue uno de los primeros temas abordados, y poco después hubo una revisión e intento de cierre de la base estadounidense en Guantánamo (Cuba), si bien con el paso de los meses este objetivo se convirtió en misión imposible por las complicaciones, tanto legales como administrativas, sobre el destino de los presos y su tratamiento judicial.

A estas órdenes ejecutivas del presidente se añadieron varios proyectos de ley, [111]como los siguientes:

- La Ley de Pago Justo (*Fair Pay Act*), ratificada por Obama el 29 de enero, poco más de una semana después de ser investido en el cargo. Se trata de una ley en contra de la discriminación salarial de un colectivo trascendental para los demócratas como es el de las mujeres; junto con afroamericanos e hispanos, uno de los pilares electorales y semillero de votantes del Partido Demócrata. A través de esta ley se reguló uno de los puntos tradicionales del programa político demócrata y también se cumplió una de las promesas de la campaña presidencial de Obama.

- La Ley de Reautorización o Ampliación del Seguro Médico infantil (*Child Care and Development Block Grant Act*) a través del *medicare* y el *medicaid*. Esta ley garantizaba el aumento de la cobertura sanitaria a los niños. La salud sería uno de los aspectos más conflictivos durante toda la presidencia de Obama. De hecho, esta propuesta había sido vetada hasta en dos ocasiones por el anterior presidente, Bush hijo. Pero la oposición del Partido Republicano se vio superada una vez que los demócratas volvieron a controlar la Presidencia y el Congreso. De hecho, en este caso los republicanos no fueron ni siquiera consultados y mostraron su oposición a la reforma, pero sin ninguna posibilidad ni esperanza de actuación para su paralización.

- La Ley de Recuperación y Reinversión (*Recovery* Act), una de las primeras de carácter económico de la etapa Obama. Formaba parte de un paquete de estímulo fiscal para que la economía nacional no entrara en recesión. En ese momento se empezaban a disipar los fantasmas del crack bancario gracias en parte a la inyección de 750.000 millones de dólares de la Administración Bush —aprobada, recordemos, con el apoyo demócrata—, pero la situación seguía siendo delicada y el paro no dejaba de subir: en aquellos días alcanzó un máximo de casi el 10%. Para otros países (como España, sin ir más lejos) esta cifra puede parecer baja, pero para la mentalidad de los Estados Unidos resulta inasumible, sea cual sea el partido político que gobierne. De modo que el presidente pretendía, con esta primera ley y otras que la seguirían, estimular la economía de los Estados Unidos mediante inyecciones de capital público.

A esos primeros días los siguieron dos años de gobierno unitario en los que la agenda presidencial se centró en medidas de índole social, dejando a un lado la economía, según la mayoría de analistas y expertos. Este fue uno de los principales problemas de los demócratas al llegar las elecciones legislativas de medio mandato en 2010, y se produjo, como en otros casos, el tradicional "castigo" en el Congreso al partido del presidente –si bien en la forma de una derrota que no había tenido precedentes en las últimas décadas: las pérdidas de los demócratas en la Cámara les restaron nada menos que 64 escaños (193, por 242 de los republicanos) y en el Senado fueron seis los escaños que cambiaron de manos (51 demócratas, por 47 republicanos).

Antes de entrar en el periodo de gobierno dividido de Obama, es preciso analizar con mayor detalle esos dos primeros años del presidente demócrata, ya que algunas de las medidas legislativas adoptadas por él y su partido ayudarán a comprender su influencia en la posterior situación de gobierno dividido. Como decíamos, la agenda legislativa del Congreso estuvo en su mayor parte definida por el presidente y no incluyó entre sus prioridades la economía, que se abordó de forma limitada y a veces errónea; ello provocó que los resultados macroeconómicos no fueran los deseados ni los esperados por la Administración federal.

Así pues, el presidente Obama fue duramente criticado por centrarse demasiado en actuaciones de carácter social, obviando otras reformas trascendentales no solo para la economía nacional, sino para las propias instituciones políticas, como el Congreso o la Presidencia. Entre estas reformas de calado se exigían algunas que, por ejemplo, evitaran la presión de los *lobbies* o que aumentaran el control sobre los gastos del Congreso y sus miembros; esto último debido a diversos escándalos recientes respecto al pago de impuestos o la utilización de fondos públicos por parte de algunos congresistas y senadores. Por otro lado, el presidente reguló el sector financiero e impulsó la inversión, pero no adoptó otras medidas más ambiciosas para el fomento del empleo; y precisamente sería la tasa de paro uno de los factores determinantes para el fracaso del Partido Demócrata en las elecciones legislativas de 2010.

Llegados a este punto, analizaremos la medida estrella de la presidencia de Obama en política interna; su talón de Aquiles para muchos y su gran triunfo para otros: el *Obamacare*.[112] La reforma sanitaria era una prioridad del Partido Demócrata desde los tiempos de Bill Clinton. Este fracasó de forma estrepitosa al respecto en un periodo de gobierno unitario, es decir, cuando su partido tenía el control de ambas cámaras del Congreso. Las lecciones aprendidas tras aquella derrota sirvieron de impulso al nuevo presidente, que convirtió la reforma sanitaria en su gran objetivo nacional.

En cualquier caso, varios líderes demócratas y algunos congresistas y senadores destacados solicitaron a su líder en la Cámara de Representantes, Nancy Pelosi, que se centrasen los esfuerzos primero en la mejora de la situación económica, y que cuando esta se hubiera estabilizado se abordaran de forma clara y en profundidad el *Medicare* y el *Medicaid*. No obstante, esas voces fueron desoídas y enseguida se lanzó una campaña para la reforma sanitaria con la presentación de un plan de sanidad que instaba al partido a poner todo su empeño en aprobarla. Por su parte, los republicanos se opusieron de forma contundente por considerar precipitada la reforma; creían también que provocaría un aumento del déficit sin precedentes, no solo del Estado, sino también de muchas empresas aseguradoras, y que en último término llevaría a la caída del sistema de seguros médicos privados. De hecho, esto se materializó en las dificultades de muchas empresas de seguros para mantener, en las condiciones de la reforma, a toda su plantilla.

Finalmente, el 23 de marzo de 2010 fue aprobada la Ley de Protección al Paciente y Cuidado de la Salud, conocida popularmente como "Obamacare". Desde ese momento hasta las elecciones legislativas pasaron varios meses en los que se notaron con claridad los efectos de la reforma y, por tanto, estos influyeron en el resultado electoral. Uno de los puntos débiles de esta reforma consistía en la ampliación de la cobertura sanitaria prevista en el anterior *Medicare*, que conllevaba a su vez el incremento de los costes de financiación de los seguros. En teoría se habría de extender la cobertura sanitaria a los más desfavorecidos, pero en la práctica dicha ampliación tardó mucho en materializarse, mientras que los costes derivados empezaron a ser considerables para el sistema público y también para el privado, lo que generó un aumento del precio de los seguros para los trabajadores.

En definitiva, la reforma sanitaria de Obama —junto con otras medidas para la protección del medioambiente que culminaron en el Acuerdo de París de 2012, como las restricciones al carbón o el petróleo, la prohibición de algunas autorizaciones para la construcción de oleoductos o a la extracción de hidrocarburos en Alaska— generó una ola de rechazo entre el electorado demócrata más conservador, que en ocasiones llegó a alinearse con los segmentos centristas o moderados del Partido Republicano.

Fue precisamente este rechazo dentro del Partido Demócrata uno de los factores que provocaron la ya mencionada debacle en las elecciones de 2010 en las que los demócratas perdieron la Cámara en favor de los republicanos. Otros motivos para que el partido en el poder perdiera el control del legislativo fueron:

- La pérdida de su electorado más conservador, ahuyentado a causa de las políticas progresistas y de izquierdas de Obama, que había sido respaldado a su vez por la líder demócrata en la Cámara de Representantes, Nancy Pelosi. Tanto la reforma sanitaria como las actuaciones de carácter ambiental perjudicaron los intereses de muchas empresas (en este último caso, del sector de los hidrocarburos) y pusieron en peligro miles de empleos, lo cual no contribuyó precisamente a que la fe de estos votantes regresara al azul demócrata.

- La situación económica, que seguía siendo precaria pese a la inyección de fondos públicos y a las leyes de impulso aprobadas al inicio de su mandato, que sin embargo no ayudaron a que la creación de empleo fuera lo suficientemente rápida y robusta. Así, a pesar de que el índice de popularidad de Obama era alto, no supo transmitir adecuadamente los logros de su

Administración, y una tasa de paro que rondaba el 9,5% resultó inaceptable para muchos electores.

- La presencia de ciertos candidatos demócratas jóvenes y algo inexpertos en distritos electorales clave; candidatos que habían llegado al Congreso gracias a la ola de ilusión demócrata de las presidenciales de 2008 y se enfrentaban por ello a su primera reelección. Frente a ellos, el Partido Republicano supo manejar sus cartas y empleó una estrategia electoral consistente en proponer a algunos de sus candidatos más veteranos, con más experiencia para gestionar la campaña y arrebatar, por tanto, a los demócratas sus recién ganados distritos.

- El surgimiento del *Tea Party* en respuesta a las políticas progresistas y casi socialistas de la Administración Obama. Este movimiento, como ya se ha visto, nació en el seno del ala más conservadora del Partido Republicano y su propósito era desbancar —e incluso expulsar mediante un proceso de *impeachment*— al presidente, así como la derogación de su reforma sanitaria, objetivo este compartido con el Partido Republicano en general. De dicho movimiento surgieron, entre otros, quienes serían candidato a la presidencia, Mitt Romney, y a la vicepresidencia, Sarah Palin. Así mismo, algunos miembros del *Tea Party* eran de un corte más liberal; es el caso de Paul Ryan, que se convertiría después en el nuevo líder de los republicanos en el Congreso y futurible para las elecciones presidenciales de 2020 si el actual presidente, Trump, no hubiera agotado su mandato. De este modo, el movimiento *Tea Party* acaparó muchas candidaturas e irrumpió con fuerza en el Partido Republicano y en el Congreso como una ola rojo intenso, muestra de la corriente más conservadora de su organización. Se puede decir que este movimiento y sus líderes protagonizaron las siguientes fases del gobierno dividido y propiciaron la total falta de acuerdos y de concesiones a Obama en lo que le restaba de mandato.

Así pues, el presidente se enfrentó tras las elecciones legislativas de 2010 a una situación complicada, con un Partido Republicano reforzado por el *Tea Party* y un aumento de casi 70 asientos en la Cámara de Representantes; esto, unido al avance republicano en los comicios legislativos estatales, dejó a los demócratas con solo 16 gobernadores. Todo lo anterior resultó clave para frenar en seco cualquier iniciativa legislativa del presidente y, sobre todo, para facilitar los intentos de derogar a toda costa la reforma sanitaria previamente aprobada. No obstante, es necesario destacar que antes de que el nuevo Congreso tomara posesión en enero de 2011 —es decir, siendo aún de mayoría demócrata— aprobó varias medidas en previsión del bloqueo legislativo y político que se avecinaba en Washington. Entre ellas figuran las siguientes:

- La adopción por parte del Senado del Tratado de Reducción de Armas Estratégicas; fue lo que dio en llamarse "Nuevo START".
- La definitiva derogación de la ley del "No preguntes, no lo digas", orientada a evitar la discriminación que sufrían los homosexuales en el acceso al ejército.

La nueva situación de gobierno dividido y la parálisis provocada por los desacuerdos en el Congreso llevaron a que, sobre todo tras la reelección de Obama[113] como presidente, el ambiente se tensara aún más. Los demócratas afrontaban su batalla decisiva y lo mismo le ocurría al presidente, que en las elecciones de noviembre de 2012 se enfrentó al senador republicano Mitt Romney buscando la reelección, para de ese modo afianzar su legado tanto interna como externamente. Como hemos visto, en el ámbito legislativo sus dos primeros años de mandato habían dado bastante fruto; no se puede decir lo mismo de los dos últimos, en los que el bloqueo se extendió entre el Congreso y la Presidencia. Los republicanos, ya liderados por Paul Ryan y con el *Tea Party* detrás, intentaron una y otra vez la derogación de algunas de las leyes de Obama que hemos analizado. No obstante, el presidente recurrió a su poder de veto para frenar estas iniciativas y también en el Senado se pararon diversas propuestas; los demócratas, claramente unidos, no iban a permitir que se destruyera el único legado del presidente y su carta de presentación de cara a la reelección.

De este modo, Obama volvió a vencer y alcanzó su segundo mandato frente a un Partido Republicano que no obstante consiguió mantener el dominio en la Cámara de Representantes, aunque el Senado: continuó siendo demócrata, si bien la mayoría permanecía bastante ajustada. Para ver con detalle los datos de esta segunda legislatura de Obama y la composición del Congreso resultante de las legislativas de 2012, recomendamos acudir a la tabla numero 5 en el final del presente punto. Así, aunque los republicanos seguían intentando revocar el legado legislativo del presidente, no podían hacerlo, puesto que no gozaban del control total del Congreso.

En su segundo mandato, el presidente se centró más bien en la política exterior. Algunas de las medidas implementadas por él en este periodo —y que los republicanos intentaron bloquear en cada caso— fueron:

- El establecimiento de un acuerdo nuclear con Irán, ratificado por el Senado de mayoría demócrata. Esto contribuyó a evitar tanto una posible guerra abierta como una situación de alta tensión con un país que se encontraba en posesión de armas nucleares.
- El "pacto por el clima", el llamado Acuerdo de París. También fue ratificado por el Senado y supuso uno de los mayores logros de la Presidencia en el exterior: por primera vez se ponía en marcha un pacto entre los dos mayores países contaminantes del mundo: China y los Estados Unidos.

- El restablecimiento de las relaciones con Cuba, polémica medida que no requería de la ratificación del Senado, pero que de ser así habría fracasado, ya que perdieron el control de esta cámara en las últimas elecciones legislativas de la presidencia de Obama, celebradas en noviembre de 2014.

Durante su segundo mandato, el presidente intentó (sin éxito) una negociación con el Partido Republicano y el establecimiento de cesiones mutuas; pero la progresiva radicalización de este y su firme propósito de no otorgar ninguna victoria a Obama provocaron que la situación de parálisis legislativa y bloqueo político se alargase durante esos cuatro años. En dicho periodo se produjeron dos cierres de la Administración, circunstancia nunca antes vivida de forma consecutiva en ese país. Además, el primero de ellos se vio agravado por un impago o quiebra técnica de la Administración federal, al agotarse los fondos de los que disponía esta para seguir operando. Hubo que aprobar una ampliación, prórroga y dotación extra de fondos de carácter temporal; es decir, que no se aprobó ningún presupuesto con carácter anual ni bianual para la Administración federal.

El momento culminante de esta situación se produjo en las elecciones legislativas de noviembre de 2014. En ellas, el Partido Demócrata descendió a unos niveles de representación y poder político desconocidos desde los tiempos de la Guerra Civil, en el siglo XIX. El retroceso fue considerable tanto en las asambleas legislativas estatales como en los puestos de gobernador y en el propio Congreso. No solo es que no lograsen arrebatar a los republicanos la Cámara de Representantes, sino que perdieron aún más asientos en ella y, lo que es más grave, se les escapó definitivamente el control del Senado, con lo que se esfumó la posibilidad de hacer contrapeso a las políticas republicanas procedentes de la Cámara de Representantes. Así, este órgano cambió de manos con una diferencia de diez escaños a favor de los republicanos.

Con todo ello, la situación de bloqueo y la parálisis legislativa[114] se agravaron en los dos últimos años de Obama en la Casa Blanca. Ambos partidos tenían ya la vista puesta en las elecciones presidenciales de noviembre de 2016.

En 2014 se repitieron muchos de los factores que habían llevado al Partido Demócrata a la debacle en las anteriores legislativas: perdieron aún más control político y legislativo y el presidente no consiguió capitalizar los altos índices de popularidad en beneficio de su partido. Se le empezó a considerar un líder en situación de bloqueo y sin capacidad de reacción, y los republicanos aplicaron una presión nunca antes vista para evitar cualquier avance en la agenda legislativa de la Presidencia. La marcha aún precaria de la economía y el descenso, demasiado lento, de la tasa de paro son varios de los factores a tener en cuenta para que los demócratas se vieran arrastrados al abismo en esas elecciones.

En resumen, la presidencia de Barack Obama se puede considerar exitosa en algunos aspectos —como el logro de su ansiada reforma sanitaria—, pero un fracaso en otros, debido precisamente a la división política en el Congreso en estos campos. Claramente estuvo marcada desde el tercer año por las elecciones legislativas de 2010, en las que los republicanos tomaron el control de la Cámara de Representantes y comenzaron una oposición frontal a las políticas impulsadas por su presidente, a quien consideraban incapacitado para el cargo además de débil y radical; todo ello condujo a una situación de parálisis y bloqueo legislativo y a la vez político.

Vemos, pues, como la influencia del gobierno dividido durante el periodo presidencial de Barack Obama fue intensa y notoria, sobre todo porque su agenda legislativa quedó paralizada y el Congreso puso freno a cualquier propuesta que viniera del presidente a partir de su tercer año en el poder; en esos seis años de gobierno dividido hubo una reelección presidencial y tres elecciones legislativas en las que el Partido Demócrata no consiguió mantener su predominancia en el Senado ni en la Cámara de Representantes.

En general, la presidencia del demócrata Obama no satisfizo a los situados más a la izquierda de su propio partido, que le consideraban poco ambicioso y falto de empuje; no solo en sus primeras medidas, sino también después, durante la lucha contra el bloqueo republicano en el Congreso. Las acusaciones procedentes de sus propios compañeros se centraban en las concesiones a unos republicanos a los que se tachaba de radicales y sectarios, debido al movimiento que había tomado el control de la organización, el *Tea Party*.

Dentro de las filas demócratas Obama contó también con la oposición de los miembros más conservadores, aquellos cuya posición ideológica y programática era más cercana a los republicanos de centro-derecha y que veían en las políticas de su presidente una amenaza para el Partido Demócrata, considerado por ellos de centro; temían, en definitiva, ser tachados de socialistas por los republicanos.

Por otro lado, el ala más tradicionalista del Partido Republicano contribuyó enormemente a la defenestración del presidente. Para los más conservadores entre los conservadores, el presidente Obama era el mal a batir; empleando un término cuasi prohibido en la política estadounidense, se trataba de un "socialista" con piel de cordero demócrata, un presidente que practicaba políticas propias de la izquierda más radical, pero sin saber dirigir la economía de la primera potencia mundial. Todo esto llevó, según ellos, a que la recuperación económica fuese mucho más lenta de lo que debería haber sido para reflotar a la clase media, el sustento del país. Sus medidas de índole social solo provocaron, a la postre, división y unas pérdidas millonarias para las empresas nacionales. El mejor ejemplo de ello son las consecuencias de la reforma sanitaria.

Por tanto, los Estados Unidos vivieron durante gran parte del gobierno de Obama una situación de bloqueo político y legislativo, [115]causado por esa falta total de entendimiento entre republicanos y demócratas en el Congreso, que se trasladó a la relación entre Congreso y Presidencia. Así, una y otra parte emplearon los resortes constitucionales a su alcance para controlarse mutuamente —los ya mencionados *checks and balances*—. Por tanto, el entendimiento y la cesión mutua, que es el ambiente que debería imperar en las relaciones entre Presidencia y Congreso, dio paso a un enfrentamiento muchas veces "a cara de perro". La opinión pública, por su parte, censuró la situación cuando esta llegó a tales extremos: no se entendía la falta de acuerdo en temas considerados cruciales para el devenir del país.

En la presidencia de Obama se pudo ver perfectamente que la situación de bipartidismo extremo que provoca el gobierno dividido no ayuda en absoluto a que ambas instituciones (Congreso y Presidencia) se entiendan del modo en que los padres fundadores preveían en la Constitución. Habitualmente, cuando se llega a una situación de bloqueo, el presidente acude a las órdenes ejecutivas en respuesta a la falta de iniciativa legislativa, y a su vez el Congreso pone en marcha su propia agenda de reformas; entonces el presidente recurre al veto como arma de contrapeso.

Legislatura	Cámara de Representantes		Senado	
	Republicanos	Demócratas	Republicanos	Demócratas
2009-2011	178	257	41	57
2011-2013	242	193	47	51
2013-2015	234	201	45	53
2015-2017	247	188	54	44

Tabla 5. Secuenciación de partidos mayoritarios y minoritarios durante la presidencia de Barack Obama. Elaboración Propia.

3.6. La influencia del gobierno dividido sobre la presidencia de Donald Trump

La administración Trump (2017-2021) vino marcada desde el minuto uno por la polémica. Para algunos analistas [116] Trump fue ante todo un presidente caracterizado por los drásticos cambios de posición en asuntos clave que afectaban tanto al ámbito legislativo como al político, y en consecuencia un actor político inclasificable, muy distinto de sus antecesores, no solo demócratas, sino también republicanos. Pero para llevar a cabo un adecuado análisis de esta etapa de división entre Congreso y Presidencia es imprescindible volver a los orígenes de este proceso.

El germen de la presidencia de Trump se halla en su sorpresiva nominación como candidato del Partido Republicano para las elecciones presidenciales de noviembre de 2016. De hecho, no fue hasta ese verano, cuando su carrera por nominación republicana empezó a tomar fuerza, y su posición en las encuestas de opinión empezó a tomar forma, que se empezaron a percibir en él posibilidades reales de victoria. Solo entonces algunos analistas que lo habían desestimado como un mero comparsa y un añadido colorista en la carrera por la candidatura republicana a la Casa Blanca, se plantearon si no habrían subestimado al magnate. Su nominación surgió de entre un total de 17 candidatos, algunos de tanto peso dentro del GOP como Jeb Bush (exgobernador de Florida, hermano del expresidente Bush hijo, e hijo también del expresidente Bush padre) y otros como el gran candidato del *establishment* republicano, el senador hispano Ted Cruz, la mayor esperanza para muchos miembros del partido como candidato conservador al estilo tradicional.

Pero a la postre fue el controvertido millonario Donald Trump quien se hizo con la victoria de forma clara y contundente: fue consiguiendo victoria tras victoria y estado tras estado hasta llegar al llamado supermartes, y en la convención nacional se le acabó proclamando candidato del Partido Republicano a la presidencia de los Estados Unidos. Hasta ese momento, gran parte de la clase dirigente del partido y muchos de sus votantes más conservadores no le tomaban en consideración como un candidato con posibilidades. Pero la realidad les contradijo y ese precandidato, definido como radical, xenófobo, misógino y muchos otros calificativos, se convirtió en candidato electoral, aupado por las bases republicanas para vencer a su rival demócrata, la eterna aspirante a la presidencia Hillary Clinton.

La victoria de Trump, primero en las primarias republicanas y después (y lo más sorprendente) en las elecciones presidenciales fue el resultado de la exitosa proyección sobre el cuerpo electoral de los elementos más definitorios de su personalidad, en un momento de la historia americana en la que una parte importante de sus ciudadanos se identificaba con ellos y con los valores que encarnaban: [117] Trump encarna el prototipo de empresario de éxito, defensor de los valores tradicionales norteamericanos; la encarnación perfecta del *"American dream"*. Y, en consecuencia, el espejo en el que desearían verse millones de trabajadores blancos de clase media, esquilmados una y otra vez no solo por la clase política de Washington, sino también por la crisis económica y el paro.

Los lemas de su campaña —*"America First"* y *"Make America Great Again"* (MAGA)»— engancharon precisamente con esa mentalidad nacionalista y proteccionista de la clase media blanca protestante y tradicional de los Estados Unidos. Este grupo de población se había visto relegado por otros sectores sociales más cosmopolitas de las grandes ciudades, de trayectoria demócrata, que dominaron no solo esos ochos años de gobierno de Obama, sino previamente, durante décadas, en el Congreso y también en el propio Partido Republicano, con medidas que muchos consideraban poco conservadoras. Por lo tanto, Trump logró la nominación pese a los históricos de su partido y, sobre todo, pese a los líderes republicanos, que le veían como una especie de bufón televisivo con poca vocación política y sin ninguna vinculación histórica con la línea tradicional del partido.

Ya durante la campaña, Trump se tuvo que enfrentar al influente Comité Nacional Republicano, que maniobró hasta última hora para intentar apartarlo de la carrera electoral. También sostuvo un duro enfrentamiento con el poderoso líder de los republicanos en el Congreso, Paul Ryan, el vigente *speaker of the House*, máximo valedor en ese momento de la esencia republicana y del votante tradicional. Todos ellos contemplaron con asombro cómo Donald Trump se convertía en su candidato y posteriormente en su presidente.

Así pues, a pesar de tener a muchos en contra, consiguió la nominación por su defensa cerrada de la supremacía de su país y la población autóctona, de los obreros blancos y protestantes, de los valores tradicionales y de una economía al servicio de los Estados Unidos, frente al enemigo exterior que él identificaba con la inmigración (en especial la hispana y más en concreto la procedente de México) y con la injusta guerra comercial sostenida frente a China y la Unión Europea.

Por su parte, Hillary Clinton alcanzó su nominación como candidata del Partido Demócrata no sin dificultades. Aunque su condición de exprimera dama y exsenadora por Nueva York, unida a su extraordinaria popularidad y a sus grandes dotes comunicacionales constituían un valiosísimo bagaje, la percepción generalizada de que se trataba de un personaje divisivo –provisto de casi tantos *haters* como seguidores– lastró su campaña desde el principio. Pero tal vez fuera el escándalo, ya en sus últimos días, de las filtraciones de sus correos electrónicos y el pirateo de los servidores del Partido Demócrata lo que resultó clave para que perdiese la presidencia en favor de Donald Trump.

A la postre fue el republicano quien salió victorioso –todo sea dicho: en votos electorales, pero no en votos populares, y con la consiguiente conmoción nacional– fundamentalmente gracias al respaldo sin fisuras que recibió del electorado en los estados de los grandes lagos, de economía más industrial y por tanto afectados por la deslocalización de las grandes empresas norteamericanas. Estos votantes, obreros blancos de mediana edad, habitantes del centro y norte del país, también se habían sentido perjudicados por la política ambiental de los demócratas, sobre todo respecto del uso del carbón, y depositaron sus esperanzas en la política proteccionista del futuro presidente y en sus promesas de mano dura frente a la clase política de Washington. La campaña de Trump, caracterizada por los ataques e insultos, no hizo sino devolver a un electorado radical, poco convencional, al centro de la vida política del país. El futuro presidente fundamentó la captación de votos en hacer promesas a sus partidarios, ignorando completamente una de las premisas básicas de cualquier máximo mandatario: serlo para todos los ciudadanos de los Estados Unidos.

Tras su victoria, el nuevo presidente accedió al cargo en enero de 2017. La composición del Congreso salido de las elecciones en noviembre, en el que los republicanos se hicieron con el control de ambas cámaras (241 representantes, por 194 de los demócratas; y 52 senadores, por 46 de los demócratas) frente a unos demócratas desorientados que habían creído poder arrebatarles la mayoría e incluso hacerse con la Casa Blanca (Vid. Tabla numero 6 en el final del presente punto), apuntaba en teoría a un tranquilo bienio de gobierno unitario. Pero la realidad fue muy distinta: a pesar del dominio republicano tanto en la Presidencia como en el Congreso, y al estado de auténtico shock de los demócratas, fueron precisamente los legisladores del GOP quienes más obstáculos pondrían y quienes a la postre impedirían que el presidente implementase con total libertad las promesas hechas en campaña y que pusiera en práctica sus ansias de reforma y su ambiciosa agenda legislativa.

El periodo de gobierno unitario del primera mitad del mandato Trump se inició, pues, no con un presidente y un partido en sintonía, dispuestos a entenderse para ser implementar medidas legislativas acordes a los valores y fundamentos conservadores del partido, sino envuelto en la desconfianza mutua: Trump no confiaba en las viejas elites republicanas, y éstas veían con recelo a un presidente que, aun elegido bajo su ticket, no compartía ni las formas ni el buena parte del contenido de su agenda. La relación del Partido Republicano y sus líderes con el flamante nuevo presidente fue más bien tensa e incluso distante desde el principio. De hecho, hasta bien entrada la campaña electoral el poderoso líder del Congreso, Paul Ryan, no aceptó respaldar públicamente la candidatura de Trump; y el encuentro entre ambos no dejó de ser una escenificación pública de sus múltiples diferencias en áreas como la economía o la inmigración. Para muchos sectores del partido, la criminalización de los inmigrantes y la mano dura contra ellos les pueden hacer perder a un electorado clave y disminuir la popularidad del partido en un segmento de la población que claramente se inclina por el voto demócrata; al igual que sucede con las minorías étnicas y las mujeres, otros de los puntales del partido del asno.

De manera que las relaciones entre los líderes de la Cámara de Representantes y el Senado con el presidente Trump empezaron no siendo tan estrechas ni cordiales como cabría esperar de miembros del mismo partido. La primera gran prueba de fuego para el presidente sería la derogación de la reforma sanitaria de su antecesor, el "Obamacare"; reto y prioridad, por otra parte, compartidos con el conjunto de los republicanos. Ahora bien, el alcance y la amplitud de las medidas propuestas para contrarrestarlo no lograron el efecto deseado ni desde la Presidencia ni desde el Congreso. A ello hay que sumar las tensiones existentes en cuanto a la política económica y comercial de los Estados Unidos, ya que los republicanos más tradicionales chocaron con la visión proteccionista del presidente: aquellos consideraban que Trump, con su actitud, iba en contra de la estrategia de libre comercio y libertad individual de la que siempre había hecho gala y bandera el Partido Republicano.

Antes de todo esto el nuevo presidente, valiéndose principalmente de órdenes ejecutivas, dio comienzo a su cruzada contra la inmigración y la regulación masiva de extranjeros llegados al país de forma irregular. Su obsesión con la construcción de un muro de separación con México, o con el control de las fronteras, fueron algunas de sus medidas más polémicas, y en este aspecto llegó incluso a chocar con destacados senadores de su partido, como John McCain, del que cuestionó incluso su veteranía y fuerza como excombatiente, pese a tratarse de todo un símbolo del Partido Republicano.

Aprovechando esta coyuntura, el Partido Demócrata lanzó una campaña en la que transmitían el mensaje de que tanto los republicanos como el presidente Trump buscaban perjudicar la salud de sus ciudadanos, una vez que al fin su cobertura sanitaria estaba garantizada gracias a la reforma de Obama. Con independencia de que conllevara un aumento de los costes para las aseguradoras y de que muchas empresas amenazasen con cerrar o bien con salir del mercado de los seguros sanitarios, la opinión pública se mostró contraria a la derogación y eso hizo inclinar la balanza del lado de los más moderados del Partido Republicano en la Cámara de Representantes.

De este modo, un número destacado de congresistas decidió no aceptar la propuesta de derogación del presidente, que ya había sido pactada con los líderes de la Cámara de Representantes (con Paul Ryan a la cabeza). Trump, al enterarse, estalló en Twitter y otras redes sociales, y el mismísimo *Speaker of the House* se vio obligado a intervenir para evitar una fractura interna del partido. Así que, pese a las negociaciones entre la Presidencia y los líderes del Congreso, y a los intentos del presidente de llegar a acuerdos incluso en reuniones con pequeños grupos de congresistas en la Casa

Blanca, la derogación del "Obamacare" fracasó con claridad en la Cámara de Representantes y la credibilidad republicana —junto con la del presidente— sufrió un serio revés precisamente en una legislatura que debía haberse presentado más suave y tranquila gracias a la situación de gobierno unitario, la misma que tuvieron George Bush hijo o el propio Obama en sus primeros dos años de mandato.

En paralelo, comenzó una investigación al presidente por la posible injerencia rusa en las elecciones presidenciales, así como por la supuesta obstrucción a la justicia de Trump al destituir al director del FBI, James Comey. El fiscal general se inhibió y dejó la investigación en manos de su número dos y adjunto, que a su vez procedió al nombramiento de un fiscal especial, el exdirector del FBI y figura de reconocido prestigio Robert Mueller. Este inició sus pesquisas ignorando los continuos ataques del presidente, que intentaba a toda costa mermar su credibilidad y la de su investigación, calificándola de "cazas de brujas".

A partir de este momento empezaron a caer cargo tras cargo y asesor tras asesor del presidente. La investigación del fiscal especial se convirtió en una espada de Damocles sobre la cabeza de Trump. Tras las elecciones legislativas se inicio un proceso de *impeachment* contra Trump, en el que se le acuso de obstrucción a la justicia y/o de colaboración con un país extranjero para manipular el resultado de las elecciones. Esta ultima acusación no llego a materializarse, toda vez que –como ya hemos explicado anteriormente– al final el proceso de *impeachment* los demócratas valoraron como mas sólida no la "trama rusa" sino el escandalo del intento de extorsión al presidente de Ucrania.

La situación de inestabilidad continuó en los siguientes meses debido a la revelación constante de nuevos datos en la investigación y a la actitud variable del presidente, quien, por ejemplo, restó credibilidad a sus servicios de inteligencia en una reciente reunión mantenida en Helsinki con el presidente ruso Vladimir Putin, y a continuación rectificó y se desdijo, aunque no del todo. A ello hay que sumar que Trump demostró no trabajar bien en equipo (según sus excolaboradores), por lo que las dimisiones y las destituciones son una constante a su alrededor —más de 50 en total desde el inicio de su mandato, entre ellas las de figuras tan importantes como el secretario de Estado o el director del FBI—. Esto, a su vez, impidió que su iniciativa fuera clara en el ámbito legislativo y también afectó en gran medida a la política exterior y de seguridad de la nación.

Por otro lado, también menudearon las dimisiones en el entorno organizativo de la Oficina de la Casa Blanca, entre ellas la que afectó al cargo de portavoz de la Casa Blanca. La causa –y también la consecuencia de ello– , fue que el propio presidente decidiera tomar en sus propias manos su política de comunicación, y que ésta se fundamentara en el uso y el abuso de la plataforma social Twitter[118]. Esto lleva a que muchos asuntos de relevancia no fueran tratados de manera adecuada, ni con su partido ni con los líderes del mismo en el Congreso.

Por si no eran pocos los problemas a los que se enfrentaba Trump, tampoco ayudo su actitud extremadamente proteccionista en política comercial, como ya hemos visto. La salida de los Estados Unidos de acuerdos multilaterales como el Transpacífico; la renegociación del Acuerdo de América del Norte entre México, los Estados Unidos y Canadá; la guerra comercial con China e incluso con la Unión Europea son ejemplos que llevaron a muchos congresistas y senadores a alzar la voz en contra de su presidente. Para ellos, el libre comercio es una de las señas de identidad del Partido Republicano.

Pero la cuestión es que el presidente se limitó a cumplir sus promesas electorales y para ello trasmitió una idea muy concreta: que se debía a sus electores, [119]blancos de clase obrera, trabajadores del sector industrial afectado por esos tratados de libre comercio que han provocado que la balanza comercial de los Estados Unidos respecto a China, México o la Unión Europea fuera deficitaria. Por ello la imposición de aranceles a las importaciones y la protección de la industria y los trabajadores locales se contaron entre las prioridades de su presidencia –y confió en que lo fueran también del Congreso, donde su partido ostentaba la mayoría.

Otro aspecto de la política exterior en el que el presidente y su partido chocaron fue la defensa colectiva; es decir, la OTAN: para los halcones del Partido Republicano, la Alianza Atlántica es el eje de la defensa y la influencia mundial de los Estados Unidos, junto a su relación preferente con Gran Bretaña. Sin embargo, Trump concebía estas alianzas como un despilfarro de dinero público que siempre asumían los Estados Unidos. Por esta razón, desde que Trump llegó a presidente fueron constantes los enfrentamientos en las cumbres atlánticas con otros socios de la OTAN: él les exigía mayor colaboración e inversión en defensa con el objetivo de que los países europeos se hicieran cargo de su propia seguridad sin que los Estados Unidos fueran el mecenas de todos ellos; y éstos respondían lamentando la inhibición de los Estados unidos en los grandes problemas securitarios. El electorado que apoyó a Trump coincidía en esto con su presidente; no así un grupo de senadores republicanos encabezados por John McCain, que veían muy peligroso debilitar las relaciones trasatlánticas en un momento de inseguridad internacional como el actual, y muy humillante abdicar de sus responsabilidades al respecto.

Sin embargo, no todo fueron enfrentamientos entre Trump y su partido. Las relaciones entre ambos se apuntaron al menos un éxito legislativo en este periodo de gobierno unitario: la reforma fiscal presentada por el presidente y avalada por los líderes de la mayoría republicana en el Congreso. Esta reforma implicaba una rebaja generalizada en los impuestos, tanto a grandes y pequeñas empresas como a los contribuyentes individuales. Esta medida, hasta ese momento el gran legado económico de la presidencia de Donald Trump, favoreció la inversión y el consumo, lo que concordaba con los intereses de su partido y al mismo tiempo con sus promesas electorales. Pero en paralelo surgió un gran problema, el aumento del déficit público, y este fue uno de los puntos sobre el que muchos republicanos opinaban que el presidente se situaba más cerca de los demócratas que de su propio partido, ya que parecía no querer rebajar la deuda nacional y el gasto de la Administración federal.

Otro de los éxitos del presidente Trump en este primer periodo de su mandato fue el cosechado en el proceso de composición de su gabinete; todos sus nombramientos fueron ratificados por el Senado, si bien alguno que otro con cierta polémica. Aunque en materia de nombramientos, el principal y más histórico éxito de Trump fue lograr nombrar –aunque no sin oposición– a nada menos que tres jueces del Tribunal Supremo, la máxima institución judicial estadounidense. Como sabemos, esta es una de las facultades presidenciales que más poder implican y que mayor huella imprimen en el sistema político y constitucional de los Estados Unidos. La primera baja que fue necesario cubrir en este periodo se produjo, como señalamos anteriormente, al final de la presidencia de Obama, pero la propuesta de este no fue ratificada en el Senado debido al bloqueo republicano previo. De modo que, tras la llegada de Donald Trump al poder, su partido presentó un candidato alternativo (el juez del Décimo Circuito de Apelaciones Neil Gorsuch) y logró cubrir la vacante; así, en aquel momento había un empate a cinco entre conservadores y progresistas en el Tribunal Supremo. Posteriormente otro miembro de la institución se jubiló; con lo que el presidente Trump tuvo la oportunidad de proponer a otro candidato del gusto republicano (Brett Kavanaugh, juez del Circuito de Apelaciones del Distrito de Columbia) y logro su ratificación por el Senado. La última nominación se produjo tras el fallecimiento de la juez Ruth B. Ginsburg cuya sustitución por la Amy C. Barret (juez del Séptimo Circuito de Apelaciones) propició que la balanza del Tribunal Supremo adquiriera un evidente sesgo conservador. Este es uno de los mayores logros de la presidencia de Trump.

En el campo presupuestario las diferencias de Trump con su partido volvieron a aflorar y evidenciaron lo atípico de esta situación de gobierno unitario. [120]El presidente presentó sus primeros presupuestos, que fueron remitidos al Congreso para su aprobación, donde continuo el bloqueo. La falta de fondos, de liquidez que conlleva esa ausencia de unos presupuestos aprobados —debida a su vez a la incapacidad del Partido Republicano y el presidente para ponerse de acuerdo. Para tratar de evitarlo, el presidente se citó incluso con los líderes demócratas y consiguió llegar a un acuerdo con ellos. Esto supuso una clara muestra de la fragilidad existente en la relación de Trump con los republicanos.

Pese a establecer un pacto con los demócratas, el presidente no consiguió acuerdo alguno con ellos respecto de su famoso muro con México ni de la revocación de los permisos de residencia de los denominados *dreamears*, inmigrantes llegados a EE. UU. en la década de los 90, siendo niños, y que gozan de permiso de residencia gracias a una regulación anterior a la llegada al poder de Trump. Este, por medio de una orden ejecutiva, inutilizó ese visado especial, provocando la ira de los demócratas y de ciertos sectores de la sociedad civil. De hecho, los demócratas supeditaron la concesión de una extensión de los fondos federales a la aprobación de una prórroga de tales permisos.

Es posible observar, pues, cómo los dos primeros años de este presidente en la Casa Blanca se caracterizaron por un estilo muy particular de gobernar en el que no tuvo en cuenta ni siquiera a su propio partido, solo a sus electores —en torno al 40% del electorado total—, a los que consideraba claves para su reelección y sobre todo para que su partido consiguiera retener las mayorías en el Congreso. Desde finales de 2016 hasta enero de 2019 los Estados Unidos atravesarían un periodo de gobierno unitario atípico, dominado por la división en el seno de la organización política que está en el poder; el Partido Republicano, del que partirían casi todos los impedimentos a su presidente a la hora de implementar su agenda legislativa, tachada desde muchos sectores de la sociedad norteamericana como radical, xenófoba y nacionalista. Las diferencias en el seno del partido, sobre todo entre el presidente y los senadores más moderados, llevaron a Trump a perder votaciones como la de la derogación de la reforma sanitaria de su antecesor demócrata, Barack Obama, y también a ver cómo quedaban paralizadas sus propuestas más radicales, las que se situaban fuera del ideario tradicional-conservador del Partido Republicano.

Pasamos ahora a analizar la siguiente etapa de la presidencia de Trump, que arranca con el mes de noviembre de 2018 con el resultado de las elecciones de medio mandato o *midterms*.

En estos comicios, el presidente y el Partido Republicano se jugaban hacer frente a la denominada por los medios "ola azul", que amenazaba incluso con arrebatarles la mayoría en el Senado. Las encuestas auguraban un resultado muy favorable para los demócratas en la Cámara de Representantes y más ajustado —de no producirse un vuelco total— en el Senado. Esto último se debía a que en el Senado se renovaban solo 35 escaños, es decir, un tercio del total, de los que apenas nueve estaban en la anterior legislatura en manos republicanas. Por ello, los republicanos se jugaban bastante menos que los demócratas en las elecciones senatoriales, si bien no así en las elecciones a la Cámara. No obstante, podría darse el caso de que una movilización importante contra el presidente y su partido provocase incluso la pérdida de la mayoría en el Senado; un vuelco electoral de este tipo es improbable pero no imposible.

Los resultados de dichas elecciones de medio mandato –que se pueden consultar en la tabla numero 6 en la conclusión del presente punto– supusieron la cesión de la Cámara a los demócratas, que remontaron nada menos que cuarenta escaños a sus rivales, y el mantenimiento del status quo en el Senado. Y contribuyeron a sentar el veredicto de los electores respecto de lo sucedido en los dos primeros años de mandato de este controvertido presidente republicano. Ya la campaña electoral se aventuraba muy polarizada: desde las filas republicanas se exigía al presidente que se centrara, como base de su campaña, en la buena marcha de la economía y los datos de ocupación laboral; en ese momento la tasa de desempleo se encontraba cercana al 3,5%, la más baja desde los años 60 en este país, lo cual era digno de aprovechar como un éxito de su presidencia. El objetivo era no solo evitar la pérdida del Senado (cosa por otro lado improbable), sino retener la mayoría en la Cámara de Representantes.

Pero la peculiar forma de ser del presidente y las maneras "jaleadas" por su electorado hicieron que muchos de sus candidatos se contagiaran de ese estilo político, de manera que la inmigración[121] se convirtió en el tema central de campaña; esto fomentó la división y la polarización entre el electorado estadounidense. En definitiva, Trump mantuvo en esa segunda campaña la estrategia que lo llevó al poder: dirigirse única y exclusivamente a sus votantes, a sabiendas de que son leales y cuando es necesario se movilizan.

Esta actitud contrasta enormemente con la de los demócratas, que convirtieron las elecciones de medio mandato en un plebiscito sobre la persona del presidente. Además, en muchas ocasiones el propio Trump afirmó que, aunque su nombre no figurase en las papeletas —ya que se trataba de elecciones legislativas y no presidenciales—, sus votantes debían tener presente que lo estaban votando a él. Y los demócratas fomentaron esta polarización, con la idea de que el rechazo y la desaprobación general hacia el presidente podrían generar esa ola azul que inundase las dos cámaras y aupase al poder a más gobernadores demócratas.

Finalmente, los resultados de estas legislativas permitieron confirmar el vuelco electoral propiciado por la tan anunciada "ola azul": los republicanos perdieron la Cámara, de modo que el poder en el Congreso quedó repartido, lo que demuestra que la ciudadanía estadounidense prefería que su presidente quedara bajo el control y la influencia del partido contrario en el Congreso y, en general, en el sistema. En cambio, el Partido Republicano conservó el control en el Senado —debido, como ya se señaló, a que el número de senadores en liza era menor, y la mayoría eran escaños demócratas—. Esto es más importante de lo que parece: una mayoría republicana en dicha cámara, esencial para que un proceso de *impeachment* llegue a buen puerto, frenaría en gran medida las investigaciones impulsadas por el Partido Demócrata sobre el presidente.

Otro de los puntos a tener en cuenta es que en esas elecciones muchos candidatos demócratas se impusieron en estados considerados tradicionalmente republicanos, como los del centro del país o los de los grandes lagos, donde de hecho

Trump obtuvo la victoria en las presidenciales. Sin embargo, no lograron hacerse ni con el escaño del senador Ted Cruz —que venció al candidato demócrata por menos de un punto de diferencia— ni con el gobierno del codiciado estado de Florida. También estados como Ohio o Texas continuaron en manos republicanas, aunque en ciertos casos con márgenes muy estrechos. En cambio, otros como Pensilvania, Míchigan o Dakota del Norte siguieron la tendencia inversa y el Partido Demócrata obtuvo en ellos la mayoría.

De este modo, los resultados de las elecciones de medio mandato o *midterms* de 2018 indicaron que el electorado estadounidense eligió la configuración de gobierno dividido, pero incluyendo la división del Congreso; es decir, un presidente republicano, una Cámara de Representantes de mayoría demócrata y un Senado de ajustada mayoría republicana. Por tanto, el Congreso tuvo su propia situación de división y de tensiones entre las dos cámaras que lo conforman; esto podía ocasionar más enfrentamientos aún de los esperados en una típica situación de gobierno dividido.

La reacción de la Casa Blanca y del presidente Trump ante estos resultados consistió en minimizar la victoria demócrata en la Cámara de Representantes y focalizarse en el Senado. Y es que en los últimos días de campaña el presidente ya daba por perdida la Cámara de Representantes, así que invirtió todo su esfuerzo en conseguir senadores en estados como Misuri, donde la lucha estaba más reñida. Su objetivo era evitar a toda costa la pérdida del Senado, porque eso sí que habría tenido nefastas consecuencias para el Partido Republicano y en especial para la Presidencia, cuyas iniciativas políticas, tan temerarias, podrían haberse visto frenadas en seco, y cuyo *impeachment* era ya mas que probable.

Bien es cierto que con este nuevo panorama Trump se vio obligado a recurrir con frecuencia a las órdenes ejecutivas, debido al bloqueo de sus iniciativas más radicales o controvertidas por parte de la nueva mayoría demócrata en la Cámara de Representantes. Es el caso de la construcción del muro en la frontera con México, en general su política de inmigración o sus intentos, hasta ahora infructuosos, de derogar la reforma sanitaria de Obama. Otra opción factible para Trump fue la de introducir las medidas a través del Senado, aunque estas luego fueron bloqueadas por la Cámara de Representantes lo que produjo una situación generalizada de bloqueo político y de desconfianza entre ambas cámaras legislativas y la Presidencia.

Asimismo, hay que tener en cuenta la capacidad de los demócratas para impulsar comités de investigación que empezaron a investigar las irregularidades de la campaña y en posibles ilegalidades en el comportamiento del presidente, quien se negó a mostrar su declaración de la Renta y su inventario de bienes.

No obstante, el Partido Demócrata —a través de su líder de la mayoría y, por tanto, presidenta de la Cámara de Representantes, Nancy Pelosi— afirmo en aquel primer momento, que no desean impulsar un proceso de *impeachment* contra el presidente, que en cualquier caso supondría un panorama no exento de complicaciones para los propios demócratas. Estos tienen en mente el antecedente más directo, el *impeachment* lanzado por el Partido Republicano contra Clinton, y cómo provocó el efecto contrario al esperado y se volvió más perjudicial para los propios republicanos. En el caso de Trump, una iniciativa de este tipo reforzó su figura ante sus electores, que, como ya hemos visto, son muy fieles.

Los dos últimos años de la presidencia del republicano Donald Trump estuvieron marcados por el gobierno dividido y la fractura también dentro del Congreso. Todo ello en medio de un ambiente social muy polarizado y con una campaña de primarias demócrata en la que no estaba nada claro el resultado. Por tanto, se produjo un bloqueo legislativo, aunque esto no quiere decir que el presidente no fuera capaz de llegar a acuerdos en temas concretos con los demócratas, como el gasto público o las infraestructuras; pero estos acuerdos fueron de mínimos y muy puntuales. Por otro lado, la inmigración, el cambio climático, la defensa o los derechos civiles centraron las disputas entre la Presidencia y la Cámara de Representantes, por una parte, y el Senado por otra.

En definitiva, los Estados Unidos se enfrentaron a una situación de inestabilidad legislativa, política e incluso institucional en los dos últimos años. Llegados a este punto, recopilaremos a continuación los aspectos más destacados del segundo periodo la presidencia Trump, hasta noviembre de 2020.

Como se constata, en la presidencia de Donald Trump el gobierno dividido ha jugado un papel fundamental en sus dos últimos años. A partir de las elecciones de medio mandato de 2018, el Partido Demócrata recuperó la Cámara de Representantes, lo que permite ver que tanto la influencia del gobierno dividido como la explosiva forma de gobernar del presidente Trump provocaron una situación de parálisis y bloqueo. Se pueden poner varios ejemplos al respecto:

- La propuesta de Trump sobre la construcción del muro en la frontera mexicana. Al respecto se produjo un choque de trenes con la nueva mayoría demócrata del Congreso: el presidente deseaba que se incluyera esa partida presupuestaria, lo que provocó que los presupuestos no entrasen en vigor en plazo y forma. Si bien esta circunstancia es habitual en el sistema político actual de los Estados Unidos, finalmente el presidente cedió y aceptó una partida destinada únicamente a reforzar la vigilancia en la frontera con México.
- El problema con los *dreamers*, jóvenes inmigrantes que siendo menores obtuvieron la residencia estadounidense. El presidente les retiró dicha condición, lo que provocó una nueva fricción con los demócratas en la Cámara

de Representantes. A ello hay que sumar la política migratoria general y la aparición mediática de numerosas imágenes de separación de familias de inmigrantes en la frontera.

- La trama de Ucrania y el proceso de *impeachment* hicieron que la situación de cohabitación entre demócratas y republicanos empeorase.
- El último punto a destacar es la pandemia global generada por la COVID-19. El paquete de estímulos inicialmente aprobado por el Congreso no fue prorrogado, lo que dio lugar a un nuevo choque entre la Presidencia y la Cámara de Representantes.

Podemos concluir que esta situación de gobierno dividido no se ha visto agravada ni la presión sobre la presidencia de Trump ha sido tan fuerte como la esperada en los dos últimos años de su mandato porque los republicanos mantenían el control del Senado.

En cualquier caso, es cierto que de cara a las elecciones presidenciales de 2020, la situación de gobierno dividido fomentó la polarización en los Estados Unidos y el presidente Trump sufrió sus consecuencias en un resultado electoral adverso. A ello le sumamos que ha sido el primer presidente desde George Bush padre en perder una reelección. No solo este dato es destacable, además en vísperas de la confirmación de los resultados electorales por el Congreso alentó un asalto sin precedentes al capitolio en Washington DC. Los altercados del 6 de enero del 2020 marcaron el final de la presidencia de Donald Trump. Con su mitin horas antes del asalto al capitolio como telón de fondo.

Legislatura	Cámara de Representantes		Senado	
	Republicanos	Demócratas	Republicanos	Demócratas
2017-2019	241	194	52	46
2019-2021	199	235	52	45

Tabla 6. Secuenciación de partidos mayoritarios y minoritarios durante la presidencia de Donald Trump. Elaboración Propia.

CONCLUSIONES

CONCLUSIONES

Llegados a este punto, y concluido nuestro pormenorizado análisis de las causas, dinámicas y efectos sobre el sistema político y constitucional estadounidense, tanto en la relación de poderes como a lo largo del tiempo, de la institución del gobierno dividido, procede presentar las conclusiones a las que cabe llegar a partir de los contenidos del presente trabajo, en la confianza de que éstas nos permitan comprender mejor y de una manera más sintética nuestros hallazgos de las páginas precedentes.

I

Para empezar, es fundamental tener presente que la Constitución estadounidense es un paradigma de separación perfecta entre los tres principales poderes: legislativo, ejecutivo y judicial, toda vez que su articulado se afana en definir y diferenciar las funciones y atribuciones de cada uno. Pero también recordar que aun así, y como se ha visto en este trabajo, dicha separación queda muchas veces lejos de ser perfecta, toda vez que en el modelo constitucional norteamericano no faltan tampoco mecanismos de interacción mutua entre sus instituciones. A pesar de ello, su modelo es el ejemplo más recurrente de "separación de poderes" en el ámbito del Derecho Constitucional comparado.

Y es que el objetivo perseguido por los padres fundadores de los Estados Unidos era el de basar la separación de poderes en un sistema de frenos y contrapesos (*checks and balances*) para hacer posible la convivencia entre los tres poderes del Estado de una manera tal que unos no pudieran prevalecer sobre los demás, y para ello establecer siempre un sistema de control de cada institución sobre las restantes. Así, el sistema de *checks and balances* ideado por la Constitución estadounidense facilita que el Congreso no vaya más allá de su actividad legislativa (que es la que le corresponde) ni se entrometa en la ejecutiva; que el Ejecutivo (es decir, la Presidencia del país) no llegue nunca a dominar a los poderes legislativo y judicial, y que este último tenga la suficiente autonomía como para impartir justicia y controlar los excesos de las otras dos instituciones.

De este modo, cuando el Congreso pone en práctica su prerrogativa para destituir al presidente mediante el proceso de *impeachment* se trata de un contrapeso al poder de elección y legitimación popular del máximo mandatario. El inquilino de la Casa Blanca tiene muy presente que, llegado el caso, el Congreso (como símbolo del poder legislativo) puede promover su destitución mediante un juicio que se inicia en la Cámara de Representantes y culmina en el Senado. Por tanto, los contornos de esa separación "perfecta" se empiezan a desdibujar. Asimismo, el poder ejecutivo puede controlar mediante otro contrapeso la función legislativa del Congreso; como se ha explicado en capítulos previos, esto se consigue con el veto presidencial. Y un último ejemplo de esto sería la capacidad del Ejecutivo —mediante la figura del presidente— de nominar a los candidatos a jueces del Tribunal Supremo, mientras que la confirmación de estos nuevos cargos es responsabilidad del Senado; el mandato de un juez del Tribunal Supremo es perpetuo, es decir, solo puede cesar por jubilación o defunción.

Por tanto, la estricta separación de poderes que se plantea de forma teórica significa, en la práctica, un sistema de controles e influencias mutuos.

En otro orden de cosas, es imposible negar que aunque la regulación constitucional tanto del Congreso como de la Presidencia de los Estados Unidos pretendió en su día ser minuciosa y exhaustiva, el diseño originario de la Constitución de Filadelfia ha ido resultando excesivamente parco con el transcurso de los tiempos. Tanto el Congreso como, sobre todo, la Presidencia han ido ampliando con el paso de los años sus funciones y su capacidad de influencia en la toma de decisiones, y también su complejidad organizativa, hasta el punto de decir que es posible que en la actualidad estemos ante una presidencia de corte imperialista o con rasgos más presidencialistas de los deseados por los padres fundadores de la nación. En este sentido, aunque las competencias legislativas recaen en el Congreso, en las últimas décadas éste ha ido cediendo terreno en muchas de ellas a la Presidencia; institución que, además, resulta clave para el establecimiento y desarrollo de la Administración federal, puesto que los equipos que conforma son el principal garante de dicha Administración.

II

Por lo que hace a la conformación del sistema estadounidense de partidos, hemos visto cómo el modelo político adoptado en ese país desde el inicio mismo de su andadura democrática ha sido el del bipartidismo perfecto. Tras una evolución de varias décadas, los americanos acabaron repartiendo sus preferencias políticas entre dos grandes partidos, el Republicano y el Demócrata, que entre ambos acaparan la práctica totalidad de los puestos en la Cámara de Representantes y el Senado, monopolizan las gubernaturas y los legislativos estatales, y se alternan en la presidencia del país. Y ello hasta unos límites verdaderamente carentes de parangón en otras latitudes, hasta el extremo de que el bipartidismo perfecto de los EE. UU. implica que no haya cabida para otras opciones, pese a los intentos de romper la situación —por parte de terceros partidos o de candidatos más o menos independientes— que se producen cada cierto tiempo.

Los rasgos programáticos e ideológicos de uno y otro partido han ido conformándose y luego evolucionando de manera gradual; y ello de un modo que ha hecho que su evolución haya sido sorprendente a la luz de sus posiciones iniciales, tanto en lo más pragmático como en lo puramente ideológico. De hecho, cabría incluso afirmar que demócratas y republicanos han intercambiado sus papeles iniciales respecto a cuestiones como la defensa de la esclavitud y la integración racial, la libertad de empresa, el tamaño deseado de la Administración federal y las relaciones entre ésta y la de los Estados, o la manera de enfrentarse a la inmigración o a las crisis económicas. Como resultado, el Partido Republicano pasó de ser la formación más progresista del mapa político americano a finales del siglo XIX a ser a finales del XX el adalid del conservadurismo político, y el Partido Demócrata el defensor del progresismo y la nueva izquierda norteamericana cuando sus orígenes fueron notablemente más conservadores.

Y es que, en efecto, en los primeros momentos del Partido Republicano, su gran referente era la presidencia de Lincoln. El *Grand Old Party* (GOP) era entonces el principal partido del país: la formación que ostentó la presidencia y dominó ambas cámaras del Congreso durante buena parte de la historia de los Estados Unidos hasta bien entrado el siglo XX, implantado con fuerza en los estados del norte, más industrializados. Esto marcó sus ideas en defensa de la abolición de la esclavitud y de los derechos de los trabajadores, incluidos los afroamericanos; de este modo se entiende que Abraham Lincoln fuese la figura más prominente de esa época. Sin embargo, con el cambio de siglo la derecha, el conservadurismo, arraigó en el seno del partido, y llegados a la década de los 80 se convirtió, tras la presidencia de Reagan, en el Partido Republicano que conocemos hoy en día, cuyo máximo exponente es Donald Trump.

El talante conservador de este partido es especialmente claro, pues, en este último presidente, que defiende sin ambages la libertad individual y de empresa, así como la reducción y control de las competencias de la Administración federal. En este sentido, pretende lograr una Administración manejable, que no pueda inmiscuirse más que en lo estrictamente necesario en la vida privada y la libertad individual de los ciudadanos. Tal tendencia programática e ideológica, si bien ha sido más o menos moderada dependiendo del tipo de presidente que hubiera en cada momento, se ha mantenido siempre en la esencia del partido. A ello hay que sumar el famoso *Contrato con América*, derivado de la era de conservadurismo propiciada por el presidente

Reagan, así como la intervención de la derecha religiosa, que ha ido extendiendo progresivamente su influencia dentro de la organización.

Pero aún hay más: el Partido Republicano ha llegado a situarse en posiciones no ya conservadoras, sino incluso radicales —en opinión de algunos sectores de la sociedad norteamericana— con la aparición en sus filas de *Contract with America* y el movimiento *Tea Party*, caracterizados por una postura reaccionaria en lo económico, lo religioso y los valores. Esta última corriente empezó a tomar fuerza tras las elecciones presidenciales y legislativas de 2008 y más tarde, en las legislativas de 2010, logró una mayoría en la Cámara de Representantes que los llevó a dominar el Partido Republicano. Figuras como la del senador Ted Cruz, el presidente de la Cámara de Representantes hasta 2018, Paul Ryan, o la ex gobernadora de Alaska, Sarah Palin, guiaron a una nueva oleada de congresistas y senadores de corte muy conservador a inundar el partido.

Y esto, al parecer, no ha sido más que el principio: el Partido Republicano sigue evolucionando hacia posiciones más a la derecha, y la consecuencia de esto y de una presidencia en extremo personalista como fue la de George Bush hijo es la aparición de Donald Trump; quien enfrentándose a todo y a todos, logró sacar adelante su candidatura a la Casa Blanca y más tarde derrotó a la todopoderosa Hillary Clinton. Eso provocó que llegara a ser presidente alguien que no era republicano en origen, sino que utiliza el partido como herramienta para lograr sus fines particulares. De hecho, también defiende ciertas posiciones que se pueden calificar como demócratas, y otras, en cambio, que van mucho más allá de la ideología clásica del partido conservador.

Por tanto, en la actualidad se ha llegado a la radicalización y el populismo hasta tal punto que el Partido Republicano abraza sin demasiados complejos la lucha contra la inmigración, llegando a extremos que van mucho más allá de los defendidos siempre por ellos. Además, los ataques hacia el feminismo o el aborto, o los comentarios xenófobos del presidente Trump, están provocando la espantada del electorado más moderado del partido, lo cual a su vez ha llevado a que los dos principales sectores republicanos se enfrenten; por un lado están los centristas y por otro los más derechistas, y estos últimos sienten al presidente como algo propio, como un arma electoral perfecta. La batalla está siendo actualmente ganada por ese sector, lo que ha llevado al partido a renegar del libre comercio mundial —hasta la fecha símbolo del conservadurismo norteamericano— o del papel jugado por la Alianza Atlántica —cuando los republicanos siempre habían estado a la cabeza de su defensa y de la expansión de esta organización por el mundo occidental—. Habrá que seguir muy de cerca la evolución del partido republicano tras la derrota en las elecciones presidenciales del 2020 y lo que se conoce como era de Trump.

Pero la evolución ideológica no solo ha afectado a los republicanos; también el Partido Demócrata ha vivido un proceso similar. Desde su fundación, que estuvo a cargo entre otros de Jefferson, hasta la actualidad ha cambiado de forma considerable hasta convertirse en el partido progresista y centrista que es —o que era hasta hace relativamente poco—. Este partido nació en el sur del país, y sus posiciones en defensa de la esclavitud y del mundo rural lo mantuvieron en un segundo plano hasta prácticamente el siglo XX. Fue con la llegada de la inmigración procedente de Europa cuando su base electoral se amplió y su tendencia conservadora giró hacia posiciones de centro y en defensa de las minorías. Las diferentes presidencias demócratas, como la de Johnson, fueron marcando esta evolución. Del mismo modo, acontecimientos como la Guerra de Vietnam propiciaron aún más el viraje del partido hacia la izquierda moderada.

Así, el viejo Partido Demócrata dio paso a otro muy distinto que apostaba por los derechos de las minorías y se volvió progresista en muchos aspectos, como la subida de impuestos a las clases altas o la defensa de la inmigración legal y la inclusión de estas personas en la sociedad como reflejo de la diversidad del país. Se da, pues, la paradoja de que las tesis defendidas por el presidente Lincoln podrían encajar mejor hoy en día con el Partido Demócrata que con el Partido Republicano, si bien es verdad que este último ha sufrido una transformación más intensa que su rival en los últimos años.

Pero esta evolución está lejos de haber terminado, ya que el Partido Demócrata sigue en estos precisos momentos sumido en una suerte de catarsis. Tras el fracaso de su más ambiciosa alternativa, Hillary Clinton, los dos sectores clave del partido —el centrista y el izquierdista, encarnado este último por el senador Bernie Sanders— se enfrentaron por el control del partido y por tomar la mejor posición en las elecciones presidenciales de 2020. Este pulso se saldo con una nominación centrista en las elecciones del 2020, pero el cada vez más previsible fracaso del liderazgo de Joe Biden podría revertir ese estado de cosas.

Los demócratas actuales son herederos a la vez de las políticas liberales de Bill Clinton y de las más progresistas de Barack Obama: políticas como la defensa de los derechos civiles de las minorías o del derecho al aborto y la igualdad de oportunidades de las mujeres. Aunque en el presente el Partido Demócrata se está desplazando hacia la izquierda de un modo que muchos no creían posible; prueba de ello son las candidaturas al Congreso —y, más concretamente, a la Cámara de Representantes— de figuras emergentes latinas, mujeres e incluso de quienes llegan a autocalificarse como socialistas. Esto ha hecho temblar a la clase dirigente del partido, más conservadora y que siempre ha mantenido bajo control al sector progresista para que estuviera satisfecho pero no se pasara de la raya. Esta "revolución" joven, diversa, feminista y de izquierdas surgió a las puertas de las elecciones de medio mandato de 2018, y como cara visible del Partido Demócrata más tradicional solo ha quedado la veterana Nancy Pelosi, ahora superada por el líder de la minoría en la Camara de Representantes el congresista Hakeem Jeffries (legislatura 2022-2024). También ha continuado con las elecciones legislativas y presidenciales de noviembre del 2020. Estás ultimas elecciones, las elecciones legislativas del 2022, han reforzado a la facción progresista del partido.

Otra de las conclusiones que se pueden extraer de este trabajo es la constatación de que en los Estados Unidos la estructura partidista es débil y está poco jerarquizada. Ambos partidos nacieron en un contexto en el que no se concebían las organizaciones políticas como tales. Aún en la actualidad su implantación en cuanto a militancia es escasa, y carecen de una estructura interna fuerte, a diferencia de sus homólogos europeos, mucho más jerarquizados. En el caso estadounidense, la estructura es clara en los niveles local o de distrito y estatal; también tienen un comité nacional con su correspondiente presidente en la cúspide. Pero tal esqueleto es poco jerárquico y en realidad la independencia entre niveles marca el día a día de cada partido; su función principal es la de favorecer el buen funcionamiento de la maquinaria electoral.

Este extremo lleva a otra de nuestras conclusiones: los partidos políticos estadounidenses sirven principalmente al proceso electoral. Mediante los respectivos comités nacionales, estatales y locales organizan el proceso de primarias y también la captación de inscripciones en el censo electoral para las votaciones, ambos aspectos auténticas puntas de lanza de los partidos para la movilización de su electorado. En este sentido, son un engranaje bien aceitado cuyo funcionamiento deberían imitar muchos partidos de ámbito europeo. Prueba de ello son los altos datos de participación en las elecciones legislativas de noviembre de 2018, en las elecciones presidenciales del 2020 y en las elecciones legislativas del 2022.

La debilidad de la estructura interna lleva también a la imposibilidad de que cada partido marque las posiciones a adoptar por senadores y congresistas. La falta de obediencia y subordinación a las indicaciones del partido impregna los vínculos entre el Congreso y cada organización política; se trata de relaciones no jerarquizadas, es decir, que la autonomía de congresistas y senadores es absoluta respecto a las directrices del partido. Los líderes de la mayoría en el Congreso, sus asistentes y los *whips* se supone que son los encargados de coordinar la adecuada transmisión de esas directrices del partido (a través del presidente y el comité nacional) hacia, en último término, congresistas y senadores, para que estos se batan en la defensa de las posiciones políticas de su partido y sobre todo de los proyectos de ley que este y el presidente llevan en su agenda legislativa.

Lo que ocurre es que (sobre todo los senadores) se deben en primer lugar a los intereses de sus electores en los respectivos estados de origen, es decir, en los territorios a los que representan. Esto es fundamental para entender las alianzas que se producen en el Senado y que hacen muchas veces descarrilar iniciativas que el presidente o el partido intentan sacar adelante. Por otro lado están también los intereses del distrito electoral al que representa cada congresista; tal división establece una mayor cercanía con el representante que la del nivel estatal, porque son territorios más reducidos. Por ello los congresistas se desplazan con más frecuencia que los senadores a encontrarse con sus electores. Pero de manera general cualquier iniciativa que senadores o congresistas entiendan que puede perjudicar a su reelección o a los intereses de sus electores los llevará a incumplir las indicaciones de los oficiales disciplinarios o del líder de la mayoría o de la minoría; más aún en el caso del presidente o del comité nacional de su partido, que no tienen capacidad de influencia directa sobre el Congreso.

En resumidas cuentas, la influencia de cada partido en el Congreso resulta prácticamente nula, ya que sus instrucciones se convierten en meras recomendaciones de cumplimiento voluntario por parte sus representantes en el Congreso. Del mismo modo, los partidos no tienen apenas funciones reales en esta institución; son los líderes de la mayoría, así como los senadores y congresistas, los auténticos artífices de la vida legislativa del país, y la acción de ambos partidos es meramente simbólica, casi únicamente orientadora, de marcar prioridades. Después, dentro de la autonomía de sus senadores y congresistas, estos aplican o no esas recomendaciones en función de sus propios intereses, como hemos señalado. Todo lo cual hace que la relación presidente-Congreso resulte tan impredecible en situaciones de gobierno dividido como en situaciones de gobierno unitario.

III

Todo ello nos conduce a lo que constituye el núcleo central de nuestro trabajo: el análisis de la institución del gobierno dividido.

Si hemos sostenido la poca influencia de los partidos en la forma en la que el Congreso desarrolla sus tareas, lo mismo cabría decir respecto de la Presidencia. No es solo que los partidos también posean escaso ascendiente sobre la institución presidencial; en realidad, ocurre lo contrario: es el presidente quien establece las prioridades de su partido (en calidad de líder del mismo), traza su agenda legislativa y trata de implementarla a través del Congreso, donde el partido trasmite las prioridades presidenciales y a partir de ahí congresistas y senadores se encargan —si coinciden con ellas— de aplicarlas.

Igualmente escasa es la influencia que el partido ejerce sobre la figura del candidato presidencial: primero para ser candidato y luego para llegar a la Casa Blanca, el partido juega un papel fundamental como instrumento para la financiación y proveedor de músculo electoral, pero no es ni el prescriptor programático de los candidatos presidenciales, ni mucho menos es su aparato quien lleva a cabo la tarea de selección de quienes vayan a encarnar sus siglas en la carrera electoral.

Una vez que se elige presidente, éste se enfrenta a la tarea de llevar a cabo su agenda legislativa y sus prioridades, que normalmente son las mismas que las de su partido, pero no siempre ocurre así. Una vez más, es el presidente el que influye en el partido más que al contrario; si bien es cierto que ambos se necesitan mutuamente. No obstante, en periodos de gobierno dividido esta influencia recíproca puede decaer por la parte de un tercer elemento presente en la ecuación: un Congreso en el que la mayoría pertenece al partido adversario, y con el que el presidente está obligado a entenderse. En situaciones como esta, la agenda del presidente buscará su encaje con la del partido contrario, quedando el propio partido en un tercer plano, marginado por la suposición de que el voto de sus congresistas va a serle necesariamente entregado a su líder en la Casa Blanca.

Una de las conclusiones más claras de este trabajo es, así, que la situación de Gobierno Dividido afecta de manera decisiva no solo a las relaciones entre el Congreso y la Presidencia, habitualmente haciéndolas más tensas y complejas, sino incluso a las relaciones entre el presidente y su propio partido.

Las relaciones entre el Congreso y la Presidencia se basan, como ya hemos dicho, en el sistema de *checks and balances*. Así, para que el presidente de los Estados Unidos no acapare todo el poder —gracias, además, a que sus ya múltiples facultades se fueron ampliando durante el siglo XX— el Congreso dispone de la herramienta del *impeachment*, siempre en casos probados y mediante el uso de mayorías reforzadas. Por su parte, el máximo mandatario puede recurrir al veto presidencial para frenar las medidas legislativas contrarias a su agenda e impulsadas por un Congreso de distinto signo político.

El presidente debe promover una relación directa con el Congreso cuando éste no acepte tramitar sus proyectos de ley. Pero en ningún caso él, por sí mismo, es quien promueve los proyectos de ley; siempre ha de hacerlo mediante un congresista o senador. Esto explica el hecho de que para que la agenda legislativa presidencial pueda salir adelante, el presidente debe contar con el beneplácito del Congreso, que es al fin y al cabo el lugar de donde emana la capacidad legislativa en los Estados Unidos.

La relación "directa" entre ambos ocurre cuando el presidente convoca a los líderes de la mayoría —o incluso, en casos muy especiales, a representantes concretos, de manera individual o en grupos reducidos de congresistas y, sobre todo, senadores—

para negociar con ellos y lograr que apoyen las medidas o reformas contenidas en su agenda legislativa nacional. También puede darse una relación "indirecta", por medio de la designación de una tercera persona que se encargue de la negociación entre la Presidencia y el Congreso.

A priori, las funciones y facultades de cada institución propician el diálogo entre la Presidencia y el Congreso. Pero un factor clave en tales relaciones es el talante del presidente: su capacidad de persuasión y de negociación son fundamentales para que sus políticas salgan adelante. No obstante y a pesar de ello, podemos afirmar que la influencia de la Presidencia de los Estados Unidos sobre el Congreso en los periodos de gobierno dividido es mucho menor que en los de gobierno unitario; en este caso, un mayoría demócrata o republicana en el Congreso está en sintonía con el inquilino de la Casa Blanca, y las relaciones entre ambas instituciones tienden a ser distendidas. A veces incluso el Congreso se convierte en una mera polea de transmisión de las directrices presidenciales. Ejemplos de ello son las presidencias de George Bush hijo o los dos primeros años de mandato de Barack Obama.

Cada presidente, en el discurso anual sobre el estado de la Unión que dirige al Congreso en sesión plenaria de ambas cámaras, enumera sus prioridades para el año en curso, con la intención de que sean tramitadas por el Congreso. Por tanto, en los periodos de gobierno unitario resulta mucho más fácil sacar adelante la agenda legislativa presidencial. Pero siempre hay excepciones a esa norma; una de ellas se dio precisamente con la peculiar presidencia de Donald Trump, marcada en sus primeros compases por el gobierno unitario, pero también por el distanciamiento entre el presidente y su partido, que provocó que algunas de las medidas estrella que llevaba en su programa electoral —como la derogación de la reforma sanitaria de Obama— no pudieran culminar con éxito.

Justo lo contario suele suceder en los periodos de gobierno dividido, cuando la influencia de la Presidencia en la agenda legislativa nacional es escasa como mínimo, si no se produce un enfrentamiento directo con el Congreso e incluso un bloqueo institucional que suma al país en una parálisis legislativa y lo aboque a un periodo de gobierno "a golpe de decreto", es decir, mediante la formulación de continuas órdenes ejecutivas del presidente.

Aun así, la influencia de la Presidencia sobre el Congreso en los periodos de gobierno dividido depende en parte de varios factores: por un lado, de la polarización y el enfrentamiento que exista en ese momento entre los dos grandes partidos; por otro, de la capacidad personal de negociación y el poder de persuasión del presidente, y de que este entienda como normal que el Congreso impulse la aprobación de ciertas medidas al margen de su criterio. En este sentido, resulta importante que el presidente sea capaz de ceder, pero lo mismo ha de ocurrir al otro lado de la mesa de negociación, el ocupado por sus interlocutores, los líderes del partido rival en el Congreso. Si no existe cesión mutua en beneficio del avance legislativo del país y para evitar el bloqueo consiguiente, pueden darse casos extremos como los cierres de la Administración por la falta de prórroga presupuestaria, o la inestabilidad de los presupuestos federales. Todo ello impide poner en práctica una política federal coherente.

En los periodos de gobierno dividido sucede muchas veces que el Congreso pretende impulsar sus propias medidas para distanciarse de la Presidencia, con la vista puesta en las siguientes elecciones y en el rédito electoral que de ello puedan obtener, al margen de cuáles sean sus prioridades legislativas.

Regresemos ahora a dos herramientas clave en las situaciones de gobierno dividido: el veto presidencial y el proceso de *impeachment*. Ambas son empleadas con mayor frecuencia en estos periodos respecto a los de gobierno unitario, y su utilización respectiva por la Presidencia y el Congreso forma parte del sistema de pesos y contrapesos que los padres fundadores incluyeron en la Constitución de los Estados Unidos con el fin de que ni una ni otra institución se impusiera sobre el resto de los poderes del Estado.

Como hemos acreditado, en los periodos de gobierno dividido el uso del veto presidencial es más frecuente que en los de gobierno unitario, e incluso puede llegar a ser a veces abusivo. Muchos presidentes esgrimen este arma constitucional como contrapeso a la capacidad legislativa del Congreso para forzar a sus miembros a no sobrepasar ciertos límites, y porque de lo contrario pueden mostrarse a los ojos de la opinión pública como dirigentes débiles, sin un rumbo claro desde el punto de vista legislativo que haga avanzar el país. Una situación así se dio durante la presidencia de George Bush padre, cuando un Congreso de mayoría demócrata, con mucha fuerza y empuje, obligó al presidente —sin gran capacidad de negociación y con un carisma dudoso— a utilizar el veto en muchas ocasiones, y en varias de ellas logró ser superado por el Congreso.

En el lado opuesto, el arma que posee el Congreso para compensar el excesivo poder presidencial es el proceso de destitución o *impeachment,* si bien esta figura poco tiene que ver con la moción de censura o de confianza que se emplea en los sistemas parlamentarios europeos y de otros países occidentales. El uso del proceso de *impeachment*, consistente en una especie de juicio al presidente cuando sus conductas son inadmisibles para el cargo y contrarias a lo que marca la Constitución, correlaciona de forma clara con la existencia de un periodo de gobierno dividido, y permanece inédito en los de gobierno unitario.

Se trata, como sabemos, de un proceso complejo que para su culminación con éxito requiere de mayorías reforzadas, y éstas se producen pocas veces cuando hay un gobierno dividido, y nunca cuando el Congreso esta en manos del partido del presidente. A este respecto es importante diferenciar entre el inicio del proceso, que se produce a instancias de la Cámara de Representantes, y que es relativamente asequible, y su materialización, que corresponde al Senado, que de este modo se convierte en el tribunal que juzgará si la conducta del presidente es digna de provocar su cese en el cargo. Para ello se necesita una mayoría de dos tercios de esta cámara, así que, debido a su composición y al menor tamaño respecto a la Cámara de Representantes, hasta la fecha no ha prosperado ninguno de los sucesivos intentos de destitución; tres de ellos lograron pasar el filtro de la Cámara de Representantes pero fracasaron en el Senado, y un tercero no llegó a iniciarse debido a la dimisión del presidente a las puertas del arranque del proceso.

Concluimos, pues, que el veto presidencial y el *impeachment*, aun siendo legítimas facultades constitucionales que forman parte del sistema de pesos y contrapesos, se utilizan muchas veces como armas arrojadizas en los periodos de gobierno dividido, si bien el veto es más común y recurrente que el *impeachment*. Esta diferencia obedece principalmente a las mayorías requeridas para culminar este último con éxito, y también a que se trata de un proyectil que puede provocar el efecto contrario al deseado; esto es, que el presidente objeto del intento de destitución sea visto como una víctima del despiadado partido que domina el Congreso, que solo pretende obstaculizar su labor, y que se considere que el mandatario únicamente puede defenderse bloqueando las leyes que van en su contra.

IV

Por último, también en este trabajo nos hemos cuidado de señalar hasta qué punto la prevalencia del gobierno dividido ha sido variable a lo largo de los tiempos, tratando de dar una visión diacrónica de este fenómeno, que permita evaluar su prevalencia en unos y otros periodos.

Así, y en primera instancia, el gobierno dividido fue determinante durante el mandato del republicano Ronald Reagan. Este se enfrentó al dominio demócrata en la Cámara de Representantes durante sus dos legislaturas, y al control absoluto del Congreso por parte de aquellos en sus dos últimos años en el poder, debido a que también alcanzaron la mayoría en el Senado. Pese a ello, Reagan fue capaz de sortear el bloqueo gracias a su conservadurismo "de nuevo cuño", más pragmático, y sobre todo a que como buen negociador y astuto político logró establecer una alianza entre los congresistas de su partido y los más conservadores del Partido Demócrata —a quienes se llamó "los demócratas de Reagan"—; estos eran los representantes de los estados sureños, donde las políticas del presidente conservador por antonomasia eran vistas con muy buenos ojos, por lo que de no respaldarlo ponían en peligro sus escaños en el Congreso.

De este modo, Reagan consiguió sacar adelante las medidas contenidas en su agenda, ya descritas en el capítulo correspondiente de nuestra investigación. Por lo tanto, se podría decir que la influencia del gobierno dividido en su periodo presidencial fue menos determinante que en otros. Sin embargo, tras las siguientes elecciones presidenciales y las reformas llevadas a cabo en el seno del partido rival, los demócratas sureños pasaron a ser minoría en el nuevo Congreso. Esto no solo convirtió aquella alianza en insuficiente para que el segundo mandato de Reagan al frente del ejecutivo resultara tan productivo como el primero, sino que permitió al Partido Demócrata ejercer la oposición con fuerzas renovadas, procurando que el presidente sufriera en sus carnes la humillación a la que previamente los había sometido a ellos al llevarse a su terreno a ciertos representantes demócratas.

Así pues, a partir de ese momento el presidente no tuvo otra opción que la de recurrir al veto y la negociación, y su agenda legislativa se bloqueó. En una situación tal que tras las últimas elecciones legislativas el Partido Republicano había perdido también el control del Senado —que hasta entonces les había resultado muy útil para introducir en el Congreso las iniciativas más destacadas de la Presidencia en materia legislativa—, se agravó aún más el contexto de gobierno dividido y el presidente vio cómo sus medidas eran paralizadas por el Congreso. Esste, por su parte, impulsó su agenda, que en muchos aspectos no tenía nada que ver con las prioridades presidenciales, de modo que Reagan tuvo que emplear en muchas ocasiones su poder de veto para intentar frenarla.

La influencia del gobierno dividido en la presidencia de George H. W. Bush fue aún más clara que en el caso de su antecesor. De hecho, llegó incluso a costarle la reelección —junto con, todo hay que decirlo, la crisis económica—. Recién estrenado su mandato Bush se enfrentó a un Congreso muy polarizado en el que los demócratas dominaban ambas cámaras. Además, el presidente contaba con escasa capacidad de influencia y negociación con sus rivales, y en la práctica cualquier iniciativa suya era rechazada de plano por el Congreso. Ni su prerrogativa de veto le ayudó a negociar, ya que el Partido Demócrata se mostraba vengativo y acusaba a los republicanos de juego sucio durante la última campaña electoral; y, sobre todo, prevalecía el recuerdo de la ola de conservadurismo que caracterizó la presidencia de quien le precedió en el cargo, Ronald Reagan.

Por ello, la presidencia de George H. W. Bush es el ejemplo acabado de bloqueo político y una demostración palpable de hasta qué punto un presidente puede verse incapacitado para desarrollar su agenda legislativa en un periodo de gobierno dividido feroz. Bush Sr. se vio superado por el empuje del Congreso y asistió como mero espectador al poder para legislar de una mayoría opuesta a su partido y que tenía como objetivo principal desactivarlo políticamente, y neutralizarlo electoralmente. Todo esto, junto con su falta de previsión para hacer frente a la crisis económica, lo condujo a una derrota segura en las elecciones presidenciales de noviembre de 1992.

A partir de ahí se inició el gobierno de un demócrata como Bill Clinton, que llegó a la Casa Blanca con gran empuje y cargado de promesas de renovación incluso frente a las clases dirigentes de Washington —que, recordemos, eran dominantes en su partido. Sin embargo, la reacción conservadora concretada en el surgimiento del *Contrato con América*, unida a la incapacidad de Clinton de sacar adelante su reforma sanitaria incluso en sus dos primeros años (que fueron de gobierno unitario) provocaron que en las primeras elecciones de medio mandato el Partido Demócrata perdiese la mayoría en el Congreso en favor de su rival.

Así empezó un periodo de gobierno dividido cuya influencia marcaría para siempre la presidencia de Clinton. Esto y su falta de cesión inicial llevó a los republicanos a poner en marcha el proceso de *impeachment* contra el presidente. Clinton reaccionó a tiempo y consiguió ganarse a la opinión pública, con lo cual el *impeachment* fracasó en el Senado y él logró la reelección, pero no así la recuperación de la mayoría en el Congreso para su partido, ni en aquellas presidenciales de 1996 ni en las posteriores legislativas de 1998. No obstante, podemos concluir que la capacidad negociadora de Bill Clinton —en contraposición, por ejemplo, a la escasa que tuvo su predecesor republicano, George Bush padre— le ayudó a alcanzar acuerdos con el partido rival, sobre todo después de su reelección, lo que le haría ser calificado incluso de "republicano moderado" por sus propuestas en áreas como la economía o la política exterior.

Una vez más se demuestra que la influencia del gobierno dividido depende en parte de la capacidad de negociación del inquilino de turno de la Casa Blanca, así como de la actitud que encuentre este en los líderes de ambas cámaras. Otro de los factores determinantes en situaciones similares es la opinión pública, que puede suavizar las cosas y conceder al presidente un mayor margen de maniobra frente al Congreso, en el caso de que este sea tildado de vengativo y de fomentar el bloqueo para perjudicar al presidente.

La siguiente presidencia afectada por el gobierno dividido fue la de George W. Bush, si bien solamente en sus dos últimos años de mandato, pertenecientes al segundo de sus periodos presidenciales. Su gobierno estuvo marcado de partida por la ajustada victoria que consiguió en las presidenciales del año 2000 y la decisión (no exenta de polémica) del Tribunal Supremo respecto al recuento de votos en el estado de Florida. Pese a ello, George Bush Jr. disfrutó de una época de gobierno unitario, con un Partido Republicano sirviendo a los intereses de su presidente desde el Congreso. Los demócratas, por su parte, se vieron paralizados tras los atentados del

11S y la posterior guerra contra el terror que el presidente utilizó como excusa para garantizar la seguridad y libertad mundiales.

Una conclusión muy clara es que el periodo en el poder de Bush hijo ha sido uno de los más presidencialistas de la historia de los Estados Unidos. Este dirigente utilizó todas sus facultades de forma discrecional, llegando en algunos casos a saltarse al Congreso mediante el empleo de órdenes ejecutivas para restringir las libertades individuales de sus ciudadanos. Todo ello llevó a que regresara la situación de gobierno dividido tras las legislativas de 2006, y a su vez a un bloqueo legislativo con una crisis económica y bancaria en ciernes. Los demócratas se hicieron de nuevo con el control de la Cámara de Representantes y lograron un empate técnico en el Senado; todo ello al tiempo que la popularidad del presidente descendía en caída libre, lastrada por el recorte a las libertades individuales en la lucha contra el terror y por los conflictos armados en Afganistán e Irak. Para colmo, poco antes de finalizar el segundo mandato de Bush, el estallido de la crisis financiera hizo tambalearse todo el sistema.

A partir de 2006 se acabaron los días tranquilos para un presidente acostumbrado a que su agenda legislativa fuera implementada por el Congreso sin mayor oposición. Los demócratas comenzaron a impulsar medidas que pusieron fin a varios años de dominio republicano. Bush se vio obligado a recurrir al veto y a utilizar las órdenes ejecutivas para resolver su agenda más inmediata. Posteriormente, la crisis económica y la caída del sistema financiero nacional forzaron a demócratas y republicanos a un pacto de entendimiento en el Congreso para sacar adelante las medidas económicas más urgentes. Esto hizo que el presidente empezase a ser visto por sus propios compañeros de partido como un traidor a la esencia del conservadurismo norteamericano, basada en la no intervención (más allá de lo justo y necesario) en la economía, y mucho menos el rescate de activos financieros y del sistema bancario de los Estados Unidos.

Con ello llegamos a la influencia del gobierno dividido, también más que determinante, sobre la presidencia del demócrata Barack Obama. Esta se inició en noviembre de 2008 tras una aplastante victoria que trajo consigo también el control de su partido en ambas cámaras. Fue sobre esta oleada de popularidad que Obama alcanzó uno de sus mayores hitos al lograr que se aprobara su reforma sanitaria en los albores de las legislativas de medio mandato. Pero al mismo tiempo estos aspectos, junto al incumplimiento de las promesas electorales más progresistas de Obama, llevaron a que el Partido Republicano, impulsado por el recién nacido movimiento *Tea Party,* recuperase el control del Congreso, situación que se mantiene hasta la fecha actual. Así, el presidente Obama vio menguar su capacidad de maniobra al enfrentarse a una situación de gobierno dividido. No obstante, se marcó como objetivo acabar con ello a toda costa e incluso llegó a conseguir la reelección.

Si algo marcó con claridad la presidencia de Obama fue la situación de división, y no solo respecto a la existencia del gobierno dividido, sino también de una fuerte polarización y un enorme bloqueo institucional. El presidente, pese a sus intentos, no consiguió atraer al Congreso hacia sus posiciones. Por tanto, su escaso poder de negociación y las casi inexistentes concesiones de un Congreso empeñado en lograr derrotarlo en las presidenciales de 2012 llevaron a Obama a recurrir al veto y a las órdenes ejecutivas como medidas temporales para superar dicho bloqueo. Pero no fue suficiente: las grandes reformas previstas no lograron salir adelante y los presupuestos federales se agotaron. Esto provocó varios cierres de la Administración por falta de fondos y que la parálisis arraigase en la relación entre Congreso y Presidencia.

Pese a todo, como hemos dicho, Obama fue reelegido y en su segundo mandato cambió de actitud; quería dejar huella, como cualquier presidente. Pero el Congreso seguía sin ceder en sus posiciones, por lo que su segundo periodo en la Casa Blanca es recordado como una etapa de bloqueo institucional sin precedentes que impidió llegar a grandes acuerdos imprescindibles para el avance del país.

Ese estancamiento legislativo es uno de los factores que influyó enormemente en el posterior triunfo de Donald Trump en las presidenciales de 2016; otros igualmente relevantes son la evolución ideológica de ambos partidos (en especial del Republicano), la falta de poder de movilización popular de la siguiente candidata demócrata y también la aparición de un candidato republicano que logró salir airoso de su enfrentamiento contra todo y todos.

A su llegada a la Casa Blanca Trump se encontró en una situación de gobierno unitario; *a priori* ideal para que sus iniciativas fueran aprobadas por el Congreso. No obstante, la situación fue en realidad similar a la vivida por Bill Clinton en sus primeros dos años en la Casa Blanca, y que condujo al fracaso de su ansiada reforma sanitaria. En este caso, como en aquel, existió una unidad de gobierno, pero con una división dentro de la organización en el poder: el Partido Republicano no secundó de forma absoluta las iniciativas que el presidente llevó al Congreso para su aprobación. Aquí radica precisamente una de las conclusiones más novedosas del análisis llevado a cabo en este trabajo: los congresistas y senadores republicanos más moderados se aterrorizaron ante las propuestas del presidente Trump, con lo cual la gran derrota de este mandatario se centró en la misma cuestión que dio el éxito a su predecesor: la reforma sanitaria. Incluso algunos representantes del Partido Republicano temen volver a la falta de cobertura sanitaria para las clases medias y bajas, por lo que en esta cuestión se han aliado con los demócratas para evitar que la pretendida derogación del "Obamacare" prospere. El presidente, además, no logro generar un cambio de actitud en estos senadores y congresistas, pese a las numerosas reuniones individuales mantenidas con varios de ellos en la Casa Blanca durante sus dos primeros años de mandato.

En paralelo, se repitió la situación vivida también en la presidencia de Bill Clinton: la de un candidato que desaíra a la clase dirigente de su partido tratando de poner coto a los desmanes de ésta en la capital, pero que después depende precisamente del apoyo de la cúpula de su partido para implementar su agenda legislativa. Todo esto cambiaría en parte en noviembre de 2018, fecha en la que Trump se enfrentó a sus primeras *midterms*; en ellas, los demócratas, pese a lo que decían las encuestas, solo lograron arrebatar al partido rival el control de la Cámara de Representantes; por tanto, la división pasó a darse no solo entre la Presidencia y el Congreso, sino también dentro de esta última institución.

Por tanto, a partir de este momento y debido a lo particular de la presidencia de Trump, podemos afirmar que los acuerdos fueron escasos y el enfrentamiento entre un presidente explosivo como es Donald Trump y unos demócratas más escorados a la izquierda provocó una situación de parálisis y bloqueo generalizados. Mientras tanto, las miradas quedaron puestas en las elecciones legislativas y presidenciales de 2020, cuyo resultado se saldo con la victoria de Joe Biden y el final de la era Trump. La influencia de gobierno dividido en el funcionamiento del Congreso y la cohabitación demócrata y republicana en ambas cámaras, ha sido intensa y muy problemática . A ello hay que sumar la investigación demócrata por la trama ucraniana. Esta investigación y el control demócrata llevaron al presidente a un proceso de *impeachment* que fue resuelto con éxito para su persona gracias al control republicano del Senado.

V

En base a todo lo estudiado, analizado y expuesto a lo largo del presente trabajo, podemos concluir que la figura del gobierno dividido ha venido ejerciendo –y está llamada a seguir haciéndolo– una influencia trascendental sobre el funcionamiento del sistema político y constitucional estadounidense.

De entrada, porque se trata de opción política por la que de manera más prevalente se inclinan los ciudadanos estadounidenses cuando son llamados a las urnas. Los datos que hemos aportado a lo largo de este trabajo acreditan que durante los últimos cuarenta años de vida política la Presidencia de los Estados Unidos y el Congreso han estado en manos de un mismo partido durante apenas doce, que durante ese mismo periodo de tiempo al menos una de las dos cámaras –habitualmente, la baja– ha estado en manos de un partido distinto del que controlaba la administración, y que durante dieciséis años, lo han estado ambas cámaras del Congreso. Dicho en otros términos, que en los Estados Unidos el gobierno dividido –en sus dos modalidades, aunque ya sabemos que basta con que se dé en una de las dos cámaras para que despliegue la mayor parte de sus efectos– ha sido la regla, y el gobierno unitario la excepción. Y ello hasta el extremo de que presidentes ha habido que han pasado por la Casa Blanca –y han permanecido en ella incluso durante dos mandatos, como Ronald Reagan– sin haber podido disfrutar ni siquiera un instante de las supuestas bondades de un Congreso en sintonía política con la Casa Blanca.

Nuestro trabajo también acredita que esta prevalencia del gobierno dividido respecto del Unitario no posee una color político identificable: en otras palabras, que ha afectado por igual a presidentes republicanos y a presidentes demócratas: si los primeros han tenido que gobernar (en su conjunto) con un Congreso adverso en ocho bienios, disfrutando de congresos favorables en solo cuatro, las cifras que tienen en su haber los presidentes demócratas no son muy distintas: seis legislaturas con congresos de mayoría republicana, por solo dos de mayoría demócrata. Lo que da a entender que el gobierno dividido no es tanto el resultado de la incapacidad de un partido para conquistar una institución, como de la deliberada –o tal vez inconsciente: esta no es una tesis de sociología política– voluntad del pueblo americano de garantizarse un autentico sistema de frenos y contrapesos. La tesis de que los americanos votan mas a los republicanos cuando se trata de elegir un líder para el país, y prefieren a los demócratas cuando se trata de defender la pluralidad de intereses locales y de clase, resulta ser una verdad a medias, toda vez que si bien los republicanos han controlado el ejecutivo con mas frecuencia que los demócratas, unos y otros se han repartido por igual las mayorías en el Congreso. De modo que el gobierno dividido no resulta tanto de la incapacidad de los republicanos de ganar también el Congreso –o de la de los demócratas de hacerse con la Casa Blanca– como de la ya sostenida preferencia de los electores por no poner "*all their eggs in one basket*".

El presente trabajo acredita igualmente que aunque esta prevalencia del gobierno dividido respecto del unitario no posea una color político, si posee una evidente cadencia temporal, toda vez que resulta ser más recurrente al final que al principio de los mandatos presidenciales, y ello con independencia del signo político del *Chief Executive*. La secuencia temporal que nos ha brindado nuestro análisis es clara: con relativa frecuencia –Clinton, Bush Jr., Obama, Trump– los presidentes inician su mandato disponiendo de una confortable mayoría en el Congreso, para acabar erosionándola (caso de Obama o Trump) en las primeras *midterms* con las que se topan o directamente perdiéndola en ese envite (caso de Clinton) o, a lo sumo, en las elecciones inmediatamente previas a su relevo en el ejecutivo. Y lo mismo sucede (Reagan) incluso cuando el punto de partida del mandato presidencial es ya de gobierno dividido: que la debilidad inicial del presidente no se recuperará, sino que se agravará con el transcurso de su mandato. Lo que ratifica que el gobierno dividido es una suerte de castigo a los incumplimientos electorales del presidente o tal vez –de nuevo: no estamos ante una tesis sociológica– una suerte de enmienda del cuerpo electoral a su propio entusiasmo del pasado.

A lo largo de todos los capítulos hemos acreditado también hasta que punto los contextos de gobierno dividido y gobierno unitario alteran el funcionamiento de las instituciones y, en particular, la relación entre el ejecutivo y el legislativo. Tales efectos –analizados primero de manera teórica, y después de manera cronológica, observándolos en cada una de las presidencias analizadas a lo largo de la investigación–, suponen que los presidentes que han vivido una situación de gobierno dividido fracasen a la hora de implementar su agenda legislativa, y deban contentarse con obstaculizar –vía veto– la agenda legislativa del Congreso. Incapaz de sacar adelante sus leyes, los presidentes utilizan con frecuencia el veto para contrarrestar el poder del Congreso y obtener concesiones por su parte, con lo que a la postre el gobierno dividido acaba limitando la eficacia legislativa de las cámaras, que hacen menos leyes, y las hacen con mas lentitud, que en las situaciones de gobierno unitario. En "justa" contraprestación, también el desarrollo de las función ejecutiva se ve negativamente afectada en estos periodos, siendo los cierres de la Administración el ejemplo más llamativo de esta propensión al bloqueo, y el de la recurrencia de los procesos de *impeachment* –inexistentes en ausencia de gobiernos divididos, y preocupantemente recurrentes de un tiempo a esta parte– el más peligroso de todos.

Adicionalmente, la disyuntiva gobierno dividido-gobierno unitario también deja su huella sobre el funcionamiento de aquellas instituciones federales que precisan de la leal colaboración entre el Congreso y la Presidencia para su correcto funcionamiento. Y aquí el caso del Tribunal Supremo, para la renovación de cuyos magistrados es precisa la concordancia de voluntades entre un presidente que propone y un Senado que concede, es paradigmático. Si los periodos de gobierno unitario han asegurado la rápida renovación del Supremo, de la mano de procesos de confirmación de éxito garantizado, los de gobierno dividido se han traducido en nominaciones polémicas, confirmaciones diferidas en el tiempo, audiencias cargadas de tensión, y hasta sonoros fracasos a la hora de la votación definitiva, añadiendo un plus de tensión al funcionamiento de una institución en principio ajena al juego político.

En suma, a lo largo de las páginas precedentes creemos haber explicado de manera completa cuál es la prevalencia y cuáles son las dinámicas del gobierno dividido, así como haber acreditado hasta qué punto es decisiva la relevancia que éste tiene sobre el funcionamiento del sistema político de los Estados Unidos. Si lo hemos logrado habremos satisfecho el objetivo que nos trazamos al iniciarlo.

REFERENCIAS

REFERENCIAS

Monografías:

Aвshire, David y Neustadt, Richard. *Saving the Reagan Presidency: Trust is the coin of the realm.* Texas University Press, 2005.

Ackerman, Bruce, ed. *Bush v. Gore: The Question of Legitimacy.* Yale University Press, 2002.

Aldrich John H. *Why The Parties? The Origin and Transformation of Political Parties in America.* University of Chicago Press, 1995.

Arenberg, Richard A. *Congressional Procedure: A Practical Guide to the Legislative Procedure in the US Congress.* The Capitol Net, 2018.

Ball, Howard. *The USA Patriot Act of 2001: Balancing Civil Liberties and National Security.* ABC Clio, 2004.

Barilleaux, Ryan J. y Christopher S. Kelley. *The Unitary Executive and the Modern Presidency.* Texas A&M University Press, 2010.

Baumgartner Jody C. y Thomas F. Crumblin. *The American Vice Presidency: From the Shadow to the Spotlight.* Rowman & Littlefield, 2015.

Béland, Philip Rocco, Alex Waddan. *Obamacare Wars: Federalism, State Politics, and the Affordable Care Act.* University Press of Kansas, 2016.

Berlim, Celia y Calca Patricia. *Image of U.S Presidential Administration: The cases of George W. Bush and Barack Obama.* Lexington Books, 2012

Bernstein, Jake y Lou Dubose. *Vice: Dick Cheney and the Hijacking of the American Presidency.* Pimlico, 2006.

Bibby, John F. *Politics. Parties and Elections in America* (3th Ed.). Wadsworth, 2003.

Binder, Sarah A. *Stalemate: Causes and Consequences of Legislative Gridlock.* The Brookings Institution, 2003.

Bowler, Shaun, et al. *Party Discipline and Parliamentary Government.* Ohio State University Press, 1999.

Broesamle, John. *The Lame-Duck President: What Can Barack Obama Do in His Final Year?.* Edwin Mellen Press, 2016.

Buchanan, James M. y Tullock, Gordon. *The Calculus of Consent: Logical Foundations of Constitutional Democracy.* University of Michigan Press, 1962.

Cameron, Charles M. *Veto Bargaining: Presidents and the Politics of Negative Power.* *Cambridge* University Press, 2000.

Campbell, James E. *The Presidential Pulse of Congressional Elections*. University Press of Kentucky, 1997.

Cappelletti, Mauro. *Judicial Review in the Contemporary World*. Bobbs-Merrill, 1971.

Ceaser, James W. y Andrew Busch. *Upside Down and Inside Out: The 1992 Elections and American Politics*. Littlefield Adams, 1993.

Ceaser, James W., Andrew E. Busch y John J. Pitney, Jr. *Defying the Odds: The 2016 Elections and American Politics*. Rowman & Littlefield, 2019.

Cohen, Michael, et al. *The Second Impeachment Report*. Hotbooks, 2021.

Congressional Research Service. *Supreme Court Appointment Process: Consideration by the Senate Judiciary Committee*. CRS, 2020.

Conley, Richard S. T*he President, Congress and Divided Government A Postwar Assessmen*. Texas A&M University Press, 2003.

Connor, Michael K. y Rangel, Matthew D. (eds.). *The Senate's Role in Confirmation of Political* Appointees. Nova Science Publishers, 2009.

Cox, Vicki. *The History of Third Parties*, Chelsea House, 2007.

Crotty, William, ed. *The Obama Presidency: Promise and Performance*. Lexington Books, 2012.

Dahl, Robert A. *How Democratic is the American Constitution?*. Yale University Press, 2002.

De la Guardia, Carmen. *Historia de los Estados Unidos*. Ediciones Silex, 2009.

Denton, Robert, et al. *The George W. Bush Presidency: A Rhetorical Perspective*. Lexington Books, 2012.

Dionne, E. J., y William Kristol, eds. *Bush v. Gore: The Court Cases and the Commentary*. The Brookings Institute, 2001.

Dobbs, Michael, *King Richard. Nixon and Watergate--An American Tragedy*. Alfred A. Knopf, 2021.

Dolbeare, Kenneth M. y Edelman, Murray J. *American Politics. Policies, Power and Change. The Congress- The Presidency*. D.C Heath & Co., 1985.

Dueck, Colin. *Obama Doctrine: American Grand Strategy Today*, Oxford University Press, 2015.

Eksterowicz, Anthony J. y Hastedt, Glenn P. *The Presidency of the United States: New Issues and Developments*. Nova Science Publishers Inc, 2009.

English, Ross M. *The United State Congress*. Manchester University Press, 2003.

Farrier, Jasmine. *Passing the Buck: Congress, the Budget, and Deficits*. University Press of Kentucky, 2004.

Field, Matthew O. *Congress, the Constitution, and Divided Government*. LFB Scholary Publishing LLC, 2013.

Fields, Howard. *High Crimes and Misdemeanors: The Nixon Impeachment- Roadmap for the Next One*. Independently, 2019.

Fiorina, Morris P. *Divided Government*. Longman, 2002.

Fisher, Patrick. *Congressional Budgeting: A Representational Perspective*. University Press of America, 2005.

Fitzduff, Mari, ed. *Why irrational politics appeals: understanding the allure of Trump*. Praeger, 2017.

Franklin, Daniel P. *Pitiful Giants: Presidents in Their Final Terms*. Palgrave MacMillan, 2014.

Galderesi, Peter. *Redistricting in the New Millenium*. Lexington Books, 2005.

Galvin, Daniel. *Presidential Party Building: Dwight D. Eisenhower to George Bush*. Princeton University Press, 2009.

Garrett, Major. *The Enduring Revolution: How the Contract with America Continues to Shape the Nation*. Crown, 2005.

Genovese, Michael A. y Spitzer, Robert J. *The Presidency and the Constitution: Cases and Controversies*. Palgrave Macmillan, 2005.

Gienapp, Jonathan. *The Second Creation: Fixing the American Constitution in the Founding Era*. Harvard University Press, 2018.

Gingrich, Newt, et al. *Contract with America*. Times Books, 1994.

Goldstein, Joel Kramer. T*he Modern American Vice Presidency: The Transformation of a Political Institution*. Princeton University Press, 1982.

Gould, Lewis L. *The Republicans: A History of the Grand Old Party*. Oxford Univesity Press, 2014.

Greenstein, Fred. *The George W. Bush presidency: an early assessment*. The Johns Hopkins University Press, 2003.

Grofman, Bernie. *Representation and Redistricting Issues*. Lexington Books, 1982.

Grossman, Michael Orlov y Ronald Eric Matthews Jr. *Perspectives on the Legacy of George W. Bush*. Cambridge Scholars, 2008.

Hall ,Kermit L, et al. *Oxford Companion to the Supreme Court of the United States* (2ª ed.). Oxford University Press, 2005.

Harris, Bob. *Joe Biden & Kamala Harris: The Biography*. CPSIA, 2020.

Hearn, Chester G. *The Impeachment of Andrew Johnson*. McFarland & Co., 2007.

Heberlig, Enric S. y Larson, Bruce A. *Congressional Parties, Institutional Ambition and the Financing of Majority Control*. The University of Michigan Press, 2012.

Hedtke, James R. *Lame Duck Presidents--myth Or Reality*. E. Mellen Press, 2002.

Hernandez, Victor, *How Donald Trump Won: The Election That Hurt America*. CreateSpace Independent Publishing Platform, 2017.

Hershey, Majorie R. *Party Politics in America* (12ª Ed.). Pearson-Longman Classics in Political Science, 2005.

Hohenberg, John. *Reelecting Bill Clinton: Why America Chose a "New" Democrat,* Syracuse University Press, 1997.

Jacobson, Gary C. y Jamie L. Carson. *The Politics of Congressional Elections* (9ª ed.). Rowman & Littlefield, 2016.

Jewell, Malcom E. y Sarah M. Morehouse. P*olitical Parties and Elections in American States,* Sage Publications, 2001.

Johnson, Paul E. *American Government. People, Institutions and Policies, Congress-The Presidency,* Houghton Mifflin Co., 1994.

Jones, Charles O. *The Presidency in a Separated System.* The Brookings Institution, 2005.

Kaplan, Leonard V. y Beverly I. Moran, eds. *Aftermath: The Clinton Impeachment and the Presidency in the Age of Political Spectacle.* New York University Press, 2001.

Kelley, Donald R. y Todd G. Shields. *Taking the Measure: The Presidency of George W. Bush.* Texas A&M University Press, 2013.

Kellner, Douglas. *American Horror Show. Election 2016 and the Ascent of Donald J. Trump.* Sense Publishers, 2017.

Koenig, Louis W. *The Chief Executive.* New York University, 1981.

Kolodny, Robin. *Pursuing Majorities: Congressional Campaign Committees in American Politics.* University of Oklahoma Press, 1998.

Landler, Mark. *Alter Egos: Hillary Clinton, Barack Obama, and the Twilight Struggle Over American Power.* Random House, 2016.

Lees, John David y Michael Turner. *Reagan's First Four Years: A New Beginning?.* Manchester University Press, 1988.

Leuchtenburg, William. *In the Shadow of FDR: From Harry Truman to Barack Obama* (4ª ed.). Cornell University Prees, 2009.

Lineberry, Robert L, et al. *Government in America. People, Politics and Policy.* Harper Collins, 1991.

Longley, Kyle. *Deconstructing Reagan: Conservative Mythology and America's fortieth President.* Taylor & Francis, 2007.

Lowi, Theodore J. y Ginsberg, Benjamin. *American Government,* WW Norton & Co, 1996.

Mainwaring, Scott y Shugart, Matthew Soberg. *Presidentialism and Democracy in Latin America.* Cambridge University Press, 1997.

Marini, John A. *The Politics of Budget Control: Congress, the Presidency, and the Growth of the Administrative State.* Crane Russak, 1992.

Mast, Jason. *The Performative Presidency: Crisis and Resurrection during the Clinton years*. Cambridge University Press, 2012.

Mayer, Kenneth. *With the Stroke of a Pen: Executive Orders and Presidential Power*, Princeton University Press, 2001.

Mazo, Eugene D. y Timothy K. Kuhner. *Democracy by the People: Reforming Campaign Finance in America*. Cambridge University Press, 2018.

McCloskey, Robert G. y Sanford Levinson. *The American Supreme Court* (6º ed.). University of Chicago Press, 2016.

McMillion, Barry. *Nominations to the Supreme Court during years of divided and unified party government*. Washington DC., 2016.

McNamara, Carol y Marlowe, Melanie. T*he Obama Presidency in the Constitutional Order: A First Look*. Rowman & Littlefield Publishers, 2011.

Medhurst, Martin. *The Rhetorical Presidency of George H.W Bush*. Texas University Press, 2006.

Morgan, Iwan y P. Davies, eds. *Assessing George W. Bush's Legacy: The Right Man?*. Palgrave Macmillan, 2010.

Mueller, Robert S., et al. *The Impeachment Process of Donald Trump*. Artnow, 2019.

Nelson, Michael y Perry Barbara. *41: Inside the Presidency of George H.W Bush*. Cornell University Press, 2014.

Nohlen, Dieter. *El presidencialismo renovado, instituciones y cambio político en América Latina*. Nueva Sociedad, 1998.

O'Brien, David M. *Storm Center: The Supreme Court in American Politics*. W.W. Norton, 2005.

Obama, Barack. *Dreams from My Father: A Story of Race and Inheritance*. Times Books, 2004.

Obama, Barack. *The Audacity of Hope: Thoughts on Reclaiming the American Dream*, Crown Publishers, 2006.

Oleszek, Walter J, et al. *Congressional Procedures and the Policy Process* (10ª ed.). Sage, 2016.

Pearson, Kathryn. *Party Discipline in the U.S. House of Representatives*. University of Michigan Press, 2015.

Peroti, Rosanna. *Clinton Presidency and the Constitutional System*. Texas A&M University Press, 2012.

Pfiffner, James P, ed. *Institutionalizing Congress and the Presidency. The U.S bureu of efficiency 1916-1933*. Texas A&M University Press, 2006.

Pielke, Roger Jr. y Klein, Roberta A. *Presidential Science Advisors: Perpectives and Reflections on Science, Policy and Politics*. Springer/University of Colorado Press, 2010.

Pipes, Sally C. *The Truth About Obamacare*. Regnery Books, 2010.

Posner, Ricard A. *An Affair of State: The Investigation, Impeachment, and Trial of President Clinton*. Harvard University Press, 1999.

Reagan, Michael y Jim Denney. *The New Reagan Revolution*. Thomas Dunne Books, 2011.

Richard A. Schippers, et al. *Sellout: The Inside Story of President Clinton's Impeachment*. Regnery, 2000.

Riley, Russell L. *The Constitutional Divide. Inside the White House Office of Legislative Affairs*. Texas A&M University Press, 2010.

Rivero Rodríguez, Ángel, et al. *Geografía del populismo: Un viaje por el universo del populismo desde sus orígenes hasta Trump*. Tecnos, 2017.

Roosevelt, Franklin D. (y José María Rosales Jaime, trad.). *Discursos políticos del New Deal*. Tecnos, 2019.

Ross, Tara. *Why We Need the Electoral College,* Regnery, 2017.

Rutland, Robert Allen. *The Republicans: From Lincoln to Bush*. University of Missouri Press, 1996.

Sanders y Cole D. Taratoot. *The Politics of Presidential Impeachment*. SUNY Press, 2020.

Schier, Steven, Coleman, et al. *Transforming America: Barack Obama in the White House*. Rowman & Littlefield Publishers, 2011.

Schier, Steven. *Panorama of a Presidency: How George W. Bush acquired and spent his political capital*. Routledge, 2014.

Schiller, Wendy J. y Stewart, Charles III. *Electing the Senate. Indirect Democracy Before the Seventeenth Amendment*. Princeton Studies in American Politics: Historical, International, and Comparative Perspectives, 2015.

Schlesinger, Arthur. *The Imperial Presidency*. Popular Library, 1974.

Schneider, Jerrold E. *Campaign Finance Reform and the Future of the Democratic Party,* Routledge, 2002.

Schwartz, David S. *The Spirit of the Constitution: John Marshall and the 200-Year Odyssey of McCulloch v. Maryland*. Oxford University Press, 2019.

Skinner, Carla. *Congressional Committees: Assignment and Funding*. Nova Science, 2014.

Skocpol, Theda. *Voice and Inequality: The Transformation of America Civic Democracy, Perspectives on Politics*. Cambridge University Press, 2004.

Solar Cayón, José Ignacio. *Política y Derecho en la era del "new deal", del formalismo al pragmatismo jurídico*. Dykinson, 2002.

Sorauf, Frank J. *Money in American Elections*. Brown, 1988.

Spicer, Sean. *Radical Nation: Joe Biden and Kamala Harris's Dangerous Plan for America.* Humanix Books, 2021.

Spitzer, Robert J. *The Presidency and Public Policy. The Four Arenas of Presidential Power.* The Universityof Alabama Press, 1982.

Spitzer, Robert J. *The Presidential Veto. Touchstone of the American Presidency.* SUNY, 1988.

Stewart, David O. *Impeached: the Trial of President Andrew Johnson and the Fight for Lincoln's Legacy.* Simon and Schuster, 2009.

Strauss, David A. y Sunstein, Cass R. *The Senate, the Constitution, and the Confirmation Process.* Harvard Library, 1992.

Strøm, Kaare. *Minority Government and Majority Rule.* Cambridge University Press, 1990.

Strøm, Kaare; Wolfgang C. Müller y Torbjon Bergmann, ed. *Cabinets and Coalition Bargaining: The Democratic Life Cycle in Western Europe.* Oxford University Press, 2020.

Sunstein, Cass R. y Richard A. Epstein, ed. *The Vote: Bush, Gore, and the Supreme Court.* University of Chicago Press, 2001.

Thomas, Evan. *Being Nixon: A Man Divided.* Random House, 2016.

Thurber, James A. y Antoine Yoshinaka, ed. *American Gridlock: The Sources, Character, and Impact of Political Polarization.* Cambridge University Press, Nueva York, 2015.

Troy Gil. *Morning in America: How Ronald Reagan invented the 1980's.* Princeton University Press, 2005.

---. *The Reagan Revolution: A Very Short Introduction.* Oxford University Press, 2009.

Truman Harry S. *State of the Union Addresses.* HardPress, 2016.

Trump, Donald J. y Donald Leershen. *Trump, sobrevivir al triunfo.* Grijalbo, 1991.

Trump, Donald J. y Tony Schwartz. *Trump: el arte de la negociación.* Grijalbo, 1988.

Velasco, Antonio. *Centrist Rhetoric: The production of political transcendence in the Clinton presidency.* Lexington Books, 2010.

Walters, Kerry. *Lincoln, the Rise of the Republicans, and the Coming of the Civil War.* ABC Clio, 2013.

Waterhouse, Benjamin C. *Lobbying America: The Politics of Business from Nixon to NAFTA.* Princeton University Press, 2015.

Watson, Robert P, et al. *The Obama Presidency. A Preliminary Assessment.* State University of New York Press, 2012.

Wattenberg, Martin P. *The Decline of American Political Parties.* Harvard University Press, 1996.

Watts, Duncan. *The American Presidency.* Edinburgh University Press, 2009.

Weisseberg, Robert. *Understanding American Government*. Holt Rinehart Winston, 1994.

Westerfield, Donald L. *War Powers: The President, the Congress, and the Question of War*. Praeger, Westford, 1996.

Wheeler, Mark. *Hollywood: Politics and Society*. BFI Books, 2019.

Wilcox, A Thomas. *Congressional Procedures*, Nova Scientia Publishers Inc, 2009.

Witcover, Jules. *The American Vice Presidency: From Irrelevance to Power*. Smithsonian, 2014.

Wittekind, Erika. *The United States v. Nixon: The Watergate Scandal and Limits to US Presidential Power*. ABDO, 2013.

Artículos:

Ahedo Ruiz, Josu. "Obama, un Lider Pragmatico, pero no Politico". *Revista Internacional de Pensamiento Politico*, no.9, 2014.

Alonso Zaldívar, Carlos. "Trump es Trump". *Política Exterior*, no. 176, 2017, pp. 30-48.

Andrew, Joe y Moloney, Rachel. "The Trump Effect". *The Lawyer*, vol. 31, no. 40, 2016, pp. 20-21.

Bernaldo de Quirós, Lorenzo. "Del 'new deal' al 'contrato con America'". *Veintiuno: revista de pensamiento y cultura*, no. 27, 1995, pp. 85-90.

Bernaldo de Quirós, Lorenzo. "El llamado 'contrato con America'". *Veintiuno: revista de pensamiento y cultura*, no. 27, 1995, pp. 117-123.

Binder, Sarah. "The Dynamics of Legislative Gridlock, 1947-96". *American Political Science Review*, no. 93/3, 1999, pp. 519-533.

Birbaum Norman. "Bill Clinton, Estados Unidos y el peso de la historia". *Revista de Ciencias Sociales*, no. 123, 1994.

Birnbaum, Norman. "El Partido Demócrata ante las Elecciones Norteamericanas", *Claves de razón práctica*, no. 26, 1992, pp. 18-23.

Birnbaum, Norman. "Paradojas de la Presidencia Obama". *Política Exterior*, no. 157, 2014, pp. 74-84.

Birnbaum, Norman. "Prisionero de la Casa Blanca, pero Lider Global". *Política Exterior*, no. 174, 2016, pp 42-54.

Blaustein, Albert P. "The United States Constitution: A Model in Nation Building". *National Forum*, no. 64, 1984, pp. 14–17.

Bradac, Carlos. "Potente Clinton". *Cambio 16*, no. 1367, 1998, pp. 36-39.

Bressand, Albert. "Las fuentes del programa gubernamental de Clinton". *Revista de Ciencia Política*, no.31, 1993, pp. 51-59.

Campbell, Colin. "Clinton's Encounter with the Separation of Powers: 'United' and 'Divided' Gridlock". *Government and opposition*, no. 2, 2001, pp. 157-183.

Cañero, Julio. "El Partido Republicano: ¿E Pluribus Unum?". *Tribuna Norteamericana*, no. 18, 2015.

Chomsky, Noam y Herman Edward. "La grandeza de América". *El Viejo Topo* no. 342-343, 2016, pp. 6-17.

Coleman, John. "Unified Government, Divided Government, and Party Responsiveness". *American Political Science Review*, no. 93/4, 1999, pp 821-835.

Cuenca Miranda, Alfonso. "El filibusterismo precloture en el Senado estadounidense (1789-1917)". *Revista de Derecho Político*, no. 111, 2021, pp. 137-162.

De Diego, Enrique. "EE.UU: la segunda revolucion conservadora". *Veintiuno: revista de pensamiento y cultura*, no. 27, 1995, pp. 77-84.

De Ojeda y Eiseley, Jaime. "Donald Trump y la Fuerza de las Instituciones". *Politica Exterior*, no. 176, 2017, pp. 8-13.

De Ojeda y Eiseley, Jaime. "El Partido Republicano y el individualismo americano". *Politica Exterior* no. 43, 2011, pp. 8-12.

De Ojeda y Eiseley, Jaime. "Trump: Jugando con la Realidad". *Politica Exterior* no. 183, 2018, pp. 28-34.

Devins, Neal y Baum, Lawrence. "Split Definitive: How Party Polarization Turned the Supreme Court into a Partisan Court". *University of Chicago Law Review*, 2017.

Deysine, Anne. "La Constitución contra Donald Trump: la oposición estadounidense apuesta por los contrapoderes". *Le Monde Diplomatique en Español*, 2017.

Edwards III, George; Andres Barret y Jeffrey Peake, "The Legislative Impact of Divided Government", *American Journal of Political Science*, vol .41, 1997, pp. 545-563.

Edwards, George. "Strategic Choices and the Early Bush Legislative Agenda". *PS: Political Science & Politics*, no. 35/1, 2002, pp. 41-45.

Evans, Diana. "Policy and Pork: The Use of Pork Barrel Projects to Build Policy Coalitions in the House of Representatives". *American Journal of Political Science*, no. 38/4, 1994. pp. 894–917.

Fernández, Carmen. "Donald Trump, lo nunca visto". *Revista Crítica,*, no. 1024, 2017, pp. 30-37.

Franklin, Mark N. y Wolfang, Hirczy P. "Separated Powers, Divided Government and Turnout in U.S Presidential Elections". *American Journal of Political Science*, 1998.

Garay, Javier. "Gobierno de Barack Obama: una explicación desde el institucionalismo", *OASIS: Observatorio de Análisis de los Sistemas Internacionales*, no.15, 2010, pp. 127-141.

Halimi, Serge. "El inesperado avance: guerra civil en la derecha estadounidense". *Le Monde Diplomatique en Español*, no. 246, 2016, pp. 12-13.

Hari, Johann. "Viaje al corazón del conservadurismo estadounidense". *Le Monde Diplomatique en Español*, no. 148, 2008, pp. 8-9.

Howell, William; Scott Adler, Charles Cameron y Charles Riemann. "Divided Government and the Legislative Productivity of Congress, 1954-95". *Legislative Studies Quarterly*, no. 25/2, 2000, pp. 285-312.

Jacobson Gary, Keller Samuel y Lazarus, Jeffrey, "Assessing the President's Role as Party Agent in Congressional Elections: the Case of Bill Clinton in 2000". *Legislative Studies Quarterly*, vol. 29, no.2, 2004, pp. 159-184.

Jacobson, Gary. "Barack Obama and the nationalization of electoral politics in 2012", *Electoral Studies: An International Journal*, no. 40, 2015, pp. 471-481.

Kazin, Michael. "Trump and American Populism". *Foreign Affairs*, vol. 95, no. 6, 2016, pp. 25-32.

King, Desmond. "El Amargo Balance de la Presidencia de Obama: Divisiones Raciales en Estados Unidos". *Le Monde Diplomatique en Español*, no. 231, 2015, p. 6 y ss.

Krehbiel, Keith. "Institutional and Partisan Sources of Gridlock, A Theory of Divided Government and Unified Government". *Journal of Theoretical Politics*, vol. 8, 1996, pp. 7-40.

Law, David S. y Versteeg, Mila. "The Declining Influence of the United States Constitution". *New York University Law Review*, no. 87/3, 2012.

Lenoir, Ricardo. "George W. Bush: un Legado a su altura". *Cambio 16*, 2008, pp. 24-25.

Lipset, Seymour M. "La diversidad del Partido Demócrata norteamericano". *Leviatán: Revista de Hechos e Ideas*, no. 47, 1992, pp. 29-42.

Martín, Álvaro. "Disidente en Jefe. La Presidencia de Geroge W. Bush". *Cuadernos de Pensamiento Politico FAES*, no. 22, 2009, pp. 25-49.

McMillion, Barry. "Nominations to the Supreme Court during years of divided and unified party government". *CRS Insight*, 2016.

Merayo Pérez, Arturo. "La campaña de Clinton, 1000 días después de su victoria. ¿Cómo se fabrica un Presidente?". *Comunicacion y Estudios Universitarios*, no. 5, 1995, pp. 115-122.

Moe, Terry M. "The Politics of Bureaucratic Structure". En John E. Chubb y Paul E. Peterson, *Can the Government Govern?*. Brookings Institution, 1989.

Montaño, Jorge. "Clinton: de la fascinación a la frustración". *Foreign Affairs: Latinoamerica*, vol. 4, no. 4, 2004, pp. 162-164.

Muñoz Alonso, Alejandro, "El no-pensamiento politico de Newt Gingrich", *Veintiuno: revista de pensamiento y cultura*, Nº 27 (1995), pp. 71-76.

Muñoz Carrascal, José María. "La herencia de Reagan: un Tribunal Supremo conservador". *Cuenta y Razón*, no.50, 1989.

Naves, Marie-Cécile. "Donald Trump et les médias". *Pouvoirs: Revue française d'etudes constitutionnelles et politiques*, no. 172, 2020, pp. 75-85.

Nicasio Varea, Blanca, et al. "Using Social Media to Motivate Anti-migration Sentiments: Political Implications in the United States and Beyond". Trípodos, no. 49, 2020, pp. 51-69.

Ortiz, David. "La Presidencia de los Estados Unidos ¿Un Modelo de Poder Ejecutivo?". *Espacio, Tiempo y Forma. Serie V, Historia contemporánea*, no. 16, 2004, pp. 13-66.

Pacheco de Freitas, Jose Antonio. "La reelección de Barack Obama: entre la polarización y el pospartidismo". *Agenda Internacional*, vol. 19, nº 30, 2012, pp. 195-240.

Pascual Manzanares, Laura. "Polarización racial y voto minoritario heterogéneo". *La Vanguardia Dossier*, no. 79, 2021, pp. 70-73.

Payne, Stanley G. "La Presidencia de Ronald Reagan: Evaluación Histórica". *Boletin de la Real Academia de Historia*, Tomo 202, Cuaderno 1, 2005, pp. 99-118.

Rodríguez, Pedro. "Despues de Obama. El futuro del Partido Demócrata". *Nueva Revista*, no. 160, 2016, pp. 25-37.

Samuelson, Paul A. "Una evaluación de la reaganomics". *Papeles de economía española*, no.24, 1985, pp. 336-346.

Sarias Rodríguez, David. "The other 1960s: re-assessing the enduring influence of neoconservatism in the United States". *Revista de Estudios Norteamericanos* no. 23, 2019, pp. 271-296.

Sarias Rodríguez, David. "Las elecciones primarias bajo la sombra de Trump", *Cuadernos de pensamiento político FAES*, no. 63, 2019.

Schulzinger, Robert D. "American Presidents and Their Negoriatiors, 1776-2009". En Richard H. Solomon y Nigel Quinney, *American Negotiating Behavior: Wheeler-dealers, Legal Eagles, Bullies, and Preachers*. United States Institute of Peace, 2010.

Stepan, Alfred. "Federalism and Democracy. Beyond the US Model". *Journal of Democracy*, 1999.

Thompson, Frank J., et al. "Trump and the Affordable Care Act: Congressional Repeal Efforts, Executive Federalism, and Program Durability". *Publius: the journal of federalism*, vol. 48, no. 3, 2018, pp. 396-424.

Toklu, Hatice. "La nomination d'Amy Coney Barrett à la Cour suprême des États-Unis", *Civitas Europa: revue juridique sur l'evolution de la nation et de l'Etat en Europe*, no. 45, 2020, pp. 411-416.

Tyler, Gus. "El legado de Reagan". *Poder y Libertad*, no. 9, 1988, p. 54.

Vilaró, Ramón. "Bye Bye Reagan". *Cambio 16*, no.1698, pp. 48- 49.

Vilaró, Ramón. "George Bush JR. Emperador Absoluto". *Cambio 16*, 2002, pp. 52-53.

Vírgala Foruria, Eduardo. "La Organizacion Interna del Poder Ejecutivo en los

Estados Unidos: El Presidente, el Gabinete y la Presidencia Institucionalizada". *Revista de Estudios Politicos Nueva Epoca*, no. 83, 1994.

Walzer, Michael. "The New Left. 1968 and post scriptum". *Revista mexicana de ciencias políticas y sociales*, vol. 63, no. 234, 2018, pp. 85-98.

Weisbrode, Kenneth. "El legado de Barack Obama". *La Vanguardia dossier*, no. 62, 2016.

Zarzuela, Ana. "Bush se Destapa". *Cambio 16*, 2002, pp. 60-61.

NOTAS

[1] Véase, por todos, Mainwaring, Scott y Matthew Soberg Shugart. *Presidentialism and Democracy in Latin America.* Cambridge University Press, 1997 o Nohlen, Dieter. *El presidencialismo renovado, instituciones y cambio político en América Latina.* Nueva Sociedad, 1998.

[2] Explicación del tercer poder (judicial) fundamentada y ampliada por: Lineberry, L. Robert, Edwards, C. George y Wattenberg, P. Martin. *Government in America. People, Politics and Policy.* Harper Collins, 1991, pp. 584-628.

[3] A modo de mínima muestra del inmenso caudal bibliográfico sobre lo que es y lo que ha significado el Tribunal Supremo de los Estados Unidos, consúltese clásicos como McCloskey, Robert G. y Sanford Levinson. *The American Supreme Court* (6º ed.), University of Chicago Press, 2016, Hall, Kermit L. y otros. *Oxford Companion to the Supreme Court of the United States* (2ª ed.). Oxford University Press, 2005, o O'Brien, David M. *Storm Center: The Supreme Court in American Politics.* WWNorton, 2005.

[4] Para una visión global de la problemática que suscita la cuestión, consúltese el clásico de Grofman, Bernie. *Representation and Redistricting Issues,* Lexington Books, 1982. O el mas actual de Galderesi, Peter. *Redistricting in the New Millenium,* Lexington Books, 2005.

[5] Análisis en profundidad derivado de los siguientes autores: Johnson, E. Paul. *American Government. People, Institutions and Policies, Congress-The Presidency,* pp. 429-477 y Kenneth, M. Dolbeare y Murray, J. Edelman. *American Politics. Policies, power and change. The Congress- The Presidency,* pp. 221-257.

[6] Estructura y análisis de la Cámara de Representantes derivada de: Wilcox, A. Thomas, *Congressional Procedures.* Nova Science Publishers Inc, 2009.

[7] Ver Skinner. Carla, *Congressional Committees: Assignment and Funding.* Nova Science, 2014.

[8] Binder, Sarah A. *Stalemate: Causes and Consequences of Legislative Gridlock.* The Brookings Institution, 2003 y Thurber, James A. y Antoine Yoshinaka (eds.). *American Gridlock: The Sources, Character, and Impact of Political Polarization.* Cambridge University Press, 2015.

[9] Análisis en profundidad de la figura presidencial (presidente) derivado de: Duncan, Watts. *The American Presidency,* Edinburgh University Press, 2009. Jones, O. Charles. *The Presidency in a separated system.* The Brookings Institution, 2005. y Weisseberg Robert. *Understanding American Government.* Holt Rinehart Winston, 1994.

[10] Sobre la institución de la Vicepresidencia del país, pueden consultarse –entre otros- Joel Kramer Goldstein. T*he Modern American Vice Presidency: The Transformation of a Political Institution.* Princeton University Press, 1982 y Jody C. Baumgartner y Thomas F. Crumblin. *The American Vice Presidency: From the Shadow to the Spotlight.* Rowman & Littlefield, 2015.

[11] Sobre la personalidad de los sucesivos vicepresidentes véase Witcover, Jules. *The American Vice Presidency: From Irrelevance to Power.* Smithsonian, 2014.

[12] Vid. Sarias Rodríguez, David, "Las elecciones primarias bajo la sombra de Trump", *Cuadernos de pensamiento político FAES,* no.63, 2019.

[13] Poder ejecutivo analizado y derivado de los siguientes autores: Genovese, A. Michael y Spitzer, J. Robert. *The Presidency and the Constitution Cases and Controversies.* Palgrave Macmillan, 2005; el clásico de Schlesinger, Arthur. *The Imperial Presidency.* Popular Library, 1974, y Pfiffner James P. ed. *Institutionalizing congress and the presidency. The U.S. Bureau of Efficiency 1916-1933.* Texas A&M University Press, 2006.

[14] La institución se encuentra analizada detalladamente en Mayer, Kenneth. *With the Stroke of a Pen: Executive Orders and Presidential Power.* Princeton University Press, 2001.

[15] La historia del Partido Republicano puede seguirse, entre otros, en Lewis L. Gould. *The Republicans: A History of the Grand Old Party*. Oxford Univesity Press, 2014.

[16] *Vid*. Kerry Walters. *Lincoln, the Rise of the Republicans, and the Coming of the Civil War*. ABC Clio, 2013.

[17] Sobre la evolucion del partido republicano, véanse también –en español– Julio Cañero. "El Partido Republicano: ¿E Pluribus Unum?. *Tribuna Norteamericana*, no.18, 2015 y Johann Hari. "Viaje al Corazon del Conservadurismo Estadounidense". *Le Monde Diplomatique en Español*, 2008.

Asimismo Wattenberg Martin P. *The Decline of American Political Parties*. Harvard University Press, 1996 y Skocpol Theda. *Voice and Inequality: The Transformation of America Civic Democracy*. Cambridge University Press, 2004.

[18] Sobre los presidentes republicanos consúltese Robert Allen Rutland. *The Republicans: From Lincoln to Bush*. University of Missouri Press, 1996.

[19] Division del partido republicano en base a: De Ojeda y Eiseley, Jaime. "El Partido Republicano y el individualismo americano". *Politica Exterior* no. 43, 2011, pp. 8-12, Hershey, Majorie R. *Party Politics in America* (12ª ed.), Pearson-Longman Classics in Political Science, 2005 y Aldrich John H., *Why The Parties? The Origin and Transformation of Political Parties in America*. University of Chicago Press, 1995.

[20] Sobre la cuestión, véase, por todos, Sarias Rodríguez, David. "The other 1960s: re-assessing the enduring influence of neoconservatism in the United States". *Revista de Estudios Norteamericanos*, no. 23, 2019, pp. 271-296.

[21] Sobre la personalidad de Nixon, *Vid*. Evan Thomas. *Being Nixon: A Man Divided*. Random House, 2016. Sobre el escándalo Watergate *vid*. Michael Dobbs. *King Richard: Nixon and Watergate--An American Tragedy*. Alfred A. Knopf, 2021.

[22] Sobre la personalidad y el legado de Reagan. *Vid*. Michael Reagan, Jim Denney, *The New Reagan Revolution*, Thomas Dunne Books, 2011 o Gil Troy. *The Reagan Revolution: A Very Short Introduction*. Oxford University Press, 2009.

[23] Por todos, véase Paul A. Samuelson. "Una evaluación de la reaganomics". *Papeles de economía española*, no.24, 1985, pp. 336-346.

[24] Véase Lorenzo Bernaldo de Quirós."Del 'new deal' al 'contrato con America'", y "El llamado 'contrato con America'", ambos en *Veintiuno: revista de pensamiento y cultura*, no. 27, 1995, pp. 85-90 y 117-123.

[25] Véase Alejandro Muñoz Alonso. "El no-pensamiento politico de Newt Gingrich", y Enrique de Diego. "EE.UU: la segunda revolucion conservadora", ambos en *Veintiuno: revista de pensamiento y cultura*, no. 27, 1995, pp. 71-76 y 77-84.

[26] Desarrollo del movimiento *Tea Party* a partir de: Halimi, Serge. "El inesperado avance: guerra civil en la derecha estadounidense". *Le Monde Diplomatique en Español*, no. 246 ,2016, pp. 12-13; De Ojeda y Eiseley, Jaime. "El Partido Republicano y el individualismo americano". *cit.*, Cañero, Julio. "El Partido Republicano: ¿E Pluribus Unum?", cit., y Aldrich John H. *Why The Parties? The Origin and Transformation of Political Parties in America...*, cit.

[27] Véase James W. Ceaser, Andrew E. Busch, John J. Pitney, Jr. *Defying the Odds: The 2016 Elections and American Politics*. Rowman & Littlefield, 2019 y Victor Hernandez. *How Donald Trump Won: The Election That Hurt America*. CreateSpace Independent Publishing Platform, 2017.

[28] Desarollado y analizado de los siguientes autores: Heberlig Enric S. y Larson Bruce A. *Congressional Parties, Institutional Ambition and the Financing of Majority Control*. The University of Michigan Press, 2012; Cañero Julio. "El Partido Republicano: ¿E Pluribus Unum?.., cit., Hari Johann. "Viaje al

Corazon del Conservadurismo Estadounidense…, cit. y Skocpol Theda, *Voice and Inequality: The Transformation of America Civic Democracy, Perspectives on Politics*…, cit.

[29] Para conocer de primera mano el pensamiento *trumpista*, véase Donald J. Trump y Donald Leershen. *Trump, sobrevivir al triunfo*, Grijalbo, 1991. y Donald J. Trump, Tony Schwartz, *Trump: el arte de la negociación*. Grijalbo, 1988. Para una visión crítica y a la vez comparada, Ángel Rivero Rodríguez, Javier Zarzalejos, Jorge del Palacio Martín. *Geografía del populismo: Un viaje por el universo del populismo desde sus orígenes hasta Trump*, Tecnos, 2017.

[30] Desarrollado y ampliado a partir de: Hershey, Majorie R., *Party Politics in America*…, cit. y Aldrich, John H., *Why The Parties? The Origin and Transformation of Political Parties in America*…, cit.

[31] El análisis de la posicion ideológica de los demócratas se ha llevado a cabo en base a: Lipset, Seymour M., "La diversidad del Partido Demócrata norteamericano". *Leviatán: Revista de Hechos e Ideas,* no. 47, 1992, pp. 29-42, Duncan Watts. *The American Presidency*, Edinburgh University Press, 2009. Hershey, Majorie R., *Party Politics in America*…, cit., Aldrich, John H., *Why The Parties? The Origin and Transformation of Political Parties in America*…, cit.

[32] En lo referente a su base programática desarrollado y ampliado en base a: Duncan Watts. "The American Presidency…, cit., Lipset, Seymour, M., *La Diversidad del Partido Democrata Norteamericano*…, cit., Aldrich John H., *Why The Parties? The Origin and Transformation of Political Parties in America*…, cit.

[33] Sobre el programa, consúltese Sally C. Pipes. *The Truth About Obamacare*, Regnery Books, 2010. Sobre el debate político generado al respecto, Daniel Béland, Philip Rocco, Alex Waddan. *Obamacare Wars: Federalism, State Politics, and the Affordable Care Act*. University Press of Kansas, 2016.

[34] Sobre el peso y lacreciente polarización de las minorías hispana y negra en las carreras electorales americanas, véase Pascual Manzanares, Laura. "Polarización racial y voto minoritario heterogéneo", en *La Vanguardia Dossier* 79, 2021, pp. 70-73.

[35] Sobre el contraste Biden/Harris, véase en un sentido, Bob Harris. *Joe Biden & Kamala Harris: The Biography*, CPSIA, 2020 y en el contrario Sean Spicer. *Radical Nation: Joe Biden and Kamala Harris's Dangerous Plan for America*. Humanix Books, 2021.

[36] Vid. respecto de sus inicios, Frank O'Gorman. *The Emergence of the British Two-Party System 1760-1832*. Edward Arnold, 1982. Y respecto de su crisis actual, Michael J. Shea, Elena M. Gutiérrez Cárdenas. "¿El sistema parlamentario y electoral británico en crisis?: el Brexit", *Política y cultura*, no.50, 2018, pp. 83-106.

[37] Nos referimos fundamentalmente al Partido Populista de finales del siglo XIX, al *Progressive Party* (de *Teddy* Roosevelt) en los años 20; al *States' Rights* (de Strom Thurmond) en los años 40; al *American Independent* (de Wallace) en los años 60; al *United We Stand* (de Ross Perot) en los años 90 y, finalmente, al Partido Libertario y al Verde, operantes aun en la actualidad.

Vease Vicki Cox. *The History of Third Parties*. Chelsea House, 2007.

[38] Lo tocante a su estructura interna se halla desarrollado y ampliado a partir de Lineberry Robert L, Edwards George C y Wattenberg Martin P. *Government in America. People, Politics and Policy*…, cit., Weisseberg Robert, *Understanding American Government*…, cit. y Bibby John F., *Politics. Parties and Elections in America*…, cit.

[39] Para un analisis específico del sistema de primarias, las más recientes aportaciones son las de Robert G. Boatright. *Congressional Primary Elections*. Routledge, 2014; Robert G. Boatright, ed., *Routledge Handbook of Primary Elections*. Routledge, 2018; Shigeo Hirano, James M. Snyder, Jr., Primary Elections in the United States, Cambridge University Press, 2019.

[40] El Comité nacional Demócrata (DNC por sus siglas en inglés) tiene su web en *www.democrats.org*. El Republicano (RNC) en *www.gop.com*.

[41] Nuestro analisis de la estructura de los partidos esta fundamentada en English Ross M . The *United State Congress*. Manchester University Press, 2003; Pfiffner James P. ed. *Institutionalizing Congress and the Presidency*, cit., y Johnson Paul E., *American Government. People, Institutions and Policies...*, cit.

[42] Relacion partido-Congreso ha sido analizada siguiendo las tesis de Johnson Paul E. *American Government. People, Institutions and Policies...*, cit.; Kenneth Dolbeare M y Murray Edelman J., *American Politics. Policies, Power and Change...*, cit. y Lineberry Robert L, Edwards George C y Wattenberg Martin P. *Government in America. People, Politics and Policy...*, cit.

[43] *Vid.* Robin Kolodny. *Pursuing Majorities: Congressional Campaign Committees in American Politics*. University of Oklahoma Press, 1998.

[44] El concepto de *logrolling* fue clarificado por Buchanan, James M. y Tullock, Gordon en *The Calculus of Consent: Logical Foundations of Constitutional Democracy*. University of Michigan Press, 1962.

[45] El concepto de *pork barrel* se puede dilucidar en Evans, Diana. "Policy and Pork: The Use of Pork Barrel Projects to Build Policy Coalitions in the House of Representatives". *American Journal of Political Science*, no. 38/4, 1994, pp. 894–917.

[46] Analizado y ampliado en base a Lineberry Robert L, Edwards George C y Wattenberg Martin P. *Government in America. People, Politics and Policy...*, cit., y Bibby John F., *Politics, Parties and Elections in America...*, cit.

[47] Influencia de los partidos políticos sobre la presidencia fundamentado y ampliado a partir de Spitzer, Robert J. *The Presidency and Public Policy. The Four Arenas of Presidential Power*, cit., 1982; Schlesinger, Arthur, *The Imperial Presidency*, cit.; Koenig Louis W., *The Chief Executive*, cit., pp 120-152 y Bibby John F., *Politics. Parties and Elections in America...*, cit.

[48] Fiorina, Morris P. *Divided Government*, (2ª ed.), Longman, 2002.

[49] Moe, Terry M. "The Politics of Bureaucratic Structure", en John E. Chubb y Paul E. Peterson, *Can the Government Govern?*. Brookings Institution, 1989.

[50] Moe, Terry M. "The Politics of Bureaucratic Structure", cit.

[51] Consúltese Schwartz, David S. *The Spirit of the Constitution: John Marshall and the 200-Year Odyssey of McCulloch v. Maryland*. Oxford University Press, 2019. Más ampliamente, Gienapp, Jonathan. *The Second Creation: Fixing the American Constitution in the Founding Era*. Harvard University Press, 2018.

[52] Schlesinger, Arthur. *The Imperial Presidency*. Popular Library, 1974.

[53] Cronin, Thomas, "A Resurgent Congress and the Imperial Presidency". *Political Science Quarterly*, no. 95/2, 1980, pp. 211 y ss.

[54] Relaciones Presidencia-Congreso fundamentadas en: Field, Matthew O. *Congress, the Constitution, and Divided Government*, LFB Scholary Publishing LLC, 2013; Franklin, Mark N. y Wolfang, Hirczy P. "Separated Powers, Divided Government and Turnout in U.S Presidential Elections". *American Journal of Political Science,* 1998; y Eksterowicz, Anthony J. y Hastedt, Glenn P. *The Presidency of the United States: New Issues and Developments.* Nova Science Publishers Inc, 2009.

[55] Relación indirecta derivada de y analizada en profundidad en Jones Charles O., *The Presidency in a Separated System*, The Brookings Institution, 2005; Koenig, Louis W. *The Chief Executive*. New York University, 1981 pp 120-149 y Johnson, Paul E. *American Government. People, Institutions and Policies*. Congress-The Presidency, Houghton Mifflin & Co., 1994, pp. 406-541.

[56] Vid. Jewell, Malcom E. y Sarah M. Morehouse. Political Parties and Elections in American States, Sage Publications, 2001.

[57] Vid. la aportación de Schulzinger, Robert D. "American Presidents and Their Negoriatiors, 1776-2009", en Richard H. Solomon, Nigel Quinney. *American Negotiating Behavior: Wheeler-dealers, Legal Eagles, Bullies, and Preachers*. United States Institute of Peace, 2010.

[58] Analizados en Martínez Sierra, José Manuel y Juan Manuel Mecinas Montiel. "Control de armas en el nuevo federalismo americano", *Teoría y realidad constitucional*, no. 38 2016, pp. 603-628.

[59] Análisis del ámbito presupuestario federal de Fiorina, Morris P., *Divided Government...*, cit. y Field, Matthew O., *Congress, the Constitution, and Divided Government...*, cit.

[60] Entre la enciclopédica literatura en torno al proceso presupuestario estadonidense véanse Marini, John A. *The Politics of Budget Control: Congress, the Presidency, and the Growth of the Administrative State*. Crane Russak, 1992; Farrier, Jasmine. *Passing the Buck: Congress, the Budget, and Deficits*. University Press of Kentucky, 2004 y Fisher, Patrick. *Congressional Budgeting: A Representational Perspective*. University Press of America, 2005.

[61] Sobre el caso concreto de Clinton, Campbell, Colin. "Clinton's Encounter with the Separation of Powers: 'United' and 'Divided' Gridlock". *Government and opposition*, no. 2, 2001, pp. 157-183.

[62] Sobre este particular, consúltese Fiorina, Morris P. *Divided Government...*, cit. y Hughes Joseph V. y Hughes, Holly O. Presidency. *Congress and Divided Government...*, cit.

[63] Importancia del discurso de la unión ampliado en y derivado de Field, Matthew O. *Congress, the Constitution, and Divided Government...*, cit. y Franklin, Mark N y Wolfang Hirczy P. *Separated Powers, Divided Government and Turnout in U.S Presidential Elections...*, cit.

[64] Esos primeros discursos sobre el estado de la Unión se hallan recopilados en Truman Harry S. *State of the Union Addresses*, HardPress, 2016.

[65] Para un análisis de las causas constitucionales, y las dimensiones efectivas del bloqueo legislativo, así como para una cuantificación de su alcance en los escenarios de gobierno dividido y unificado, véase Binder, Sarah A., *Stalemate: Causes and Consequences of Legislative Gridlock*. The Boorkings Institution, 2004.

[66] Weisseberg, Robert. *Understanding American Government*, Holt Rinehart Winston, 1994, pp. 273-392 y Jones Charles O. *The Presidency in a Separated System*. The Brookings Institution, 2005.

[67] La eventualidad de un *lame duck president* se halla analizada, entre otros, en Hedtke, James R. Lame *Duck Presidents- Myth or Reality*. E. Mellen Press, 2002 y Franklin, Daniel P. *Pitiful Giants: Presidents in Their Final Terms*. Palgrave MacMillan, 2014.

[68] La relación Presidencia-Congreso se ha analizado en base a Field, Matthew O. Congress, the Constitution, and Divided Government..., cit. y Barilleaux, Ryan J. y Christopher S. Kelley. *The Unitary Executive and the Modern Presidency*. Texas A&M University Press, 2010.

[69] La relección de Clinton se halla analizada en Hohenberg, John. *Reelecting Bill Clinton: Why America Chose a "New" Democrat*. Syracuse University Press, 1997.

[70] Estudios derivados de Edwards III, George; Andres Barret y Jeffrey Peake. "The Legislative Impact of Divided Government", *American Journal of Political Science*, vol. 41, 1997, pp. 545-563; Coleman, John."Unified Government, Divided Government, and Party Responsiveness". *American Political Science Review*, no. 93/4, 1999, pp 821-835; Krehbiel, Keith. "Institutional and Partisan Sources of Gridlock, A Theory of Divided Government and Unified Government". *Journal of Theoretical Politics*, vol 8, 1996, pp. 7-40; Binder, Sarah. "The Dynamics of Legislative Gridlock, 1947-96". *American Political Science Review*, no. 93/3, 1999, pp. 519-533 y Howell, William; Scott Adler, Charles Cameron y Charles Riemann. "Divided Government and the Legislative Productivity of Congress, 1954-95". *Legislative studies quarterly*, no. 25/2, 2000, pp. 285-312.

[71] Análisis del veto presidencial, ampliado y desarrollado, procedente de Fiorina Morris P. *Divided Government ...*, cit. y Johnson Paul E., *American Government. People, Institutions and Policies, Congress-The Presidency,* cit., pp. 406-541.

Igualmente, Spitzer, Robert J. *The Presidential Veto. Touchstone of the American Presidency*, SUNY Press, 1988 y Cameron, Charles M. *Veto Bargaining: Presidents and the Politics of Negative Power.* Cambridge University Press, 2000.

[72] Sobre el particular, Spitzer, Robert J. *The Presidential Veto. Touchstone of the American Presidency*, cit., p. 107 y ss.

[73] Dolbeare, Kenneth M. y Murray Edelman J. *American Politics. Policies, Power and Change*, The Congress-The Presidency, D.C Heath & Co., 1985, pp. 221-294; y Hughes Joseph V. y Hughes Holly O. *Presidency, Congress and Divided Government...*, cit.

[74] Los datos proceden de fuentes oficiales de ámbas cámaras, disponibles para la Cámara en: *https://history.house.gov/Institution/Majority-Changes/Majority-Changes/* y respecto del Senado en *https://www.senate.gov/history/partydiv.htm.*

[75] Influencia del gobierno dividido en el proceso con base en:Congressional Research Service, *Supreme Court Appointment Process: Consideration by the Senate ...,*cit. y Devins Neal and Baum Lawrence. "Split definitive: How party polarization turned the Supreme Court ...,cit. y Strauss David A. y Sunstein Cass R. "The Senate, the Constitution, and the Confirmation Process ...", cit.

[76] Vid. Toklu, Hatice, "La nomination d'Amy Coney Barrett à la Cour suprême des États-Unis", *Civitas Europa: revue juridique sur l'evolution de la nation et de l'Etat en Europe = revista jurídica sobre la evolución de la nación y del estado en Europa = legal journal on the development of nation and State in Europe*, no. 45, 2020, pp. 411-416.

[77] Proceso de destitución presidencial o *impeachment* fundamentado y desarrollado a partir de Fiorina Morris P. "Divided Government" ..., cit., Hughes, Joseph V y Hughes Holly O., Presidency, Congress and Divided Government..., cit. y Field, Matthew O. *Congress, the Constitution, and Divided Government...*, cit.

[78] Y tenido por el *US News and World Report* como el tercero en su ranking de peores presidentes de la Historia ("The 10 Worst Presidents: No. 3 Andrew Johnson (1865–1869)". *U.S. News & World Report* , 16 de febrero de 2007.

[79] Consúltese al respecto Hearn, Chester G. *The Impeachment of Andrew Johnson*, McFarland & Co. Jefferson, NC., 2007 o Stewart, David O. *Impeached: the Trial of President Andrew Johnson and the Fight for Lincoln's Legacy*, Simon and Schuster, 2009.

[80] Más tarde se formularían otras enmiendas a la Constitución, como la que trata la abolición de la segregación racial.

[81] Consúltese al respecto Fields, Howard. *High Crimes and Misdemeanors: The Nixon Impeachment-Roadmap for the Next One*, Independently, 2019 y Wittekind, Erika. *The United States v. Nixon: The Watergate Scandal and Limits to US Presidential Power.* ABDO, 2013.

[82] Entre la miríada de ensayos sobre el impeachment de Bill Clinton, puede verse Posner, Ricard A. *An Affair of State: The Investigation, Impeachment, and Trial of President Clinton*, Harvard University Press, 1999; Richard A. Schippers, David P. y Alan P. Henry. *Sellout: The Inside Story of President Clinton's Impeachment*, Regnery, Washington DC, 2000; y Kaplan, Leonard V. y Beverly I. Moran, eds., *Aftermath: The Clinton Impeachment and the Presidency in the Age of Political Spectacle.* New York University Press, 2001.

[83] Consúltese al respecto Mueller, Robert S. et al. *The Impeachment Process of Donald Trump.* Artnow, 2019.

[84] Vid. Cohen, Michael et al. *The Second Impeachment Report*. Hotbooks, 2021.

[85] La alianza de Reagan con los denominados "demócratas sureños" se encuentra explicada en Longley, Kyle. *Deconstructing Reagan: Conservative Mythology and America's fortieth President*. Taylor & Francis, 2007.

[86] Para analizar la influencia del gobierno dividido en este segundo periodo del mismo hemos seguido a Troy Gil. *Morning in America: How Ronald Reagan invented the 1980's*, cit.; Abshire, David y Neustadt, Richard, *Saving the Reagan Presidency: Trust is the coin of the realm*. Texas University Press, 2005, Longley, Kyle. *Deconstructing Reagan: Conservative Mythology and America's fortieth President*, cit. y Leuchtenburg, William. *In the Shadow of FDR: From Harry Truman to Barack Obama*, cit., pp. 209-236.

[87] Teoría de la popularidad presidencial y su influencia en la situación de gobierno dividido argumentada por Chomsky, Noam y Herman Edward. "La grandeza de América", *El Viejo Topo* no. 342-343, 2016, pp. 6-17; Tyler, Gus, "El legado de Reagan", *Poder y Libertad* no.9, 1988, pp. 54; Vilaró, Ramón, "Bye Bye Reagan". *Cambio 16* no. 1698, pp. 48 y 49 y Muñoz Carrascal, José María, "La herencia de Reagan: un Tribunal Supremo conservador". *Cuenta y Razón* no. 50, 1989.

[88] Uso del veto presidencial y sus consecuencias analizado por Nelson, Michael y Perry Barbara, *4. Inside the Presidency of George H.W Bush*. Cornell University Press, 2014, y Medhurst, Martin, *The Rhetorical Presidency of George H.W Bush*. Texas University Press, 2006.

[89] Posiciones de demócratas por un lado y del presidente por otro ampliadas y analizadas por Nelson, Michael y Perry, Barbara. *41: Inside the Presidency of George H.W Bush...*, cit.; Medhurst, Martin. *The Rhetorical Presidency of George H.W. Bush...*, cit. y Galvin, Daniel. *Presidential Party Building: Dwight D. Eisenhower to George Bush*, Princeton University Press, 2009, pp. 143-158.

[90] Análisis de la culpabilidad en la situación de gobierno dividido ampliada y analizada en mayor profundidad por Medhurst, Martin. *The Rhetorical Presidency of George H.W Bush...*, cit.; y Galvin, Daniel. *Presidential Party Building: Dwight D. Eisenhower to George Bush*, cit.

[91] Calificación realizada por numerosos analistas, entre ellos: Reilly Marc y Renfro Wesley. "Like Father, Like Son? A comparison of the foreign policies of George H.W Bush and George W. Bush". *Historia actual online* no.10, 2006, pp. 17-36.

[92] Véase el detalle de resultados de dichas elecciones acudir a la tabla numero 2.

[93] Para más detalle, vid. Ceaser, James W. y Andrew Busch. *Upside Down and Inside Out: The 1992 Elections and American Politics*. Littlefield Adams, 1993.

[94] La relación del presidente Clinton con su partido analizada en el presente epígrafe se fundamenta y argumenta con base en Peroti, Rosanna. *Clinton Presidency and the Constitutional System*, Texas University Press, 2012; Mast, Jason. *The Performative Presidency: Crisis and Resurrection during the Clinton years*. Cambridge University Press, 2012 y Velasco, Antonio. *Centrist Rhetoric: The production of political transcendence in the Clinton presidency*. Lexington Books, 2010.

[95] El controvertido programa republicano conocido como "Contract with America" puede hallarse en Gingrich, Newt; Richard K. Armey, Ed Gillespie et al. *Contract with America: The Bold Plan by...*, Times Books, 1994. Para una visión más distanciada, Garrett, Major. The *Enduring Revolution: How the Contract with America Continues to Shape the Nation*, Crown, 2005.

[96] Fundamentado y ampliado por Birbaum Norman. "Bill Clinton, Estados Unidos y el peso de la historia". *Revista de Ciencias Sociales* no.123, 1994 y Bradac, Carlos, "Potente Clinton". *Cambio 16*, no.1367, 1998, pp. 36-39.

[97] Estrategia y argumentos presidenciales basados en Bressand, Albert. "Las fuentes del programa gubernamental de Clinton". *Revista de Ciencia Política* no.31, 1993, pp. 51-59; Montaño, Jorge, "Clinton: de la fascinación a la frustración". *Foreign Affairs: Latinoamerica*, vol. 4, no. 4, 2004, pp. 162-164 y Ja-

cobson, Gary, Keller Samuel y Lazarus, Jeffrey, "Assessing the President's Role as Party Agent in Congressional Elections: the Case of Bill Clinton in 2000". *Legislative Studies Quarterly*, vol. 29, no. 2, 2004, pp. 159-184.

[98] Descripción del segundo periodo de gobierno dividido basada en Peroti Rosanna. *Clinton Presidency and the Constitutional System, cit.*, Mast, Jason. *The Performative Presidency: Crisis and Resurrection during the Clinton year, cit.,* y Velasco, Antonio. *Centrist Rhetoric: The production of political transcendence in the Clinton presidency, cit.*

[99] El trascendental caso Bush vs. Gore generó opiniones de la práctica totalidad d ela doctrina americana. Entre ellas, véanse desde una perspectiva progresista las contenidas en Ackerman, Bruce (ed.), *Bush v. Gore: The Question of Legitimacy,* Yale University Press, 2002; y Sunstein, Cass R. y Richard A. Epstein, ed. *The Vote: Bush, Gore, and the Supreme Court.* University of Chicago Press, 2001 y desde una conservadra las de Dionne, E. J., y William Kristol, ed. *Bush v. Gore: The Court Cases and the Commentary*, The Brookings Institute, Washington DC, 2001.

[100] Teoría ampliada y fundamentada a partir de Kelley, Donald R. y Todd G. Shields. *Taking the Measure: The Presidency of George W. Bush.* Texas A & M University Press, 2013, y Denton, Robert, Matthew Althouse, Gwen Brown, Stephen Cooper et al. *The George W. Bush Presidency: A Rhetorical Perspective*. Lexington Books, 2012.

[101] Medidas y su enumeración y argumentación/análisis realizados por: Denton, Robert, Matthew Althouse, Gwen Brown, Stephen Cooper et al. *The George W. Bush Presidency: A Rhetorical Perspective*, cit.; Grossman, Michael y Matthews, Eric Ronald Jr., *Perspective on the Legacy of George W. Bush*, Cambridge Scholars Publishing, 2009; Schier, Steven, *Panorama of a Presidency: How George W. Bush acquired and spent his political capital*. Routledge, 2014 y Greenstein, Fred. *The George W. Bush presidency: an early assessment*. The Johns Hopkins University Press, 2003.

[102] Al respecto, Grossman, Michael Orlov y Ronald Eric Matthews Jr. *Perspectives on the Legacy of George W. Bush, cit.,* y Morgan, Iwan y P. Davies, ed. *Assessing George W. Bush's Legacy: The Right Man.,* Palgrave Macmillan, 2010.

[103] Ambas etapas, y en concreto la del gobierno dividido, analizadas en mayor profundidad por: Kelley, Donald R. y Todd G. Shields. *Taking the Measure: The Presidency of George W. Bush, cit.,* Denton, Robert, Matthew Althouse, Gwen Brown, Stephen Cooper, et al. *The George W. Bush Presidency: A Rhetorical Perspective*, cit., Grossman, Michael y Matthews, Eric Ronald Jr. *Perspective on the Legacy of George W. Bush, cit.,* Schier, Steven, *Panorama of a Presidency: How George W. Bush acquired and spent his political capital…, cit.* y Greenstein Fred. *The George W. Bush presidency: an early assessment…, cit.*

[104] Sobre la compleja –pero trascendental– figura de Cheney, calificado como "the most powerful yet most unpopular vice president in American history", véase Bernstein, Jake y Lou Dubose, *Vice. Dick Cheney and the Hijacking of the American Presidency*, Pimlico, 2006.

[105] Plan Bush analizado por Berlim, Celia y Calca, Patricia. *Image of U.S Presidential Administration: The cases of George W. Bush and Barack Obama.* Lexington Books, 2012 y Martín, Álvaro. "Disidente en jefe: la presidencia de George W. Bush", cit.

[106] Situación fundamentada por Kelley, Donald R. y Todd G. Shields. *Taking the Measure: The Presidency of George W. Bush, cit.,* y Denton, Robert, Matthew Althouse, Gwen Brown, Stephen Cooper et al. *The George W. Bush Presidency: A Rhetorical Perspective.*

[107] Sobre ese proceso de primarias, consúltese Landler, Mark, *Alter Egos. Hillary Clinton, Barack Obama, and the Twilight Struggle Over American Power*. Random House, 2016. En torno a la campaña presidencial de 2008, puede verse, en español, Pérez Colomé, Jordi. *En la campaña de Obama: El movimiento que cambió la historia de Estados Unidos.* UOC, 2008.

[108] Teoría argumentada por Crotty, William, ed. *The Obama Presidency: Promise and Performance*. Lexington Books, 2012.

[109] Las posiciones políticas de Obama pueden ser discernidas en sus dos libros principales: el primero, más autobiográfico (Obama, Barack. *Dreams from My Father: A Story of Race and Inheritance*, Times Books, 2004), y el segundo, más ideológico (Obama, Barack. *The Audacity of Hope: Thoughts on Reclaiming the American Dream,* Crown Publishers, 2006).

[110] Análisis de sus opciones derivado de Schier, Steven, Coleman et al. *Transforming America: Barack Obama in the White House*, Rowman & Littlefield Publishers, 2011 y McNamara, Carol y Marlowe, Melanie, T*he Obama Presidency in the Constitutional Order: A First Look,* Rowman & Littlefield Publishers, 2011.

[111] Enumeración derivada de y analizada en mayor profundidad por Weisbrode, Kenneth. "El legado de Barack Obama". *La Vanguardia dossier* no.62, 2016, y Halimi, Serge. "Los primeros pasos de Barack Obama". *Le monde diplomatique* en español, no. 165, 2009.

[112] Sobre el programa y los debates en torno al mismo, consúltese de nuevo Sally C. Pipes. *The Truth About Obamacare*, cit., y Daniel Béland, Philip Rocco, Alex Waddan, *Obamacare Wars: Federalism, State Politics, and the Affordable Care Act*, cit.

[113] Análisis de la reelección y sus consecuencias derivado de Pacheco de Freitas, Jose Antonio. "La reelección de Barack Obama: entre la polarización y el pospartidismo. *Agenda Internacional,* vol. 19, no.30, 2012, pp. 195-240; Schier, Steven, Coleman, John, Hohmann, James et al. *Transforming America: Barack Obama in the White House.* Rowman & Littlefield Publishers, 2011; McNamara, Carol y Marlowe, Melanie. T*he Obama Presidency in the Constitutional Order: A First Look.* Rowman & Littlefield Publishers, 2011, Berlim Celia y Calca Patricia. *Image of U.S Presidential Administration: The cases of George W. Bush and Barack Obama*, cit., Crotty, William, ed. *The Obama Presidency: Promise and Performance*, cit., y Dueck, Colin. *Obama Doctrine: American Grand Strategy Today*. Oxford University Press, 2015.

[114] Ampliado y fundamentado en Jacobson, Gary. "Barack Obama and the nationalization of electoral politics in 2012". *Electoral Studies: An International Journal*, no.40, 2015, pp. 471-481; Garay, Javier. "Gobierno de Barack Obama: una explicación desde el institucionalismo". *OASIS: observatorio de análisis de los sistemas internacionales*, no. 15, 2010, pp. 127-141; y Weisbrode, Kenneth, "El legado de Barack Obama", cit.

[115] Idea argumentada y ampliada por Schier, Steven, Coleman, John, Hohmann, James et al. *Transforming America: Barack Obama in the White House*, cit.; McNamara, Carol y Marlowe, Melanie. *The Obama Presidency in the Constitutional Order: A First Look,* cit.; y Berlim Celia y Calca Patricia. *Image of U.S Presidential Administration: The cases of George W. Bush and Barack Obama*, cit.

[116] Fitzduff, Mari, ed. *Why irrational politics appeals: understanding the allure of Trump*, Praeger, 2017 y Kellner, Douglas. *American Horror Show. Election 2016 and the Ascent of Donald J. Trump*. Sense Publishers, 2017.

[117] Idea argumentada por Fitzduff, Mari, ed. *Why irrational politics appeals: understanding the allure of Trump...*, cit. Véase también Alonso Zaldívar, Carlos. "Trump es Trump", *Política Exterior, no.* 176 (2017), pp. 30-48; Andrew, Joe y Moloney, Rachel. "The Trump Effect". *The Lawyer*, vol. 3, no. 40, 2016, pp. 20-21; Fernández, Carmen. "Donald Trump, lo nunca visto". *Revista Crítica*, no.1024, 2017, pp. 30-37 y Kazin, Michael. "Trump and American Populism". *Foreign Affairs*, vol. 95, no. 6, 2016, pp. 25-32.

[118] Vid. Naves, Marie-Cécile. "Donald Trump et les medias". *Pouvoirs: Revue française d'etudes constitutionnelles et politiques,* no. 172, 2020, pp. 75-85.

[119] Idea ampliada y analizada por: Kazin, Michael. "Trump and American Populism...", cit.

[120] Fitzduff, Mari."Why irrational politics appeals: understanding the allure of Trump..., cit. y Fernández, Carmen, "Donald Trump, lo nunca visto..., cit.

[121] Véase, por todos, Blanca Nicasio Varea, Marta Pérez Gabaldón, Manuel Chávez. "Using Social Media to Motivate Anti-migration Sentiments: Political Implications in the United States and Beyond". *Trípodos*, no.49, 2020, pp. 51-69.